本书获得教育部人文社会科学研究规划基金项目"韩礼德的新马克思主义语言研究取向"（项目编号：16XJA740002）的资助。

韩礼德的新马克思主义语言研究取向

何远秀 著

中国社会科学出版社

图书在版编目（CIP）数据

韩礼德的新马克思主义语言研究取向／何远秀著．—北京：
中国社会科学出版社，2016.9
ISBN 978 - 7 - 5161 - 8918 - 4

Ⅰ.①韩…　Ⅱ.①何…　Ⅲ.①马克思主义哲学—语言哲学—
研究　Ⅳ.①H0

中国版本图书馆 CIP 数据核字 (2016) 第 217923 号

出　版　人	赵剑英
责任编辑	孔继萍
责任校对	刘　娟
责任印制	李寡寡

出　　版	中国社会科学出版社
社　　址	北京鼓楼西大街甲 158 号
邮　　编	100720
网　　址	http://www.csspw.cn
发 行 部	010 - 84083685
门 市 部	010 - 84029450
经　　销	新华书店及其他书店

印刷装订	北京市兴怀印刷厂
版　　次	2016 年 9 月第 1 版
印　　次	2016 年 9 月第 1 次印刷

开　　本	710×1000　1/16
印　　张	14.25
插　　页	2
字　　数	231 千字
定　　价	55.00 元

序　言

我在与韩礼德的接触过程中，曾听到他说自己是用马克思主义的语言观和方法论来研究语言的。我当时就想，这是一个可以深入研究，而且对系统功能语言学在中国发展有极大推动作用的课题。后来听说我在西南大学的学生杨炳钧教授正指导着何远秀在做这个课题，感到非常高兴，也很钦佩他们的学术眼光和选题。前几天何远秀博士给我邮来书稿《韩礼德的新马克思主义语言研究取向》，并希望我能写几句话，我欣然接受。

我与作者何远秀的交往始于何时，是怎样开始的，我已记不清楚了。记得的是近年来我发现她参加学术会议很积极，印象较深的一次是2013年7月中山大学召开的第40届国际系统功能语言学大会。她给我的印象是踏实、勤奋，对学术有一种执着的追求。据了解，她曾在北京外国语大学做过高级访问学者，师从刘润清、王克非和吴青等教授从事语言哲学、语言学与翻译理论研究。在西南大学师从杨炳钧教授攻读博士学位期间，她一直很关注韩礼德的马克思主义语言研究思想，曾先后对韩礼德、马丁等人进行过专题采访。采访内容涉及韩礼德的马克思主义语言观的形成，他早期的语言研究活动，系统功能语言学与马克思主义语言学之间的学理关系，以及韩礼德和马丁对中国学者研究这一思想的看法，等等。作者在采访的基础之上，参阅其他一些学者（如马丁、卫真道等）对韩礼德和韩茹凯的相关专题采访，并结合系统功能语言学尤其是韩礼德的相关著述的文献分析，对韩礼德的马克思主义语言研究思想进行了比较系统的研究，形成了一些学术成果。

我们知道，韩礼德在不少场合都强调他是用马克思主义的语言研究思想和方法研究语言的，20世纪50年代他加入了英国共产党语言学小组的目的就是要发展马克思主义语言学。但韩礼德的马克思主义语言研究观是如何形成的？他的语言研究思想与马克思主义语言观之间的学理渊源究竟是一种什么样的关系？这种关系是如何形成的？他的马克思主义语言研究取向体现在哪些方面？这一系列问题都值得学界深思和研究。

翻开此书，经过研读，这些问题在该书中都得到了较为深刻的阐释。该书作者通过专题采访、文献追踪和梳理，解析了韩礼德早期的语言学习经历和语言研究活动，阐释了韩礼德的马克思主义语言观的形成路径。研究发现，韩礼德的马克思主义语言观的形成源于四个方面：一是来源于中国罗常培和王力的语言研究思想；二是来源于弗斯的语言研究思想；三是来源于苏联语言学家的语言研究思想；四是来源于布拉格学派和哥本哈根学派的语言研究思想。这一研究发现证实了韩礼德本人的有关观点（Halliday，2015）。同时，作者发现这四个方面是相互联系在一起的。在来中国学习汉语之前，韩礼德在伦敦的汉语培训班中，与具有马克思主义左翼倾向的约翰·德里·钦纳里（J. D. Chinnery）结下深厚的友谊。韩礼德在与钦纳里共同探讨共产主义世界观的交往过程中，逐渐对马克思主义思想产生了兴趣。来到中国以后，师从王力和罗常培，当时的中国语言学界深受苏联语言学流派思想的影响。回到伦敦后，想师从弗斯也并非事出偶然。在跟随王力学习的过程中，韩礼德从王力那里了解到了弗斯的思想，在韩礼德看来弗斯的语言观就是马克思主义的语言观（参见 Martin，2013：118）。弗斯所著的《个性与社会中的语言》一文对他影响极大。于是，韩礼德便萌生了师从弗斯的想法。我们知道，弗斯的语言思想深受布拉格学派的影响，而布拉格学派深受列宁格勒学派的影响。在书中，作者不仅追踪了韩礼德的马克思主义语言观的形成路径和思想来源，对系统功能语言学中的马克思主义语言观的体现也做了深入研究。

作者并没有止于对韩礼德的马克思主义语言观的形成、理论渊源以及在系统功能语言学中的体现等方面的探讨，难能可贵的是作者从语言哲学的几个核心命题入手，以其他语言学流派，特别是结构主义和形式主义语言学流派对这些语言哲学命题的解读为参照，审视韩礼德对这几个基本命题的相关看法，揭示了韩礼德的马克思主义语言研究取向。具体来讲，从语言的发生论解读韩礼德的历史唯物主义语言观；从语言与社会的关系以及语言的本质属性审视韩礼德的语言社会构建观和社会本质属性观；从韩礼德的语言研究方法研究了他的实践辩证法思想。

我国语言学界一直存在着基础理论研究弱于应用研究的状况，作者在系统功能语言学的基础理论研究方面做出了一些尝试并取得了进展，希望本书的出版能激发语言学研究者对语言学理论形而上思考的兴趣和讨论的热情，深化人们对系统功能语言学理论根基的认识，拓展对系统功能语言学的研究路径和研究方法，同时增强学界对新时期马克思主义语言学的了解和研究。

是为序。

黄国文

中山大学外国语学院教授、博士生导师

教育部"长江学者"特聘教授

二〇一六年五月十二日

内容概要

  新马克思主义语言研究取向在学界指现当代西方马克思主义语言研究者的研究取向，以区别于传统马克思主义语言研究取向。卫真道（Jonathan Webster）和常晨光等国内外学者曾指出，系统功能语言学具有新马克思主义导向；韩礼德本人在晚年也曾指出他是用马克思主义的语言观和研究方法研究语言的，他早年加入英国共产党语言学小组的初衷就是为了发展马克思主义语言学。虽然马克思、恩格斯并没有专门论述语言，只是在哲学批判中论及语言问题，但后来的马克思主义理论家和以马克思主义哲学观为指导的语言研究者对马克思和恩格斯的语言观进行了进一步的阐述和发展，形成了实践唯物主义（即历史唯物主义和辩证唯物主义）的语言哲学观。任何一个语言学流派的背后都有一定的语言哲学理念，要审视韩礼德是否具有马克思主义的语言研究取向，我们须从语言哲学关注的几个核心命题去解读。

  基于以上背景，本书通过探寻韩礼德的语言观形成之路，从语言哲学研究的几个核心命题入手来探究韩礼德的有关语言研究取向；同时以其他语言学流派，特别是结构主义和形式主义语言学流派对这些语言哲学命题的解读为参照，揭示韩礼德的新马克思主义语言研究取向。具体来讲，从语义发生论解读韩礼德的历史唯物主义语言观研究取向，从语言的本质属性以及语言与社会的关系考察韩礼德的语言本质观和语言对社会的建构主义语言研究取向，从韩礼德的语言研究思想和研究方法梳理他的实践辩证法语言研究取向。研究表明，韩礼德的语言观体现了新马克思主义的语言观导向，是对马克思主义语言观的传承和发展。

  首先，传承表现在两个方面：一是研究学理上的传承；二是实践唯物主义语言哲学观的传承。学理上的传承体现在韩礼德和马克思主义语言研

究者在研究对象和研究路径方面取向相同。与结构主义和形式主义语言观
不同，马克思主义语言研究者和韩礼德秉承了起源于两千多年前的人类学
和文化学的研究传统，视语言为资源而非规则，不把语言当成封闭的自治
的语言形式系统，而是当成开放的非自治的系统，注重语言的社会性和互
动性，强调人在语言使用过程中的能动性。因此，超语言学观、功能思想
和语境思想是韩礼德和马克思主义语言学者共同关心的话题。学理上的传
承还体现在马克思主义语言研究者和韩礼德都采取了实践唯物主义和实践
辩证法的研究思想和研究方法，二者都从人类历史发展的实践出发研究语
言的起源和发展、语言与社会的关系等问题。具体来讲，韩礼德有关语言
起源和发展的观点体现了马克思主义的历史唯物主义思想；有关语言、意
义与社会的观点，体现了传统马克思主义的语言反映论和新马克思主义的
语言建构思想；而韩礼德注重语言研究的总体性原则、互补原则和理论联
系实践的原则，体现了马克思主义实践辩证法思想。总之，韩礼德和马克
思主义语言研究者有着相同的学理渊源，体现了对马克思主义的实践唯物
主义语言观的传承。

其次，韩礼德对马克思主义语言观的发展体现在一些具体的语言研究
领域，主要表现在三个方面：第一，从语义发生学角度看，马克思主义语
言研究者结合人类历史发展和达尔文进化论从种系发生和个体发生两个维
度对语言的发生和发展进行了一定程度的研究，其深度远不及韩礼德借助
神经达尔文主义和贝尔法则对个体发生、种系发生的研究。不仅如此，韩
礼德还从语篇发生的角度阐释了语篇的生成能力，并从三个方面的内在联
系揭示了语言演化的内在动因，从人类语言的认知能力揭示了语言演化的
运行机制。可见，韩礼德的语义发生论无疑是对马克思主义语言起源和发
展相关论述的有力补充。第二，在语言、意义和社会的关系问题上，马克
思主义语言研究者强调意识形态的重要性，却缺乏语义构建的相关论述。
韩礼德在吸收层次、语境和建构等观念的基础上，阐述了语言与社会文化
之间的衔接机制，为语言对社会经验的构建从整体上搭建了一个语境模
型，以概念基块如何构建经验意义为例，令人信服地阐释了语言对社会的
建构思想，在语义资源如何构建主客观世界方面做出了积极探索。第三，
韩礼德对马克思主义语言观的发展体现在具体语言研究方法上的探索。我
们知道，从研究方法上讲，实践辩证法总体性研究思想和方法是对索绪尔

基于对立和差别二元论辩证思想的一种超越。但是，马克思主义语言研究者在具体的研究方法上有所欠缺。韩礼德站在一个语言学家的立场，对具体语言研究提出了一些具有可操作性的总体性研究方法。

韩礼德对马克思主义语言观的发展体现了新马克思主义的语言研究取向。这种取向体现在两个方面：第一，在关于语言与世界和思维的关系问题上，传统的马克思主义把语言看作一种第二层面的现象（second phenomenon），而韩礼德则将语言看作物质过程和符号过程彼此影响的产物，语言符号不仅仅是被动地反映现实，而是积极地建构现实。他赞同沃尔夫的语言相对论和西方马克思主义的语言建构论思想。第二，在研究方法论上，与恩格斯基于三大自然规律所创建的自然辩证法不同，韩礼德采用了马克思的总体性辩证法研究思想，体现了新马克思主义创始人卢卡奇的总体性辩证法语言研究思想。

总之，系统功能语言学继承了马克思主义语言观中的核心内容，赞同唯物的语言起源和发展观、辩证的研究方法论、语言的社会属性和工具论等马克思主义关于语言的核心论点。但是，系统功能语言学理论不是简单地继承了传统的马克思主义语言哲学，而是在吸收语言学家的研究成果的基础上发展了马克思主义语言学。韩礼德研究语言的历史观、唯物观、社会实践观和辩证观，为系统功能语言学的发展奠定了坚实的基石。韩礼德的语言研究取向必将为语言学研究注入更多动力。

目　　录

第一章　引论 ……………………………………………… (1)

  第一节　研究背景 ………………………………………… (1)

  第二节　研究内容 ………………………………………… (3)

  第三节　研究路径 ………………………………………… (5)

  第四节　研究目的 ………………………………………… (6)

  第五节　结构框架 ………………………………………… (7)

第二章　研究概述 ………………………………………… (9)

  第一节　马克思主义语言观 ……………………………… (9)

    一　马克思主义理论家论语言 ………………………… (9)

    二　马克思主义理论家的语言观内涵 ………………… (12)

  第二节　马克思主义语言观研究现状 …………………… (15)

    一　马克思主义语言理论与我国语言学的发展 ……… (16)

      （一）介绍引进和学习阶段 ………………………… (16)

      （二）应用和研究阶段 ……………………………… (19)

    二　西方马克思主义语言观 …………………………… (22)

      （一）近现代的继承与发展阶段 …………………… (22)

      （二）当代阐释与研究阶段 ………………………… (28)

  第三节　韩礼德的语言观研究现状 ……………………… (30)

    一　韩礼德的语言观研究 ……………………………… (30)

    二　韩礼德的马克思主义语言观研究 ………………… (33)

  第四节　小结 ……………………………………………… (34)

第三章 韩礼德与新马克思主义语言研究 ················ （36）

第一节 引言 ·· （36）

第二节 韩礼德的马克思主义情结 ··························· （38）

一 韩礼德的马克思主义世界观的形成 ·················· （38）

二 韩礼德的新马克思主义语言学研究之路 ············ （40）

三 韩礼德的新马克思主义语言观的来源 ··············· （42）

第三节 马克思主义语言观在韩礼德语言观中的体现 ······· （45）

一 韩礼德的超语言学观 ································· （47）

（一）语言符号的社会性与语境论思想 ·············· （48）

（二）语言符号的评价性与评价理论 ················ （51）

（三）语言符号的历史性与语义发生论 ·············· （53）

（四）语言符号的对话性与交换理论 ················ （54）

二 韩礼德的语言功能观 ································· （56）

三 韩礼德的整体性语言研究观 ························· （59）

第四节 小结 ·· （62）

第四章 语言的起源和发展：韩礼德的历史唯物主义语言观

研究取向 ··· （64）

第一节 引言 ·· （64）

第二节 唯心论与唯物论语言起源观 ·························· （65）

一 唯心论语言起源观 ···································· （66）

二 唯物论语言起源观 ···································· （68）

（一）朴素唯物主义语言起源观 ····················· （68）

（二）实践唯物主义语言起源观 ····················· （73）

第三节 韩礼德关于语言起源的唯物论思想 ·················· （79）

一 语言起源于意识的唯物论思想 ····················· （79）

二 语言起源于需要和人际互动的唯物论思想 ·········· （81）

第四节 韩礼德关于语言发展的演化思想 ····················· （85）

一 语言发展的语义演化观 ······························ （85）

二 语言发展的演化原因 ································· （90）

三 语言发展的演化机制 ································· （93）

第五节　小结 ……………………………………………… (97)

第五章　语言的本质属性:韩礼德的社会实践观研究取向 ………… (99)
第一节　引言 ……………………………………………… (99)
第二节　语言本质观的相关研究 ………………………… (100)
第三节　韩礼德在社会实践论域下的语言本质观 ……… (105)
　　一　韩礼德关于语言的社会属性论 ………………… (108)
　　　　(一)语言使用的社会化过程 ………………… (112)
　　　　(二)语言使用的功能与语境论思想 ………… (114)
　　　　(三)语言产生和使用中的无意识性 ………… (120)
　　　　(四)语言使用的工具性 ……………………… (122)
　　　　(五)语言使用的其他社会特性 ……………… (123)
　　二　韩礼德关于语言的社会实践论 ………………… (127)
　　　　(一)语言对社会的表征性 …………………… (127)
　　　　(二)语言对社会的建构性 …………………… (129)
第四节　小结 ……………………………………………… (139)

第六章　语言研究的方法论:韩礼德的实践辩证法研究取向 ……… (142)
第一节　引言 ……………………………………………… (142)
第二节　实践辩证法的发展历程和基本内涵 …………… (143)
第三节　韩礼德的实践辩证法思想 ……………………… (147)
　　一　语言研究的总体性思想 ………………………… (148)
　　　　(一)研究视角的总体性思想 ………………… (149)
　　　　(二)相容互补的总体性思想 ………………… (154)
　　二　理论与实践结合的语言实践观 ………………… (163)
　　　　(一)理论来源于实践 ………………………… (166)
　　　　(二)理论为实践服务 ………………………… (168)
第四节　其他语言研究路径和方法 ……………………… (171)
第五节　小结 ……………………………………………… (172)

第七章 研究发现及展望 ……………………………… （175）

第一节 研究发现和结论 ………………………… （175）

一 韩礼德对马克思主义语言观的传承 ………… （176）

二 韩礼德对马克思主义语言观的发展 ………… （177）

第二节 研究启示、不足及展望 ………………… （178）

一 研究启示 ……………………………………… （178）

二 研究不足 ……………………………………… （178）

三 研究展望 ……………………………………… （179）

参考文献 ……………………………………………… （180）

附 录 ………………………………………………… （198）

一 卫真道对韩礼德和韩茹凯的采访录音转写 ………… （198）

二 韩礼德专题采访 ……………………………… （200）

（一）专题采访活动方案 ……………………… （200）

（二）专题采访录音转写 ……………………… （201）

三 《马克思主义对我语言研究的影响》（译文） ………… （205）

后 记 ………………………………………………… （212）

第 一 章

引 论

第一节 研究背景

"西方马克思主义"是 20 世纪初产生的一股思潮，一般意义上把卢卡奇、柯尔施和葛兰西当成西方马克思主义奠基人。这一概念并不是中国学者创立的，而是由徐崇温从国外引进的。徐崇温在《西方马克思主义》一书中说："西方马克思主义出现在西方，但它不是一个单纯的地域性的概念，而是一个意识形态概念。"（徐崇温，1982：22—23）就语言研究而言，新马克思主义语言研究取向在学界指现当代西方马克思主义语言研究者的研究取向，以区别于传统马克思主义语言研究取向（刘刚纪，1989）。传统马克思主义语言研究思想曾一度在我国得到重视和发展，但自从 20 世纪 80 年代，西方其他语言学流派被陆续介绍引进到我国以来以后，传统马克思主义语言观研究一直处于被边缘化的状态，新马克思主义语言观的介绍和研究更是鲜有人涉足。

韩礼德所创立的系统功能语言学被介绍引进到我国三十多年来，学界对其主要语言观、本土化研究和应用研究等做出了不少探索。但总体来看，系统功能语言学的应用研究在我国远远多于基础性的理论研究。由于系统功能语言学是以解决语言问题为导向的普通语言学理论，专门回答跟语言打交道的人们（如译者、病理学者、教师等）所提出的问题，用韩礼德的话说，就是"要根据语言的使用来研究语言"（Halliday，1970/2007：174）。目前，系统功能语言学应用广泛，主要应用在话语分析、法律语言学、教育语言学、翻译研究、临床语言学、人工智能、计算语言学、语言类型学等方面的应用领域。从 CNKI 数据库收集到的数据看，在发表的论文和著述中，应用研究远远多于理论研究。这种情况除了固然跟系统功能语言学的适用性有关，也跟人文科学研究弊端有关。韩礼德在2011年接受马丁和瑟伯特（P. Thibault）的采访时对中国语言学界的这一弊端提出过批评。一是缺乏理论创新思想，总是喜欢现存的拿来主义。二是喜欢拿来主义的应用，这种应用不是拿来解决实际的语言问题，而是验证性的应用（Martin，2013：246—247）。国内不少学者对此也深有同感，系统功能语言学在中国引进和发展三十多年来，我们看不到理论创新，就连基础的理论研究都少得可怜。国内学者已认识到这点，徐盛桓在《语言学研究呼唤理论思维》一文中说："语言学研究一旦离开了研究主体的理论思维自觉，就会使研究难于避免落入朴素实在论和直观反映论的经验思维的窠臼。"（徐盛桓，2013：1）

近年，年近九十岁高龄的韩礼德在总结自己一生的语言研究之路时，说："我是用马克思主义的语言观和研究方法来研究语言的。"[①] 2013年，韩礼德在接受克雷斯等人（Cress，Hasan and Martin）的访谈时，也指出："我一直将马克思主义语言学视为自己追求的长远目标，即致力于在政治语境中研究语言。"（参见 Martin，2013：118）2015年，韩礼德撰写了《马克思主义对我语言研究的影响》一文，在该文中我们可以追踪韩礼德的马克思主义世界观和语言观的形成脉络。国外一些学者已认识到系统功能语言学和韩礼德的马克思主义语言研究倾向。例如，马丁（J. R. Martin）等西方语言学家曾指出，系统功能语言学是新马克思主义语言学（Neo-Marxist linguistics）（Martin，2000）。在马丁看来，韩礼德创建系统功能语言学的重要初衷和最终目的就是为了发展马克思主义语言学，把语言及语言学研究放置在社会语境中加以研究，以此来解决现实社会中的语言问题（参见王振华、张庆彬，2013）。卫真道（Webster，2011）也认为系统功能语言学具有马克思主义语言观导向，这种导向性表现在强调语言的社会责任，把语言看作政治工具并把语言看作意义科学的重要组成部分。国内一些学者（如常晨光，2010；李忠华，2013；何远秀、杨炳钧，2014等）已认识到韩礼德的新马克思主义语言观的导向

---

① 引自卫真道于2013年3月在西南大学讲学时提供的访谈录音，详见附录《卫真道对韩礼德和韩茹凯采访录音转写》。

性，但纵观国内外学者的相关研究，发现对韩礼德的新马克思主义语言观的形成过程、与马克思主义语言观之间的学理渊源以及语言研究取向并没有得到系统的阐释。

鉴于上述缘由，有必要加强系统功能语言学的基础理论研究，创新理论架构，以期加深对系统功能语言学理论根基的哲理性认识，拓展对系统功能语言学的研究路径。

第二节　研究内容

基于上述背景分析，本书在概述马克思主义语言观的本质内涵以及韩礼德语言观研究现状的基础上，注重研究以下几个方面的内容。

第一，探明韩礼德的语言观与新马克思主义语言观之间的学理渊源，揭示二者之间的学理关系。韩礼德与西方马克思主义语言研究者都继承了普罗塔哥拉和柏拉图式的语言研究传统，即从人类学和文化学的角度研究语言。二者因具有相同的语言研究传统，在思想渊源和哲学理据上具有一致性。此外，韩礼德的语言观与新马克思主义语言观之间的渊源关系，还体现在彼此都重视超语言学现象的研究。超语言学观是由巴赫金提出来的。巴赫金在《马克思主义与语言哲学》一书中，在批评以浮士勒（K. Vossler，1872—1949）为代表的个人主观主义和以索绪尔为代表的抽象客观主义的基础上，提出了他的超语言学观（如体裁理论、语言的评价意义、语言的表情性和指向性）。这些超语言学思想受到了系统功能语言的重视，并在韩礼德那里得到了进一步的阐释。从某种角度讲，韩礼德的语境论思想、人际功能和评价理论都受到巴赫金超语言观的影响。鉴于此，拟从两方面来论述韩礼德的语言观和新马克思主义语言观之间的学理关系：一是从韩礼德和新马克思主义语言研究者之间的研究传统来研究；二是从超语言学思想来研究，详见第三章的第三节。

第二，追溯韩礼德的语言学习和研究历程，论述韩礼德的新马克思主义语言观的形成过程。首先，韩礼德的新马克思主义语言观的形成与他的汉语学习经历分不开。韩礼德具有语言学习天赋，小时候就对汉语产生了浓厚兴趣。青年时期，他自愿参加了一项语言培训项目，开始深入学习汉语。在语言培训班中，韩礼德与后来成为爱丁堡大学的汉学教授约翰·德里·钦纳里（J. D. Chinnery）交往甚密。钦纳里具有明确的马克思主义左翼倾向。在与钦纳里共同探讨共产主义世界观的交往过程中，韩礼德逐渐对马克思主义思想产生了兴趣。第二次世界大战中，在印度的汉语教学和学习生活也使他对汉语更加热爱。退役后，经友人介绍，于 1947 年至 1950 年来到中国学习汉语，先后师从罗常培和王力教授。在中国学习期间，目睹了新旧中国的变化，这些变化让韩礼德对共产党产生了不少的好感（Halliday，2015）。在剑桥攻读博士学位期间，他建立了"中英友好协会"，加入了英国共产党，在共产主义政治生活中活跃了七八年。在"中英友好协会"中，他有幸结识了英国近代生物化学家和科学技术史专家乔瑟芬·李约瑟（J. Needham，1900—1995），两人交往甚密。同时，在韩礼德入党期间，他和马克思主义专家艾瑞克·霍布斯鲍姆（E. Hobsbawm）在同一党支部工作。韩礼德的这些求学经历对他的马克思主义语言观的形成无疑具有十分重要的影响。其次，韩礼德的新马克思主义语言观的形成与他的语言研究经历分不开。韩礼德曾对汉语有过深入研究，1955 年完成了用 14 世纪北方官话译述的《元朝秘史》一文的语言学分析，获得剑桥大学哲学博士学位。韩礼德在研究汉语及其他一些非英语语言的基础上，逐渐认识到结构主义和形式主义语言学的弊端，在列宁格勒学派、哥本哈根学派、布拉格学派和伦敦学派语言学家，以及中国语言学家和美国语言学家（如萨丕尔和博厄斯等）的影响下，开始接受并自觉运用马克思主义语言观指导自己的语言研究，并把发展马克思主义语言学作为自己的研究抱负（Martin，2013；Webster，2015）。韩礼德参加 20 世纪 50 年代初英国共产党语言学小组活动的一个重要目的就是试图发展马克思主义语言学（Halliday，1993/2007）。归结起来，我们将从韩礼德的求学和语言研究经历两方面论述韩礼德的新马克思主义语言观的形成过程，详细内容参见第三章的第一节和第二节。

第三，论证韩礼德的马克思主义语言观，揭示其新马克思主义语言研究取向。在韩礼德半个多世纪的语言研究中，其著述十分丰富，他所创立的系统功能语言学理论也十分庞杂，要梳理其新马克思主义的语言研究取向，十分困难。鉴于此，本书拟从韩礼德对语言的根本看法和根本观点即从语言发生论、语言的本质属性论和语言研究的方法论等三个方面解读韩礼德的新马克思主义语言研究取向：（1）从语言发生论审视韩礼德的历史唯物主义语言起源研究取向。在语言和意义的起源问题上，一直存在着感性论（唯物主义）和唯理论（约等于唯心主义）两大阵营。唯物主义认为语言起源于劳动或交际的需要，意义源于人们的交际互动，唯心主义则否认这种观点。本书拟从韩礼德的语言进化论和神经达尔文主义语言起源论，从个体发生、种系发生和语篇发生三个维度来阐明韩礼德的历史唯物主义语言起源研究取向，详见第四章。（2）从语言的社会本质属性论即从语言的社会属性和语言的社会实践性审视韩礼德有关语言与社会之间的社会实践论研究取向。具体来讲，本书拟从语言使用的社会化过程、语言使用的功能与语境、语言产生与使用的无意识性解读韩礼德对语言社会属性的认识，从语言对社会的表征性和建构性论述韩礼德对语言的实践性认识。详见第五章。（3）从语言研究的方法论研究韩礼德的实践辩证法研究取向。本书拟从韩礼德的整体性语言研究思想、互补的语言研究思想和理论联系实际的语言理论建设和实践思想，论述韩礼德的实践辩证法语言研究取向。详见第六章。

第三节　研究路径

首先在总结马克思主义语言观本质内涵和韩礼德语言观研究基础上，通过梳理韩礼德语言观与新马克思主义语言观的学理渊源，追溯韩礼德的新马克思主义语言观形成过程，然后再从语言哲学关注的几个核心话题即语言发生论、语言的社会本质属性论以及语言研究的方法论三个方面论证韩礼德的新马克思主义语言研究取向。具体来讲，从语言的发生论解读韩礼德的历史唯物主义语言研究取向；从语言的社会本质属性论研究韩礼德有关语言的社会实践论研究取向；从语言研究方法论研究韩礼德的实践辩证法的语言研究取向。以上研究思路见图1－1。

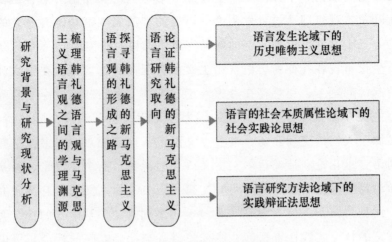

图 1 - 1 本书研究的技术路线逻辑思路

第四节 研究目的

加强韩礼德的马克思主义语言研究取向研究，促进马克思主义语言观对语言研究的指导作用，拓宽系统功能语言学的研究路径。当代西方哲学在 19 世纪末 20 世纪初经历了语言学转向，哲学研究和哲学问题转变为语言研究和语言问题，这一转向的关键是运用现代逻辑把它作为哲学研究方法对语言进行分析，抓住语言这根救命稻草以此解决哲学问题，分析哲学、语言哲学是这一转向的主要代表。但是，在语言学转向后的西方当代哲学又进一步将语言神秘化、极权化和理想化，从而使西方哲学再度陷入了语言学的牢笼，违背了哲学发生语言学转向的初衷（朱荣英，2010）。历史和实践证明，只有马克思主义的实践唯物论才能为当代西方语言哲学的发展指引方向，因为马克思主义语言观是一种实践唯物主义语言观，是在实践的基础上将"行"和"言"辩证结合的语言观（邵华，2007）。换句话说，在实践基础上将对象化的实践即改造或变革自然的实践活动（"行"的实践）与交往实践活动（"言"的实践）相结合，才能克服指称论、观念论、结构主义、形式主义等语言观的片面性和局限性。韩礼德正是在认识到结构主义和形式主义语言学的弊端后，自觉运用马克思主义语言观指导自己的语言研究，在 20 世纪下半叶与其他功能主义语言学家一起建立起与形式主义相抗衡的功能主义语言学派。因此，加强韩礼德的马克思主义语言思想研究不仅能进一步发挥马克思主义语言观的指导作用，更能拓宽系统功能语言学的研究路径。具体来看，本节通过系统研究和揭示韩礼德的马克思主义语言研究取向，以实现如下目的。

（1）通过研究，揭示韩礼德的马克思主义语言研究情结，以及系统功能语言学与马克思主义语言哲学之间的学理渊源，深化人们对系统功能语言学理论根基的认识，拓展对系统功能语言学的研究路径和研究方法。

（2）通过研究，揭示马克思主义的语言研究思想和方法仍在世界范围内影响着语言学的研究和发展，具有强大的生命力，以期用马克思主义的语言研究思想以及方法指导促进语言学的研究和发展。

（3）理论思考是语言研究的薄弱环节，通过解读韩礼德对语言起源、语言本质观以及语言研究方法等语言哲学命题的认识，以引起语言学研究者对语言学理论形而上思考的兴趣和讨论的热情，从而提高语言学理论认识水平。

另外，在西方新马克思主义思潮乍起的今天，研究韩礼德的语言研究取向，有助于实现两个方面的现实目的：首先，从韩礼德的求学经历和研究兴趣看，系统功能语言学是在研究汉语及其他语言的基础上发展起来的，对汉语研究具有积极的指导意义。其次，系统功能语言学是一门实用语言学，强调语言学研究的社会担当（social accountability），注重理论联系实际，重视语言学理论和方法在实践领域中的应用，在语言实践中分析问题和解决问题。因此，对语言教学、英汉互译、计算语言学、语篇分析等应用领域都有指导作用。

第五节　结构框架

本书可分为三大部分，七个章节。具体内容分述如下。

第一部分包括前三章。第一章是引言部分。主要从研究背景出发，介绍本书的选题缘由，引出研究目的、提出研究问题与研究思路和方法，并在此基础上总结研究意义。第二章是研究概述。梳理马克思主义理论家论述语言的文献，厘清他们的语言哲学观内涵，在追溯东西方对马克思主义语言观和韩礼德的语言观的研究现状之后，归纳了目前国内外研究的成绩和不足。第三章追溯了韩礼德与马克思主义的不解之缘，阐明系统功能语言学与马克思主义语言观之间的学理渊源以及马克思主义语言观在系统功能语言学中的体现，为第二部分论述韩礼德的语言哲学思想做好铺垫。

第二部分是本书的核心部分，包括三个章节。我们从马克思主义的实践唯物主义语言哲学观入手，从语言的起源、语言的本质属性和语言的研究方法三个方面考察韩礼德的实践唯物主义语言哲学观。具体来讲，第四章在分析马克思主义历史唯物主义语言起源观的基础上，从语言起源的唯物论和进化论考察韩礼德历史唯物主义语言观。第五章在归纳传统语言本质属性论的基础上，在社会实践论域下论述了韩礼德的社会建构主义语言哲学思想。第六章回顾辩证法思想的发展历程，介绍了马克思实践辩证法思想的实质内涵，在对比实践辩证法和自然辩证法的基础上，从韩礼德在语言研究中所采用的具体的语言研究思想和方法总结论述了韩礼德的马克思主义实践辩证法思想。

第三部分，即第七章，是本书的结论部分。在第三章至第六章结论的基础上，针对第一章提出的研究问题进行归纳总结，归纳出韩礼德的马克思主义实践唯物主义语言哲学观。同时，提出有益于马克思主义语言哲学和系统功能语言学研究的新的研究路径，指出本书存在的一些不足，为后续研究提出努力的方向。

第 二 章

研究概述

第一节　马克思主义语言观

马克思主义语言观是马克思主义理论家及语言研究者对语言的根本观点和看法，即实践唯物主义的语言研究思想。这种思想是马克思主义理论家和语言研究者在马克思主义哲学指导下研究语言的实践中形成的智慧结晶。

一　马克思主义理论家论语言

马克思主义理论家在本书中主要指马克思、恩格斯、列宁、斯大林。他们论及语言的文献十分丰富，涉及人与自然、精神、意识、感觉、思维、社会活动和社会关系等语言哲学论及的各个话题，曾有语言研究者对马克思主义理论家论及语言的部分文献做过一些零星的梳理，本书在此基础上相对系统地梳理如下。

在马克思主义理论家中，马克思论及语言的文献最为丰富，威廉·李卜克内西（W. Liebknecht，1826—1900）曾说："马克思是一个卓越的语言学家，这种说法就现代语而言比古代语而言就更为适合。他熟知格林《德文文法》的一切细节，而他对于格林兄弟编的《德文词典》比我这位语言学者更加谙熟。"（1973：37）马克思论及语言的主要文献有：《德谟克利特的自然哲学和伊壁鸠鲁的自然哲学的差别》、《爱之书》第一部和第二部、《献给亲爱的父亲的诗作》、《历史法学派的哲学宣言》、《评普鲁士最近的书报检查令》、《根据〈约翰福音〉论信徒同基督结合为一起》（1995年版《马克思恩格斯全集》第1卷）；《1844年经济学哲学手稿》、《黑格尔法哲学批判》、《论犹太人问题》、《乔治·威廉·弗里德里希·黑格尔〈精神现象学〉摘要〈绝对知识〉章》、《评一个普鲁士人的〈普鲁士国王和社会改革〉一文》、《对弗里德里希·威廉四世最近在诏书上所做的修辞练习的生命》(2002 年版《马克思恩格斯全集》第 3 卷);《哲学的贫困》、《"莱茵观察家"的共产主义》、《拉马丁和共产主义》、《保护关税派、自由贸易派和工人阶级》(1958 年版《马克思恩格斯全集》第 4 卷);《关于费尔巴哈的提纲》(1995 年版《马克思恩格斯选集》第一卷);《资本论》第一卷(1979 年版《马克思恩格斯全集》第 46 卷上册);《〈政治经济学批判〉导言》和《〈政治经济学批判〉序言》(1995 年版《马克思恩格斯选集》第 2 卷);《哥达纲领批判》(1999 年版《马克思主义经典著作选读》);《摩尔根〈古代社会〉一书摘要》(1985 年版《马克思恩格斯全集》第 45 卷)。其中,在《1844 年经济学哲学手稿》中,马克思提出了语言是感性自然界的著名论断;在《〈政治经济学批判〉导言》和《〈政治经济学批判〉序言》中,马克思提出了关于发达语言和不发达语言的理论,关于幼年时代的语言和现代语言的关系的理论以及关于现实的起点是思维终点的观点。在《资本论》和其他著作中,马克思论述了语言的抽象性、语义的确定性和非确定性、语义和语境的关系、逻辑和语言的关系等问题。这些理论和观点给语言学研究留下宝贵遗产。

马克思与恩格斯合著的文献中论及语言的有:《德意志意识形态》(1995 年版《马克思恩格斯选集》第 1 卷)、《神圣家族》(1957 年版《马克思恩格斯全集》第 2 卷)、《反克利盖的通告》(1958 年版《马克思恩格斯全集》第 4 卷)。其中,《神圣家族》和《德意志意识形态》是马克思、恩格斯论及语言最多的文献,如:关于自然界、人类社会和精神世界的关系理论;关于社会、语言和意识的理论;关于语言的本质和发展的理论;关于语言与阶级的关系的阐释等。在《德意志意识形态》一书中,马克思、恩格斯第一次对历史唯物主义进行了系统的阐释,为历史唯物主义语言观奠定了基础。

恩格斯单独论及语言的文献有:《〈家庭、私有制和国家的起源〉导读》(2009 年版《马克思恩格斯文集》第 4 卷);《英国工人阶级的状况》、《自然辩证法·札记和片段》(1971 年版《马克思恩格斯全集》第 22 卷);《劳动在从猿到人的转变中的作用》、《反杜林论》(1995 年版

《马克思恩格斯选集》第 4 卷）；《论日耳曼人的古代历史》、《法兰克时代》和《法兰克方言》（2006 年版《马克思恩格斯全集》第 19 卷）。在《论日耳曼人的古代历史》和《法兰克时代》中，恩格斯为我们提供了研究古代语言史的范本；《法兰克方言》是一本书古代方言的著作，为我们树立了如何用历史唯物主义研究方言学、方言史和语源学的榜样。在《〈家庭、私有制和国家的起源〉导读》中，恩格斯对人类早期的语言、方言和民族语言、文字史等都提出了宝贵的见解。在《英国工人阶级的状况》中，恩格斯全面论述了语言和阶级的关系，指出有资产阶级和无产阶级两种英国人。他们都说英语，但各自有着不同的习惯用语。人们所在的阶级不同在语言上就会有不同的反映，使得语言有了阶级的印记。在《自然辩证法》中，恩格斯对人和自然的关系做了精辟的分析。在《反杜林论》中，恩格斯讨论了关于语文教育问题，对杜林的荒谬观点进行了批判，对后来的语言学发展、语言教学和语言学习都产生了一定的影响。另外，恩格斯在《不应该这样翻译马克思的著作》中，就海德门翻译的《资本论》第一卷译文提出了批评。许多有关翻译的见解是翻译学的重要理论遗产。然而，纵观所有这些言及语言的著述中，影响最大的还数《劳动在从猿到人的转变中的作用》。这部著作不仅是历史唯物主义的重要文献，而且也是马克思主义语言观形成的重要文献。恩格斯在《劳动在从猿到人的转变中的作用》一文中，不仅论述了人类的起源问题，而且就语言研究而言，恩格斯从历史唯物主义的基本原理出发，从实践的角度以种系发生的视角全面阐释了语言的起源和发展。

列宁论述语言的文献不多，但在《论民族自决权》（1972 年版《列宁选集》第 2 卷）中，在阐述民族问题的时候论述了民族语言问题。列宁提出要重视民族语言问题，因为民族语言问题涉及国家民族的统一和繁荣。他还提出双语教育在解决民族语言矛盾中的作用。

针对语言问题，斯大林专门撰写有《马克思主义和语言学问题》（斯大林，1950/1985）。他专门撰写此文献谈论语言问题，有一定的历史背景。[①] 我们在此无意探讨其写作背景，也无意探讨在书中他与马尔在有关

---

① 参见［俄］罗伊·梅德韦杰夫《马克思主义和语言学问题》发表的历史背景一文，肖雨潞编译，《北京第二外国语学院学报》1995 年第 5 期。

语言论点上的争论。我们在此想说明的是在该文献中，斯大林对马克思、恩格斯的语言理论进行研究，进一步阐释并发挥了马克思、恩格斯的基本观点。在论述上层建筑与语言的根本区别时，斯大林着重谈了语言的产生过程、语言的全民性、语言的稳定性、语言与社会生活的直接联系等问题，这些问题都是马克思和恩格斯已经提出并讨论过的问题。在批驳语言的阶级性问题时，斯大林直接引用了《德意志意识形态》中马克思有关"方言经过经济集中和政治集中而集中为一个统一的民族语言"的观点加以论述，并作了阐释。在阐释与讨论语言与思维的关系问题时，斯大林也直接引用了马克思、恩格斯"语言是思想的直接现实"这一观点。在谈到语言的社会属性时，斯大林作了进一步的阐发。他指出："要了解语言及其发展的规律，就必须把语言同社会发展的历史、同创造这种语言、使用这种语言的人们的历史密切联系起来研究。"（斯大林，1950/1985：16）当然，在这部著作中斯大林阐述了许多个人独到的观点和看法，但就基本观点和思想来说，是马克思主义的。

通过文献梳理，我们发现以上文献具有这样一些特征：第一，除斯大林之外，马克思、恩格斯和列宁本人没有专门论述语言的文本，论语言的文献具有分散性，分散在不同的文本之中。第二，马克思、恩格斯论语言主要是在哲学批判中展开，马克思主义语言观也是在哲学批判中建立起来的。马克思、恩格斯之所以要在哲学批判中论及语言，主要源于马克思和恩格斯面向唯心主义语言观而做出的回应。

二 马克思主义理论家的语言观内涵

如前所述，马克思主义理论家涉及语言论述的文献十分丰富，但系统阐释语言的见解则散见于《德意志意识形态》、《关于费尔巴哈的提纲》、《劳动在从猿到人转变过程中的作用》以及《马克思主义和语言学问题》等为数不多的著作中，且相关论述零碎散乱（Mininni，2006/2008：527）。但这并不妨碍我们对马克思主义语言观的梳理。

马克思主义理论家是在研究哲学问题时论及语言的，马克思主义哲学是由马克思和恩格斯创立的关于自然、社会和思维发展一般规律的学说，是唯物主义和实践辩证法的统一、唯物主义自然观和历史观的统一。在马克思主义哲学指导下研究语言所形成的语言哲学思想就是马克思主义语言观。换句话说，马克思主义语言观指的是在马克思主义基本原理，即在历史唯物主义和辩证唯物主义的指导下形成的语言观。众所周知，历史唯物主义和辩证唯物主义认识论来源于实践，因此，学界（邵华，2007；于全有，2011；华立群、殷猛，2012等）把马克思主义语言观概括为一种实践唯物主义语言观，而"西方马克思主义语言观"与国内"实践唯物主义语言观"可被视为同一概念（华立群、殷猛，2012）。

我们知道，马克思主义把语言看成一种实践的、现实的社会意识，它是一种具有物质特性的社会交往实践活动，也是人们交往形式和社会关系的产物。恩格斯在批判以索绪尔为代表的结构主义语言学时指出，结构主义语言学"只是从客体的形式或是从直观的形式去理解，而不是当作人的感性活动，当作实践去理解的。"（恩格斯，1998：50）在其对语言起源和发展、语言的本质特征、意义和语言研究方法等问题的讨论上无不烙上实践的印记。因此，从根植于交往实践基础上的现实的人的语言交往活动出发去理解、认识语言问题，是马克思主义语言观的出发点与立足点。

首先，在语言的起源问题上，马克思主义语言观坚持认为语言起源于实践，是人类实践活动的产物。马克思、恩格斯在《德意志意识形态》中指出，"语言也和意识一样，只是由于需要，由于和他人交往的迫切需要才产生的。"（1995：81）恩格斯在《劳动在从猿到人的转变中的作用》中说："语言是从劳动中并和劳动一起产生出来的，这个解释是唯一正确的。"他指出，"首先是劳动，然后是语言和劳动一起，成为人的脑髓形成的两个最主要的推动力。"（1995：376）可见，劳动创造了人也创造了语言。换句话，是实践创造了语言交往的主、客观条件，产生了语言交往的需要，从而使语言产生成为可能。脱离劳动，脱离生产实践，语言的产生是不可思议的，人也就不能成其为人，而人类的语言亦不过如动物般所谓的"语言"罢了。这是马克思主义关于语言起源问题的一个基本观点。

其次，在语言本质属性问题上，马克思主义语言观认为，语言的本质属性只能是社会的，离开了实践活动，无从考察语言的本质属性。马克思主义关于语言社会性的阐述体现在两个方面：一是体现在语言为实践服务的工具性；二是体现在语言属于集体产物。

语言不仅来源于实践，而且反过来为社会实践服务，为人类的交往实践服务，这种服务体现为语言的工具属性。关于语言的工具属性，列宁指出，"语言是人类最重要的交际工具。"（1972：508）斯大林也曾说："语言是手段、工具、人们利用它来彼此交际，交流思想，从而互相了解。"（1950/1985：561）在此基础上，斯大林还指出人们使用和创造语言是把语言当作交际的工具为整个社会服务，语言对社会成员来说是共同的，对社会来说是统一的，语言服务于社会全体成员（1950/1985）。

语言是一种社会集体产物，并非个人产物。对语言的社会性，马克思主义理论家在许多著述中都曾有过阐述。马克思指出，"语言……是人们的社会产物"（2001：91）、"语言本身是某一集体的产物"（1979：6）；马克思和恩格斯认为，语言是"既为别人存在因而也为我自身而存在。"（1995：81）斯大林指出，"语言作为一种社会现象，是具有一切社会现象（包括基础和上层建筑）所固有的那种共同特点的，这就是说，它为社会服务，正如其他一切社会现象（包括基础和上层建筑）为社会服务一样。"（1950/1985：572）

再次，在思维和语言的关系问题上，马克思反对思维决定论，也反对语言决定论，认为在实践的基础上思维和语言是相互依赖又相互制约的关系（钱伟量，2003：263）。语言和思维本身是具有紧密依存关系的一种现实的并存体，也即是在语言与思维或意识的问题上，坚持语言与思维或意识相统一的一元论思想。马克思、恩格斯指出，"'精神'从一开始就很倒霉，注定要受物质的'纠缠'，物质在这里变现为震动着的空气层，简言之，即语言。"（1995：252）"语言是思想的直接现实。"（1995：81）马克思还说："观念不能离开语言而存在。"（1979：109）针对语言与思维的问题，斯大林也曾提出，"语言是同思维直接联系的，它把人的思维活动的结果、认识活动的成果用词和句中词组的方式记载下来，巩固起来，这样就使人类社会中的思想交流成为可能了。"（1950/1985：561—562）斯大林也反对把语言和思维割裂开来的二元论思想，他指出，"没有语言材料、没有语言的'自然物质'的赤裸裸的思想，是不存在的"，并认为"只有唯心主义才能谈到同语言的'自然物质'不相联系的思维，才能谈到没有语言的思维"。（1950/1985：575）

语言和思维的这种相互依赖的关系建立在实践的基础上。马克思、恩格斯认为："思想、观念、意识的生产最初是直接与人们的物质活动，与人们的物质交往，与现实生活的语言交织在一起的。人们的想象、思维、精神交往在这里还是人们物质行动的直接产物。表现在某一民族的政治、法律、道德、宗教、形而上学等的语言中的精神生产也是这样。"（1995：72）可见，思维活动与语言和物质活动联系在一起，思维活动和语言都是物质活动和物质交往的产物。同时，马克思和恩格斯在该书中还指出，"无论思想或语言都不能独自组成特殊的王国，它们只是现实生活的表现。"（1995：525）马克思、恩格斯在这里再次强调了现实生活对语言和思维的决定性作用。不仅如此，语言意义的理解和表达同样离不开人类的交往实践活动，同时语言意义对主客观世界的建构也是为了满足交往实践活动的需要。

总之，在语言与思维的问题上，马克思主义语言观反对将语言与思维割裂开来，主张从人类实践活动出发来解释语言与思维的关系，实践是认识的基础，思维本身是在实践的基础上产生的，思维的内容及其正确性都取决于实践并由实践来验证和决定。语言和思维在实践的基础上，相互依赖并相互制约，这与语言的实践起源观一致。

最后，在语言研究方法上的辩证统一思想也起源于语言的实践认识论。任何孤立探讨语言本质问题的方法都不可取，必须将语言的形式和意义相结合，将语言的本质与语言现象相统一辩证地研究语言才是唯一可取的方法，这种辩证法思想是一种基于实践认识的实践辩证法思想（详见第六章有关实践辩证法一节）。

以上分析表明，马克思主义语言观不同于其他语言观的根本区别在于它强调语言的实践性，从人们的对象实践和交往实践出发去理解语言和认识语言。马克思主义的语言实践观与马克思主义哲学的实践观一脉相承。因此，马克思主义语言观是一种实践唯物主义的语言哲学观。马克思主义的这种语言哲学观对后期维特根斯坦、日常语言学派和功能主义语言学派的语言观均有一定的影响。不仅如此，马克思主义语言观在我国语言研究领域一直具有举足轻重的地位并发挥着指导作用。

第二节 马克思主义语言观研究现状

自 20 世纪初以来，人们从未间断过对马克思主义哲学的研究，且从 20 世纪 90 年代以来呈持续上升趋势（见图 2-1）。马克思主义语言观是马克思主义哲学体系的重要组成部分。但总体来看，同马克思主义语言观文献的丰富性相比，无论是国外还是国内，学术界对马克思主义语言观的关注和重视程度都还相当不够。国外马克思主义语言学一直处于一种边缘化的境地。在我国，马克思主义语言学从 20 世纪 20 年代至 70 年代末，语言学界一直自觉或不自觉地将马克思主义语言观用来指导语言学研究，但从 80 年代开始，随着国门打开，西方各种语言流派竞相介绍到我国，一时间结构主义和形式主义语言流派在我国蓬勃发展，马克思主义语言学从此也处于一种被边缘化的境地。下面就马克思主义语言观对东西方语言学界的影响做一简述。

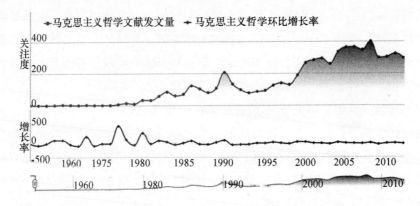

图 2－1 1955—2013 年马克思主义哲学文献发文量和环比增长率①

一 马克思主义语言理论与我国语言学的发展

马克思主义语言理论与我国语言学的发展，大致可划分为两个阶段：一是介绍引进和学习阶段；二是应用和研究阶段。这两个阶段的划分不是严格意义上的划分，介绍引进和学习阶段不乏研究者，在应用和研究阶段也不乏进一步地介绍引进和学习，在此做这样的划分是根据两个阶段的主旋律来划分的，同时也是为了阐述的方便。

（一）介绍引进和学习阶段

马克思主义的基本原理历史唯物主义和辩证唯物主义（即实践唯物

---

① 源自中国知网（CNKI）"马克思主义哲学"文献关注"指数"统计（http：//kns. cnki. net/kns/brief/default_ result. aspx）。

主义思想）最先传到我国的著述并非是关于语言的相关论述，而是由陈望道（1891—1977）先生于 1920 年 8 月翻译出版的《共产党宣言》。《共产党宣言》和《德意志意识形态》是同时期的著作，较之《德意志意识形态》，《共产党宣言》更为精练地表述了历史唯物主义的基本原理。因此，在 1920 年后，马克思主义的历史唯物主义观点实际上就对我国语言学研究产生了某些影响。表现在语言研究者的世界观上，主要体现在我国语言学者按照历史唯物主义的观点观察语言和认识语言，重视语言的人民性、社会实践性和语言的历史研究。以五四运动以后的白话文和文言文的交锋为例。提倡白话文，主张言语表达和书写体例一致，从本质上看即提倡顺应语言的发展的趋势和潮流，让语言更好地服务于人们的使用。重视语言的人民性，我们再以毛泽东、鲁迅和瞿秋白的相关主张为例。毛泽东指出，我们要向人民群众学习，尤其是要学习他们的语言，要从古代语言和外国语言中吸收我们所需要的营养；瞿秋白和鲁迅则提出了语言的规范问题和学习使用大众语的主张。重视语言的历史研究，我们以王力先生的主张为例。王力先生在《中国文法学初探》和《中国文法中的系词》等论著中明确提出了要用历史的观点对待语言。这些观点无不反映出了马克思主义关于要关注语言的发展、要关注活生生的语言使用的思想。

首先，新中国成立以来，随着马克思主义基本原理在我国的传播和发展，在马克思主义基本原理指导下的马克思主义语言理论的相关论述受到我国语言学者的重视，有关马克思主义语言理论的论著也陆续译介到我国，用以指导我国的语言研究和语言学习。这一时期译介的主要论著有：斯大林的《马克思主义和语言学问题》、巴赫金的《马克思主义与语言哲学》、马尔科维奇（M. Markovic）的《辩证的意义论》以及由北京大学中文系语言学教研室编的《马克思主义与语言》等论著。代表人物有：陈望道、吕叔湘（1904—1998）、高名凯（1911—1965）、周祖谟（1914—1995）、李振麟（1914—1993）、求知、赵振铎（1936—1996）、林同齐和王华山等。他们首先是介绍引进马克思主义的语言理论，如在 1954 年重印《修辞学发凡》时，陈望道（1954）就明确增加了马克思、恩格斯在《德意志意识形态》中所阐述的相关语言理论；吕叔湘（1953）对苏联的语言学研究成就和研究方法进行了介绍。其次，自觉用马克思主义语言理论指导自己的语言研究工作，如高名凯先生在重印《语言论》序中说：

"以他所能体会的马克思主义的精神……尝试建立一个比较完整的语言理论的系统。"(高名凯,1994/2011:3)陈原(1999)在《语言与社会生活》一书中,生动形象地阐释了语言与社会生活的关系,在社会语言学领域进行了积极的探索。周祖谟(1954)创造性地提出了马克思主义的新的语言学原理,对于语言学的基本概念和范畴——语言的特征、语言与经济基础和上层建筑的关系、语言的全民性、语言发展的内在规律、语言的构成要素、语言和思维的联系等,都给了严格的科学的界定。关于语言的发展和社会发展的关系、语言在人类发展史中的作用等问题,也都作了极精辟的解说。此外,这一时期还把马克思主义语言理论应用于语言教学。如林同齐和王华山(1978)提出要用辩证唯物主义的思想指导英语语法的研究;李振麟(1959)在《在马克思主义语言学照耀下的外语教学改革》一文中,认为在教学中体现了语言的交际功能与一系列辩证统一的基本原理,如语言与言语的辩证统一的原理以及语言与思维的辩证统一的原理等,并提倡在运用这些原理的过程中,积极探索语言的内部规律、人们学习语言的规律等。最后,还要提及一点,这一时期对马克思主义语言理论不仅仅照单全收,还对马克思主义语言理论中所涉及的有些问题展开了研究和讨论。如针对语言的阶级性问题,求知(1961)在《学术月刊》上发表了《语言学的阶级性问题——对"试论马克思主义语言学阶级性和党性"一文的商榷》;赵振铎(1978)发表了《语言是没有阶级性的》。再如,虽然马克思主义语言理论中在讨论关于语言与思维的关系问题时,只是强调语言和思维的统一关系,并没有断言孰先孰后的问题。周建人(1979)在《光明日报》发表了一篇题为"思想科学初探"的文章,提出了思想、语言和文字是相互联系的三个环节,并提出了思想先于语言的看法。无独有偶,这种见解刚好与维果茨基(Лев Семёнович Выготский, Lev Semenovich Vygotsky, 1896—1934)的见解一致,这种思想无疑是对马克思主义语言理论的一种有益的反思。这最后一点不是这一时期的主旋律,但能做到这点亦弥足珍贵。

总之,在这一时期,马克思主义语言理论在我国得到了有力的传播,力求用马克思主义的历史唯物主义观点指导语言研究和语言教学,是这一时期的鲜明特点。

（二）应用和研究阶段

随着党的十一届三中全会的召开，从 20 世纪 80 年代开始，人们的思想得到解放。80 年代和 90 年代，人们对马克思主义语言哲学思想持一种更加开放和包容的态度。人们开始对马克思主义语言哲学思想进行综合分析和评价。这一时期的主要研究者有杨升初（1983）、黄弗同（1983）、熊寅谷（1991）、黄大荣（1983）和伍铁平（1990，1995）等。杨升初（1983）在《马克思主义理论和我国语言学的发展》一文中提出要重新理解马克思主义的论述，并提出了一些新的见解。同时，他提出要真实客观地介绍和评价国外的语言学理论，恰如其分地学习和借鉴国外的语言学研究成果，而不是笼统地将国外语言学理论和研究成果视为"唯心主义"或"资产阶级理论"的东西而加以排斥。针对 20 世纪 50 年代末 60 年代初苏联大反斯大林以后，我国语言学界对斯大林的理论持有怀疑态度，熊寅谷（1991）撰写了《重读〈马克思主义和语言学问题〉》一文，文中对斯大林的这部新著给予充分的肯定和深刻的批判。他指出，斯大林的《马克思主义和语言学问题》提供了关于语言的马克思主义的完整学说，书中的核心观点，如语言不是上层建筑、语言没有阶级性、语言的发展不是通过"周期性爆发"、语言与思维不可分、不存在"赤裸裸的思想"等观点，符合辩证唯物主义和历史唯物主义观点。同时，熊寅谷（1991）指出了斯大林在书中关于语言与思维的关系问题论述，似乎过于武断。这一看法，得到当时许多学者（如黄弗同、罗开农和黄大荣等）的赞同。这一时期对马克思主义语言学进行综合论述中，伍铁平的梳理比较深入广泛。他涉及了马克思主义关于语言的起源、语言的社会本质、语言和思维、语言结构和系统论、语言符号的性质、方言的界限和模糊论、词意的发展等问题。他（1995）指出，马克思主义语言观的核心思想包括历史唯物主义、社会实践论和辩证法思想等三大内容。陈庆汉（2003）在《马克思论语言的本质特征及其意义》中，将马克思关于语言本质特征概括为客观性、社会性和历史性这三个方面，并阐明了对这三个语言本质特征的认识在语言研究中的意义问题。王大为（2002）在《马克思、恩格斯关于语言哲学中几个问题的论述》一文中，就语言的起源问题、语言的分音节问题以及语言与言语的关系等问题进行了阐述。王德峰（1996）在《交往是实践活动的基本形式——对马克思交往概念的思考》一文中，探讨了语言与交往的关系问题，同时探讨了马克思将语言当作"感性的自然界"这一论断的深层原因，指出马克思之所以将语言当作"感性的自然界"是因为在交往的层面上，语言参与了建构人的经验世界的这一事件。张其学（2008）在《后殖民主义语境中的东方社会》一书中，精当地运用马克思语言观深入分析了后殖民主义的语言理论的缺陷，指出后殖民主义的语言理论有其先天缺陷，这种先天缺陷表现在因侧重于语言分析而导致语言神秘化和抽象化，提倡要正确运用马克思主义语言观来分析问题和解决语言现实问题。

全面、系统、忠实地研究马克思主义语言观的突出代表当数宋振华。为完成《马克思恩格斯和语言学》这部专著，他花去了30年的时间。按照王凤阳的说法，宋振华在该书中是述而不作的，是代马克思和恩格斯立言的，没有像写专著那样去任意发挥（王凤阳，2002）。不仅如此，在该书中他还纠正了不少前人对马克思和恩格斯的误解。

到了21世纪，随着20世纪80年代开始对西方不同语言流派的引介，马克思主义语言观和语言哲学观的研究逐渐被边缘化，但仍有学者坚定马克思主义语言研究之路，并把研究重点放在将马克思主义语言理论同其他语言学流派进行对比分析。这一时期的主要研究人员有凌建候（2002）、陈海英（2009）、童珊（2009）、蒋鑫（2009）、牟春和解建峰（2011）、陈吉荣（2013）等。凌建候（2002）提出巴赫金对马克思主义和语言哲学关系的研究，有意或无意之间提出了具有前瞻性的超语言学观，是对马克思主义语言学的一个发展。童珊（2009）考察了巴赫金和索绪尔的主要观点，比较分析了马克思主义语言哲学与西方现代语言哲学观点；陈海英（2009）比较了认知语言学与马克思主义哲学观；张瑜（2009）则从言语行为理论从发，提出了当代马克思主义文论建设的必要性和可行性；牟春和解建峰（2011）对现象学和马克思主义语言哲学进行了对比分析，开拓了现象学和马克思主义语言哲学对话的广阔视野；陈吉荣（2013）从马克思和哈贝马斯的语言观出发，分析了格莱斯合作原则语言哲学思想形成的发展路径。韩东晖（1997）在《马克思的语言观与现代西方哲学"语言的转向"》一文中，针对现代西方哲学的语言学转向，研究了马克思语言观与现代西方语言哲学二者之间的内在相关性，以此论证马克思和维特根斯坦（L. Wittgenstein，1889—1951）都是西方哲学传统之集大成者。吴晓明（2006）在《马克思对主体哲学的批判与当代哲学的语言学转向》一文中，就马克思对主体哲学的批判与当代哲学的语言学转向问题进行了探讨，并就二者之间的相关性进行了研究。

以上分析表明，这一时期虽然对马克思主义语言观研究有一种被边缘化的趋势，但人们对马克思主义语言观的关注从未间断，有些研究和见解具有较高水平。但同时我们在梳理马克思主义语言观的有关研究中发现，在汗牛充栋的国内哲学学术专著中，专门研究马克思主义语言观的论著较少。除了早期的伍铁平的研究之外，近年较为引人注目的有宋振华所著的《马克思恩格斯和语言学》（2002）和于全有所著的《语言本质理论的哲学重建》（2011）。宋振华在该书中尽可能地对马克思和恩格斯论及语言的全部文献加以梳理，内容十分丰富和全面，并对某些观点进行了阐释，尤其难能可贵的是，宋振华梳理了马克思和恩格斯针对语言意义的阐述和相关的研究方法。对马克思和恩格斯针对语言和思维关系的观点理解得更加透彻，书中提到马克思和恩格斯并没有就语言和思维问题作简单陈述，而是借助人类意识活动的产生来阐述语言与思维的关系。宋振华毕其一生研究马克思和恩格斯的语言观，在语言意义和思维与语言的关系问题上消除了国人对这两方面的误解，也对本书如何深入探讨马克思主义语言观对韩礼德的语言观的影响提供了有利线索。于全有在《语言本质理论的哲学重建》一书中，通过对传统语言本质论如语言工具论、语言符号论、语言本体论的考察，在肯定有关理论的合理内核的同时，指出了其中所存在的问题和不足。在此基础上，阐释了探讨语言本质理论所应遵循的逻辑起点，并确立了马克思主义实践语言观在语言本质观构建中的基础地位。同时，我们还应看到，虽然前人在研究马克思主义语言观方面作出了努力，但到目前为止，国内还没有一本全面论述马克思主义理论家语言哲学观的专著产生。在国外，尽管在 2006 年简·杰奎斯·勒赛克勒（J. J. Lecercle）在《马克思主义语言哲学》（2006）一书中较为全面论述了马克思主义理论家的语言哲学观，但其中不乏疏漏和误解之处，有待今天的学人加以澄清。因此，我国马克思主义语言观研究还有待深入，这在马克思主义语言观研究处于一种被边缘化的今天，尤其显得更加迫切。虽然本书无意对马克思主义语言观加以全面论述，但会假借国内外学者的最新研究成果和较为准确全面的理解来梳理韩礼德的马克思主义语言观。

二 西方马克思主义语言观

西方马克思主义语言观的研究也可大致划分为两个阶段：一是近现代的继承和发展阶段；二是当代阐释与研究阶段。

(一) 近现代的继承与发展阶段

如前所述，马克思主义实践语言观最早形成于马克思、恩格斯合著的《德意志意识形态》一书。后来恩格斯在《劳动在从猿到人转变过程中的作用》一书中进一步从种系发生的视角，从实践的角度提出劳动不仅创造了人类，还创造了语言，开辟了实践语言起源观。斯大林对马克思、恩格斯的语言理论进行了阐发，写成了《马克思主义和语言学问题》，在该书中斯大林再次论述了语言的唯物性、语言与社会的关系、语言的非确定性等问题。至此，我们可以说马克思主义的实践语言观已基本形成。

在西方，马克思主义语言观自诞生之日起就处于一种被边缘化的境地，但学界对它的研究从未停止过。在近现代，一些学者在各自的研究领域对马克思的语言观有所触及。西方马克思主义者把他们对马克思主义的研究自诩为"新马克思主义"以区别于传统马克思主义（刘刚纪，1989）。最早研究马克思主义语言观的当数欧内斯特·查尔斯·琼斯（E. C. Jones)[①]，他从马克思主义立场研究了语言结构，认为语言问题是辩证唯物主义集中关注的问题，马克思并不漠视语言研究。路易·皮埃尔·阿尔都塞（L. P. Althusser)[②] 在《保卫马克思》一书中的第五部分"关于唯物辩证法"介入了马克思语言观的分析，该部分主要分析了马克思语言观的科学性与黑格尔语言观在意识形态上的本质差别。乔恩·埃尔斯特（J. Elster）在《理解马克思》一书中运用分析哲学和社会学的视角在第二章第二节有关人性的讨论汇总部分多处论及马克思的语言观。保罗·利科（P. Ricoeur）在其所主编的《哲学主要倾向》一书中，论及了

---

① 欧内斯特·查尔斯·琼斯（Ernest Charles Jones，1819—1869）英国宪章运动左翼领袖之一，诗人。青年时代认识马克思和恩格斯，并受他们影响。曾主编《北极星》等宪章派报刊。宪章运动陷入低潮后，与资产阶级激进派妥协。19 世纪 60 年代参加第一国际，站在马克思一边。

② 路易·皮埃尔·阿尔都塞（Louis Pierre Althusser，1918—1990），马克思主义哲学家。出生于阿尔及利亚。

马克思主义和语言的哲学问题。①

　　学者们不仅对马克思主义语言观进行不断的剖析和阐释，还把发展马克思主义语言观作为己任。这里，可圈可点的人物有：巴赫金（M. M. Bakhtin，1895—1975）、维果茨基（L. Vygotsky，1896—1934）、马尔科维奇（M. Markovic）②、亚当·沙夫（A. Shraff）③、斯图亚特·霍尔（S. Hall，1932—2014）和詹明信（F. Jameson）等。尤其是斯图亚特·霍尔的《编码与解码》、詹明信的《语言的牢笼》、柯尔施的《马克思主义和哲学》、阿尔都塞的《哲学是革命的武器》和《列宁和哲学》、马尔科维奇的《辩证的意义论》以及巴赫金的《马克思主义与语言哲学》被视为马克思主义语言哲学承先启后的宝贵思想财富。

　　霍尔首先肯定了索绪尔对几对概念的区分，即"共时"与"历时"、"外部语言学"与"内部语言学"、"语言"与"言语"、"能指"和"所指"等的区分。但像其他马克思主义语言学者一样，他不满索绪尔将语言与社会和历史割裂开来的做法。他认为索绪尔的语言学存在三个方面的偏颇之处：一是将语言看作一套自治的封闭的规则系统，忽视了语言之外的客观物质世界；二是将语言看成共时的产物，忽视了它的历史维度；二是将语言视作高度形式化和理论化的对象，忽视语言的抽象性和政治倾向性（参见 James，2004）。霍尔对马克思主义语言学的贡献在于强调了语言符号的物质性、社会历史性、意识形态性和阶级性。这里的"阶级性"不同于一般概念上如斯大林所说的"阶级性"，而是表现为一种身份构建，如宗教、年龄和性别等。詹明信在《语言的牢笼》一书中进一步深

----

　　①　该书收录在联合国教科文组织所主编的《当代人文科学与社会科学的研究主流》丛书的哲学卷。该丛书共分上、下两编，《马克思主义和语言的哲学问题》收录在下编中的"语言、行为和人本主义"栏目。

　　②　马尔科维奇（M. Markovic，1923—2010）：原南斯拉夫塞尔维亚著名哲学家，"实践派"的主要代表人物，原南斯拉夫联邦议会主席，南共联盟中央主席团主席。从事马克思主义哲学、逻辑学和社会政治学的研究。主要著作有《苏联对马克思主义哲学原理的修正》《辩证的意义论》《人道主义和辩证法》《马克思主义的人道主义和伦理学》《"实践派"的辩证法》《现代马克思》《南斯拉夫的马克思主义哲学——"实践派"》等。在这些著作中，他把马克思主义视为一种社会批判理论，突出地强调了马克思主义哲学的批判作用和实践作用。

　　③　亚当·沙夫（Adam Sraff，1913—2006），波兰马克思主义哲学家。研究领域有语言哲学、符号学、知识论和政治经济学。主要著作有《人的哲学》《语义学引论》《历史与真理》《处在十字路口的共产主义运动》等。

化了马克思主义语言哲学问题，试图突破结构主义非此即彼的二元对立思维模式，在批判欧陆结构主义语言观和英美经验主义语言观的基础上，他提出并阐释了实践辩证法的语言观，企图寻求在更高层次上辩证地融合结构主义的思想。此外，他将马克思主义语言哲学的实践辩证法用于解读广泛的文学文本和文化文本，开创了马克思主义语言哲学又一全新的景象（华立群、殷猛，2012）。

亚当·沙夫（A. Schaff）进一步发展了马克思主义语言观，在认识论领域介于机械唯物主义和主观现实主义之间架构了马克思主义语言哲学的基本思想。他认为马克思主义语言哲学强调语言在主客观之间、心灵和社会、生物与文化之间的桥梁纽带作用。认为思维和语言之间的关系是辩证统一的关系，而不是朴素唯物主义（naive materialism）的反映论，不赞同语言系统自治的观点。意义在个人思维和现实之间充当媒介作用，思维同时也受到社会和历史条件的限制。

在马尔科维奇看来，马克思主义包含两个最基本的哲学要素，即哲学人本学和辩证思维的新方法（Markovic, 1923/1984）。马尔科维奇把马克思主义哲学的这两大要素结合起来研究语言的意义，这就是关于人类实践活动的辩证的意义论。这种意义理论观照下的意义具有客观性、综合性、动态性和具体性。在批评极端主观的意义理论和极端客观的意义理论基础上，马尔科维奇建立了辩证的意义理论。他批评极端主观的意义理论把意义看成人的心灵概念、主观行为以及情感等主张，同时也反对极端客观的意义理论。极端客观的意义理论认为意义不依靠人的主观意识，符号的意义是符号与客观对象的关系反映，意义的存在既不依赖人的思想又不由客观现实决定，而是由超客观的对象决定。马尔科维奇在批判两种片面的意义理论的基础上将二者结合起来，对意义进行综合、全面的考察。既要认识到意义的主观性、客观性，形成对意义主客观的总体辩证认识。辩证的意义理论要揭示符号在人类社会实践中的具体作用，要揭示符号的意义的客观来源。辩证的意义理论是将抽象的意义概念同具体的实践活动结合起来，把考察对象放在事物的普遍特性、普遍联系、社会结构和社会关系等范畴中，力求揭示意义的生成机制和运行原理。指导思想上和研究方法上，一要批判绝对唯名论的片面观点，避免唯心主义的做法，又要批判绝对存在主义的意义观，避免纯粹的经验主义桎梏。辩证的意义理论还强调用历史发展的眼光考察意义问题。辩证的意义理论认为人类的认知活动是一个逐步完善的动态过程，对世界的认识活动也是一个逐步进行的过程。因此，基于实践活动的意义考察也应该是一个动态过程，孤立、片面地分析意义的做法都是行不通的。辩证的意义理论主张对意义进行动态地整体地考察，同时还要将意义的特殊性和普遍性结合起来考察（杜世洪、秦中书，2015）。

在明确以上指导思想下，马尔科维奇旨在揭示各种哲学范畴下的意义。在马尔科维奇看来，意义是各种关系的复合，意义可分为"心灵意义"（mental meaning）、"客观意义"（objective meaning）、"语言意义"（linguistic meaning）和"实践意义"（practical meaning）（Markovic，1923/1984：34）。马尔科维奇的意义理论不同于"实证主义（positivism）"关注的个人主观意义，不同于"实在主义"（realism）关注的社会客观意义，不同于"形式主义"（formalism）关注的外显意义，也不同于"概念主义"（conceptualism）的内在意识，更不同于"实用主义"（pragmatism）和"工具主义"（instrumentalism）所聚焦的外在实践（杜世洪、秦中书，2015）。由此看来，马尔科维奇辩证的意义理论强调用整合的辩证的观点对待意义问题，在语言意义的研究方面发展了马克思主义语言观，同时也是对詹明信提倡的辩证的马克思主义语言观的一种呼应。

巴赫金的《马克思主义与语言哲学》是马克思主义在语言哲学研究领域的奠基之作。他既批评了语言学中以波捷勃尼亚为代表的"个人主义的主观主义"，也批评了以索绪尔为代表的"抽象的客观主义"，在坚持马克思主义历史唯物主义和辩证法原则的基础上，在语言学研究中引入了"动力学"概念，探讨了语言的本质特征，即语言的互动性、社会性、意识性、个体性、外部指向性、意愿性和评价性等超语言观。其中，社会互动交往性是语言的本质属性，因而话语研究不能脱离话语的指涉性而孤立地进行。这种超语言学受到了系统功能语言学的重视（胡壮麟，1994），并在系统功能语言学那里得到了系统的阐释。巴赫金的超语言学思想通过语言的外部指向性，打破了"语言的牢笼"，成为马克思主义语言社会学原则的重要理论基础（张冰，2012：55）。语言的相关指涉性研究，在索绪尔的语言理论系统里难有作为。

巴赫金与友人沃罗希洛夫（V. N. Voloshinov，1895—1936）和梅德韦杰夫（P. N. Medvedev，1892—1938）被称为列宁格勒学派，被一些西方哲学家称为真正意义上的马克思主义语言哲学的创建者。列宁格勒学派以马克思主义为指导研究文化的符号学理论，发展出三条研究路径：从历史与社会角度解码心理过程、语言中的复调对话模式以及确定文本的社会学规约。维果茨基从社会心理学角度发展了第一条路径，并在马克思主义语言理论的指导下，从心理学角度对语言问题进行了大量研究，内容涉及语言心理学的许多领域，对语言哲学问题提出了自己非常独到的见解，取得了丰硕的研究成果。在此，笔者多费一些笔墨探讨一下维果茨基的研究成果，因为韩礼德正是直接或间接地受到他的语言观的影响。

在马克思主义语言理论研究领域，维果茨基首先从个体语言发生的角度，提出了言语生成模型：动机（包含欲望和需要、兴趣和诱因、激情和情绪等）→思想→内部词语→（即意思）→外部词语的意义→词语。其次维果茨基运用马克思主义的语言工具论思想提出了语言功能观。他认为，语言具有工具功能、调节功能、交际和概括功能（参见张积家，2010）。由此看来，维果茨基在马克思主义语言理论的指导下，从社会历史的、人际之间的活动角度对语言功能的论述，克服了行为主义机械论倾向，也摆脱了无视人与动物本质差别的自然主义倾向，为从社会历史角度探讨语言功能提供了全新的视角。

此外，针对语言和思维的问题，维果茨基提出了并行、交叉的思维和语言关系论（见图 2 - 2）。在他看来，思维和语言的关系实质是心理功能与意识活动的关系（参见张积家，2010）。因此，思维和语言的发展方式并不是同时等量进行，二者时而交叉、时而相遇时而又平行前行。这一现象可以从种系发生和个体发生方面得到解答。从种系发展看，思维和语言的关系并非一成不变，它们有不同的起源和发展，而且发展的路线各不相同、互不依从，但是时有交叉。在智力发展过程中，存在一个"语言前时期"，而在语言发展中也存在一个"智力前时期"。对类人猿的研究表明：在缺乏任何类人语言的情况下存在着类人智力，智力活动不依赖于语言活动；类人猿在某些方面显示了类人智力，同时也显示了语言的萌芽（张积家，2010）。从个体发生看，思维和语言的关系也呈现这样一种情况。语言和思维的发展最初也是各自进行，没有交集。婴儿在出生后的头几个月里，他就会咿呀学语和叫喊。婴儿主要用这些声音来表达感觉，这一时期就是所谓的"语言前时期"，此时的语言与思维发展没有什么瓜葛。但当婴儿长到两岁左右，原来分别发展的思维和语言逐渐开始有了交集，并形成新的行为模式。思维发展开始受到语言的制约，但二者还没有完全走向统一。只有在儿童语言发展到内在语言阶段时，语言和思维才真正走向统一。这时的语言，它既与外部语言相关联，同时又与思维相关联。大体上看，思维和语言的关系可以简略地用两个相交的圆来表示，两个圆的交集部分就是常说的"语言思维"部分，表明语言和思维在此交集。这个交集部分并不包括一切的思维形式和一切的语言形式，思维领域有很大一部分和语言思维活动并无直接关联。维果茨基有关语言与思维的关系问题的见解时至今日仍具有深远的影响。

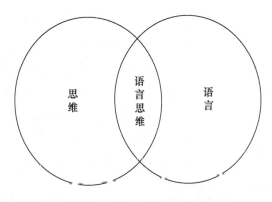

图 2 - 2　维果茨基的语言与思维关系

资料来源：张积家：《语言认知新论———一种相对论的探讨》，广东高等教育出版社 2010
年版，第 189 页。

在论述思维与语言的关系时，他提出用单元切分法代替成分分析法。成分分析法是将复杂的心理整体分解成各个元素或成分，这种分解法使整体原有的基本特性丧失，因而并非真正意义的切分。相反，单元切分法则是将一个统一的、复杂的整体分解为单元的方法。与成分分析法不同，单元分析法中的单元是分析的产物，是不能再分的一个整体的组成部分，保持整体所固有的所有基本特性。维果茨基认为，只有采取单元切分法，言语和思维的因果关系才有可能加以分析，揭示两者内在的统一性关系；而词义正是所要寻找的言语思维单元。他认为，单元分析法除了用来研究思维和语言的关系问题，还应用于语言的功能研究。他认为，传统语言学采用成分分析法，将语言分析成语音和语义两个互不相关的成分，并在此基础上，将单音看作语音单元，而不是将音义结合的音素看作最小单位。这种分析方法是将语言形式化的结果，以功能视角研究语言势必采用单元分析法。受功能研究视角的影响，韩礼德采用了单元分析法而不是成分分析法来分析句法成分（Halliday，1994/2004）。由此可见，韩礼德受维果茨基语言分析方法的影响很大。

综合以上分析，詹明信、马尔科维奇、维果茨基、巴赫金都试图克服自然主义、结构主义和形式主义语言观的不足，从而在某种程度上发展了马克思主义实践语言观。詹明信和马尔科维奇主要发展了马克思主义的语言辩证观。维果茨基在语言的个体发生方面弥补了马克思主义理论家在历史唯物主义语言起源观方面的不足，同时在语言与思维关系的论证上也有所突破，特别是在阐释语言与思维关系问题时提出的单元分析法，对功能语言学产生了很大的影响，为克服结构主义和形式主义语言学的成分分析法所带来的弊端贡献很大。巴赫金从批判个人主观主义和抽象的客观主义出发，亦即从批判唯心主义和结构主义出发，力图建立马克思主义的语言哲学观，强调语境在语言分析中的作用。他所提出的体裁理论、对话理论等超语言学思想对系统功能语言学产生了重要的影响。

（二）当代阐释与研究阶段

马克思主义的实践语言观在西方当代获得新的阐释。丹尼尔·庞西奥（D. Ponzio）从方法论角度解释了马克思主义语言观，他认为马克思主义的语言理论核心是语言实践观的确立，并从语言与艺术的关系问题论述了语言发展观，他对马克思主义关于语言产生于社会需求的观点表示赞同，主张人们通过合作的方式改变着世界，同时语言也会随着社会的发展而发展。这种语言与世界的辩证发展关系与马克思在《资本论》中的观点一脉相承。玛尼·霍尔博罗（M. Holborow）在《英语的政治性：马克思主义语言观》一书中，系统考察了马克思、恩格斯、巴赫金、维果茨基等的语言观后，重新在社会情景中考察语言的起源、语言与意识形态的交迭与分歧、语法的可变性，从而指出语言的动态性与不稳定性，说明了语言问题也是政治问题的原因。简·杰奎斯·勒赛克勒（J. J. Lecercle）所著的《马克思主义语言观》代表了国外马克思主义语言观的最新研究成果

（华立群、殷猛，2012）。勒赛克勒首先分析了索绪尔、乔姆斯基、哈贝马斯等主导型语言哲学的不足，随后评价了马克思、恩格斯、列宁、斯大林、沃罗希洛夫、德勒兹和瓜塔里对语言的看法，指出主导性语言哲学的共性是个人主义的方法论将语言降格为交际功能，提出需要将语言视为实践形式的马克思主义语言观。马克思主义的语言实践观的强大的生命力，为西方各派语言哲学所共识。所以，当西方各派语言哲学在困境中寻求出路的时候，必然将马克思主义的实践观纳入研究视野。正如杜世洪（2014）所说，当西方语言哲学在困境中寻求出路的时候，只有马克思主义的实践唯物论才能为当代语言哲学的发展指引方向。语言哲学目前的发展态势也证明了这一点。尤尔根·哈贝马斯（J. Harbermas）、米歇尔·福柯（M. Foucault）、皮埃尔·布迪厄（P. Bourdieu）和安东尼·吉登斯（A. Giddens）等人的研究无不从话语的实践方式、实践过程和实践目的等方面对语言问题展开论述，比如哈贝马斯的交往理论、福柯的话语实践理论以及利奥塔的叙事分析理论等，都是在实践活动中对语言现象和语言过程加以研究，以考察人类在特定文化传统、历史条件和社会变迁中如何使用语言，怎样用语言建构意义表达人生。语言不仅是符号象征、文本形式和交际工具，更重要的是对话过程和交往实践，是人类最直接的基本的可感的生命表现方式。再比如，布迪厄将其以方法论建立在实践理论的基础之上，着力批判结构主义和形式主义语言观，认为复杂的语言实践和语言运用总是伴随权力和资本分配过程，并受其资本和权力的制约和影响。他认为社会学家应关注语言对话的实践形式和社会生活对语言实践的影响（Bourdieu & Thompson，1991）。受后期维特根斯坦语言哲学观的影响，布迪厄主张解除结构主义语言观的制限，将语言置于实践中加以考察，注重语言和社会实践，尤其是语言和权力的紧密关系，布迪厄的这一主张具有强烈的政治批判性，将语言的社会政治责任感提到了一个高度加以认识，从而将社会哲学研究推到当代思想前沿。可见，马克思主义的实践语言观在当代得到了新的诠释。

通过追踪对马克思主义实践唯物主义语言哲学观在东西方的发展轨迹，可以看出马克思主义的实践唯物主义语言观分别在东西方得到不同程度的阐释和发展。研究表明，我国学界对马克思主义理论家的语言观阐释较多，而在理论发展方面研究较少，尤其是自觉以马克思主义语言观指导从事语言研究的专著较少，究其原因就像韩礼德曾指出的那样，恐怕跟中国学术界跟风陋习有关。在西方，虽然马克思主义语言观的研究思想和方法，与结构主义和形式主义相比，一直处于非主流、被边缘化的状态，却一直没有停歇并不断发展着自己的理论思想。庞西奥、马尔科维奇、福柯、哈贝马斯等学者对马克思主义的实践唯物论语言哲学思想给予了充分的阐释和发展。同时，巴赫金提出的超语言学理论、雅各布森和维果茨基提出的功能思想以及维果茨基提出的单元分析法都对哥本哈根学派、伦敦学派以及功能学派产生了很大影响。韩礼德所创立的系统功能语言学正是在吸收深受西方马克思主义语言观影响下的哥本哈根学派、伦敦学派以及功能学派的营养中孕育发展起来的。

第三节　韩礼德的语言观研究现状

系统功能语言学在西方属于非主流语言学流派，马克思主义语言观在西方也处于一种被边缘化的状态，加之国外系统功能语言学界偏重自身理论建设和应用研究，对韩礼德的语言本质观的关注和研究相对较少。鉴于此，本书对韩礼德语言观的文献梳理主要集中在对我国学者的有关研究。

一　韩礼德的语言观研究

系统功能语言学在中国发展三十多年来，与前人的介绍、引进和研究分不开。从 20 世纪 80 年代特别是 90 年代以来，人们对系统功能语法和系统功能语言学的研究从未间断，目前仍保持着相当高的热情（见图 2 -3 和 2 - 4）。与系统功能语言学的应用研究相比，人们对韩礼德的语言观的基础理论研究相对较少（见图 2 - 5），但不乏少数学者对韩礼德的语言观和研究方法进行研究和探索（如：Webster，2011；胡壮麟，1984；严世清，2002，2003；朱永生、严世清，2011；常晨光，2012；常晨光、廖海青，2010；柴同文，2013 等）。卫真道（Webster，2011）总结了韩礼德语言学理论的七大特征，主要体现在它强调：（1）元功能；（2）词汇与语法的统一；（3）元语言的连续性；（4）语法系统的概率性；（5）与其他看似矛盾的理论观点的可比性、互补性和兼容性；（6）语境下的语言学；（7）马克思主义导向。胡壮麟对韩礼德的语言观进行了研究和总结，认为有六个核心思想，即纯理功能的思想、系统的思想、层次的思想、功能的思想、语境的思想、近似的或盖然的思想。

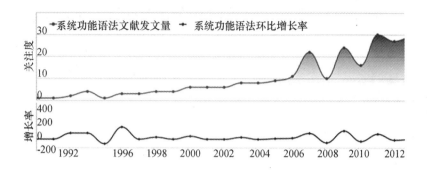

图 2 - 3　1989—2013 年系统功能语法研究的相关文献发文量①

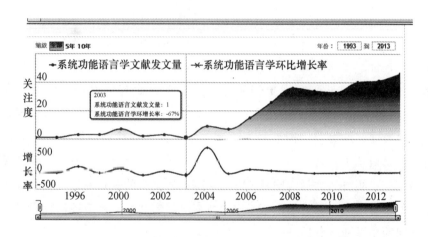

图 2 - 4　1993—2013 年系统功能语言学研究的发文量

学界除了通过系统功能语言学的语言研究揭示韩礼德的语言观之外，还通过系统功能语言学与超语言学、转换生成语法、认知语言学和翻译学等学科对语言的认识进行对比分析来揭示韩礼德的语言观，如李曙光（2008）、周频（2010）、高丽佳和戴卫平（2008）等。其中，李曙光

---

① 图 2-3，图 2-4，图 2-5 的数据源自中国知网（CNKI）"系统功能语法"、"系统功能语言学"和"韩礼德的语言观"文献关注"指数"统计（http：//kns. cnki. net/kns/brief/default_ result. aspx）。

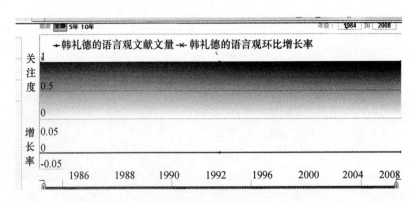

图 2 – 5 韩礼德的语言观研究 30 年的发文量

（2008）对比分析了巴赫金的超语言学和韩礼德的系统功能语言学在研究范式、语境的社会符号构成以及语言功能观，认为二者在这三方面是融合的。周频（2010）在《论认知语言学与系统功能语言学对语篇连贯性解释的互补性》一文中，对比分析了认知语言学和系统功能语言学的哲学基础、基本假设、研究视角和研究方法。高丽佳和戴卫平（2008）在《刍议乔姆斯基和韩礼德的语言观》一文中，对比研究了乔姆斯基和韩礼德的语言观，认为乔姆斯基强调语言的客观性，韩礼德强调语言的主观性；乔姆斯基主张语言学研究应采用自然科学的研究方法，韩礼德则重视对语言的真实自然的功能阐释，乔姆斯基的研究目的是找到适合所有人类语言的普遍语法，韩礼德主张不仅要研究之间的共性，还应该研究不同语言之间的差异即特殊性。

学界虽然对韩礼德的语言观和研究方法做了一定的探讨，但站在语言哲学的角度来讨论的学者不多。常晨光和廖海青（2010：14）在系统功能语言学作为适用语言学的理论框架下对韩礼德的理论与实践相结合的辩证关系进行了研究，指出系统功能语言学所采用的辩证的研究方法显然与马克思主义理论研究方法有着很多的共同性。此外，常晨光（2012）在《系统功能语言学的社会符号视角》一文中围绕韩礼德提出的"social accountability"这一概念，从其双重含义说明了系统功能语言学的新马克思主义导向，同时指出系统功能语言学本质上是一个政治化的语言学理论。柴同文（2013）在《系统功能语言学理论中的互补思想》一文中剖析了

韩礼德的互补性思想，他依据韩礼德所著的《语言系统的并协与互补》
一书中提到的互补思想，归纳了系统功能语言学中涉及的诸如"及物与
作格"、"创造与转换"、"肯定与否定"、"情态与意态"、"已知信息与未
知信息"、"析取与合取"、"一致式与隐喻式"等互补现象。当然，互补
的思想和理论与实践相结合的思想都只是韩礼德辩证思想的重要组成部
分，两位学者还没有站在马克思辩证法的角度即总体性原则的角度概括韩
礼德的语言研究方法论，因此也只是对其理论加以阐释和说明。迪安南·
凯尔伯特（D. Kilpert，2003）指出系统功能语言学是一门整合语言学，
系统功能语言学整体性语言哲学理论对语言研究的贡献是其他语言学流派
无法企及的。黄国文（2009）也赞同凯尔伯特的这一观点。严世清在
《论韩礼德的语言哲学思想》一文中围绕语言哲学关注的几个核心话题探
讨了韩礼德的语言观、语义观和隐喻观。他（严世清，2012）指出，在
韩礼德看来，语言的根本属性在于其社会性，语言是一种不断进化的社会
意义系统。朱永生和严世清（2011）认为韩礼德接受了瑞士心理学家皮
亚杰（J. Piaget）和苏联心理学家维果茨基（L. S. Vygotsky）的研究成果，
在谈到语言和世界的关系问题时，采用了建构主义的观点来看待语言与世
界的关系，指出语言的作用在于构建和维系社会关系和社会现实。朱永生
和严世清虽然没有从西方马克思主义研究传统出发，分析韩礼德的语言研
究取向，但无意识地揭示了系统功能语言学所具有的新马克思主义语言建
构观。

二　韩礼德的马克思主义语言观研究

韩礼德在多次访谈中提到他的马克思主义语言观研究初衷，系统功能
语言学中的马克思主义语言观导向已引起国内外学者的关注。比如卫真道
（Webster，2011）、马丁（2013）、胡壮麟（2007）、朱永生（2010）、常
晨光（2012）、李忠华（2013）、何远秀和杨炳钧（2014）等。胡壮麟
（2007）在《解读韩礼德的 Appliable Linguistics》一文中提到韩礼德对语言
社会性的认识反映了韩礼德对发展马克思主义语言学理论的语言学研究目
标。此外，文中提到20世纪50年代初期，韩礼德所加入的英国共产党语
言学小组曾就刚摆脱殖民主义统治的各民族的语言政策、技术语体和功能
语体的发展、标准语和方言的问题、第一语言和第二语言的关系以及中国

的文字改革等问题加以研究和讨论。文中还谈到韩礼德和同事们因英国政府视共产主义为"恶魔"而受到打压，同时还受斯大林对苏联语言学家马尔和梅夏尼洛夫研究民族语言批判的影响，因而包括韩礼德在内的英国共产党语言学小组避讳谈论马克思主义语言学，只是隐晦指出语言学研究中应重视研究语言的社会属性，强调要把语言和语言学放在社会语境中考察，主张应当对非欧洲语言，非标准语的方言，没有书面语民族的语言，非本族语的英语变体等语言给予重视。文中指出，这些信念在韩礼德的系统功能语法中贯彻始终，利用系统功能语言学理论对非英语语言的系统功能语言学描写便是有力的例证。胡壮麟在此篇文章中只涉及了韩礼德从事马克思主义语言学研究的初衷、研究兴趣和研究内容，阐释了韩礼德为什么直到晚年才大胆说出自己的马克思主义语言研究思想和方法，但此文因受主题限制，没有涉及对韩礼德马克思主义语言观和研究取向的具体表现。卫真道、马丁、朱永生、常晨光从宏观上敏锐地捕捉到系统功能语言学的马克思主义语言学倾向。李忠华从哲学理据、意义观和实践性三个微观层面探讨了系统功能语言学呈现出来的马克思主义语言学特征。何远秀和杨炳钧从语言哲学关注的几个核心问题如语言的起源与发展、语言的本质属性、语言的研究方法初步探讨了韩礼德的马克思主义语言观和方法论，但没有站到马克思主义的实践唯物主义立场全面梳理韩礼德的马克思主义语言观和研究取向。

第四节   小结

本章在回顾马克思主义理论家论及语言的文献之后，总结了马克思主义语言观的基本内涵，指出马克思主义语言观的实质即是实践唯物主义语言观。在此基础上，笔者概述了马克思主义语言观在东西方的研究现状和韩礼德的语言观研究现状。

研究表明，马克思主义语言研究思想虽然在东西方处于被边缘化的境地，但学界从未间断对马克思主义语言观的研究和发展，尤其是在我国，马克思主义语言观在20世纪80年代以前得到了长足的研究和发展。东西方马克思主义语言观在本质上是相通的，对语言的根本看法和根本观点也是一致的，都坚持马克思主义的历史唯物主义和辩证唯物主义的观点即实践唯物主义的观点分析语言和研究语言，当然分歧也是存在的，例如西方马克思主义及时吸收当下最新的科学研究成果，在理论建设方面不断地推陈出新，涌现了一大批具有极大影响力的马克思主义语言哲学和语言学研究者，例如巴赫金、詹明信、马尔科维奇、阿尔都塞、马尔库塞、亚当·沙夫、弗斯等。这些西方马克思主义语言研究者，在语言与社会的关系问题上坚持语言对社会的建构思想，而不是传统马克思主义所认为的语言反映论（详见第五章的相关阐释）。在语言的起源问题上，西方马克思主义坚持神经达尔文主义的语言发展和演化思想，而不是简单的达尔文进化论思想（详见第四章的相关阐述）。在语言的研究方法上，西方马克思主义认为要坚持总体性辩证法思想，而不是传统马克思主义者所信奉的恩格斯的对立统一的辩证思想（详见第六章的相关叙述）。此外，研究还表明，学界通过对系统功能语言学的核心思想，例如对纯功能的思想、系统的思想、功能的思想、层次的思想、语境的思想以及近似的、盖然的思想、互补的思想等的挖掘并就系统功能语言学与其他流派的对比研究来阐释韩礼德的语言观，但针对韩礼德的马克思主义语言观的研究相对较少且不具系统性，更没有人根据马克思主义的实践唯物主义语言观以及西方马克思主义语言观或新马克思主义语言研究取向加以系统的梳理。鉴此，本书在分析韩礼德的马克思主义语言研究之路及系统功能语言学与马克思主义语言观的学理渊源基础之上，依据马克思主义的语言观，同时以新马克思主义的语言观为参照系统梳理韩礼德的马克思主义语言研究取向。

第 三 章

韩礼德与新马克思主义语言研究

第一节　引言

　　所谓新马克思主义，如前所述，指的是西方学者按照他们所理解的马克思主义理论试图对当代发达资本主义国家现实作出新的理论解释。新马克思主义是在经典马克思主义的直接影响下产生的，是经典马克思主义在当代发达资本主义国家的变种，反映了马克思主义对当代西方社会科学理论的巨大影响。这种影响体现在几乎所有的人文社会科学的各个领域，例如经济学、历史学、人类学、政治学、社会学、语言学和文学等领域，在这些领域里有新马克思主义经济学、新马克思土义政治学、新马克思主义语言学和新马克思主义社会学等。马克思主义之所以对当代西方社会科学具有如此深刻的影响，主要存在三方面的原因：一是马克思主义的方法论，如实践辩证法、唯物史观、阶级分析法等对自然界和社会发展具有极强的阐释力。二是马克思主义的价值观和世界观，仍然是许多进步的和正直的学者所憧憬的理想。三是西方马克思主义者不是教条主义者，而是始终站在时代和学术的前沿，对新出现的现实问题及时作出理论概括，如在西方先后出现的以马尔库塞为代表的弗洛伊德主义的马克思主义、以萨特为代表的存在主义的马克思主义和以德拉·沃尔佩为代表的新实证主义的马克思主义和以阿尔都塞为代表的结构主义的马克思主义。

　　可见，就语言研究领域来看，韩礼德具有新马克思主义语言观，有其深厚的学术成长土壤。马克思在英国生活和工作了三十多年，这一事实无疑有助于他的思想在英国的传播。英国社会民主党的创始人海因德曼（H. M. Hyndman，1842—1921）在读了《资本论》之后，信奉了马克思的思想，在《全民享有的英国》（*England for All*）一书中对马克思的思想做了大量的宣传。到俄国布尔什维克胜利时，英国有三个主要的马克思主义组织：英国社会主义党、英国社会主义工党和工人社会主义联盟。这三个组织都向英国共产党输送成员。至 1920 年，英国共产党成立之后，英国共产党成为主要的马克思主义组织。但由于英国共产党与欧洲其他国家的共产党不同的是，它不是从社会民主党分裂出来的多数派形成的，到 20 世纪 30 年代，尽管发生了波及面较广的产业动荡和国民内阁的垮台，共产党并没有得到长足的发展。英国共产党人数虽少，但是，这时期有大量知识分子如诗人奥登（W. H. Auden，1907—1973）、刘易斯（C. S. Lowis，1898—1963）、斯彭德等（S. Spender，1909—1995）加入英国共产党，因为他们把共产主义当作表达反法西斯主义崛起的最好方式。这些知识分子创刊或结社，宣传马克思主义的思想，尽管在英国还没有基础广泛的马克思主义政治运动，但他们对马克思主义的理论却做出了重大的贡献。这些贡献集中在知识分子所关心的几大领域，如文学、历史学、经济学和语言学。1960 年《新左派评论》的创刊和英国共产党语言学小组就是在这一时期诞生的。在文学领域占统治地位的是雷蒙德·威廉斯（R. Willians），在历史学方面，领导时代潮流的是克里斯托弗·希尔（C. Hill）以及汤普森（E. P. Thompson），在经济学领域是斯拉法（P. Sraffa，1898—1983），而在语言学领域就是弗斯（J. R. Firth，1890—1960）了。弗斯的语言学理论与马克思主义原理并行不悖，弗斯本人也曾跟韩礼德说起过这事（Halliday，2015：96）。我们知道，韩礼德曾师从弗斯学习，但他不是被动接受弗斯的语言研究思想的，而是在师从王力的学习过程中了解了弗斯的语言研究观之后，几经波折才投到弗斯门下学习。同时，在师从弗斯学习期间，他加入了英国共产党语言学小组，该小组的其他核心成员还有特里夫·希尔（T. Hill）、杰弗里·爱丽斯（J. Ellis）、简·尤里（J. Ure）、皮特·威克斯勒（P. Wexler）、丹尼斯·伯格（D. Berg）。他们成立英国共产党语言学小组的一个重要目的就是要建立一个关注非主流文化语言和语言变体的马克思主义语言学理论。主要内容包括去殖民化运动，创建和发展民族语言，关注口语、方言、殖民地濒危语言（Halliday，1993/2007）。至此，我们便不难理解韩礼德为何具有新马克思主义语言研究取向。但韩礼德与新马克思主义语言研究的情缘并没有如此简单。韩礼德的新马克思主义语言观的形成有其必然的历史轨迹，是在韩礼德半个多世纪的语言研究中逐渐形成的。可以说，韩礼德从一开始学习和研究语言就与马克思主义结下了不解之缘，马克思主义语言观在系统功能语言学中得到体现并不断得到完善和发展。鉴于此，要梳理韩礼德的马克思主义语言观就有必要探究他与马克思主义之间的这份情缘，厘清系统功能语言学与马克思主义语言观之间的学理渊源以及马克思主义语言观在系统功能语言学中的体现，因为这些是韩礼德的新马克思主义语言观研究取向形成和缘起的根基。

第二节   韩礼德的马克思主义情结

一   韩礼德的马克思主义世界观的形成

韩礼德的马克思主义世界观的形成与他的汉语学习和教学经历分不开。韩礼德具有语言学习天赋，小时候就对汉语产生了浓厚兴趣。第二次世界大战期间，就在韩礼德过完 17 岁生日后，他就自愿参加了一项语言培训项目，开始深入学习汉语。当时的语言培训在伦敦大学的亚非学院进行，课程的设计和教学的实施都非常严格。参加这批汉语培训的学员后来都成为了培养战时汉语口语的汉语教师。在语言培训班中，韩礼德与后来成为爱丁堡大学的汉学教授约翰·德里·钦纳里（J. D. Chinnery）交往甚密。钦纳里具有明确的马克思主义左翼倾向。他们俩后来在不同部队服役，做汉语教师，他们彼此之间的友谊从未间断。韩礼德在与钦纳里共同探讨共产主义世界观的交往过程中，逐渐对马克思主义思想产生了兴趣（Halliday，2015：94）。同时，在印度的汉语教学和学习生活也使他对汉语更加热爱。退役后，经友人沃特·赛门（W. Simon）的介绍，于 1947年来到北京大学从事半工半读的生活，一边在中文系学习汉语，一边在英语系教英语以维持生计，一年后获得汉语学士学位。不久，他便获得了一份位于中国西北边远山区的中国工业合作社（Chinese Industrial Coopera-tive）的工作。当时，中国工业因战乱、通货膨胀等因素几乎处于瘫痪状态。他在中国工业合作社的工作就是担当英语通讯撰稿人，协助向澳大利亚、英国和新西兰等国募集资金（韩礼德、何远秀、杨炳钧，2015）。①
半年后，于 1948 年的 11 月经友人逸夫·爱德华（E. Edward）推荐，韩
礼德辞掉工作返回北京大学继续攻读汉语以获得硕士学位。此时的韩礼德
师从罗常培先生，学习历史语言学和汉藏语的对比研究。但韩礼德对现代
汉语尤其是方言更感兴趣，在罗常培的推荐下，于 1949 年 5 月离开北京
乘船经由韩国，再坐船辗转香港到达了广州（参见 Martin，2013：99）。
当时正值国共内战的关键时刻，虽然北京已解放，他也目睹了共产党军队
进驻北京和新中国成立的情景，但此时的南方还处于国共最后交锋的关键
时期，所以他费尽周折才抵达广州。来到广州后，跟随王力从事方言的调
查研究。韩礼德在中国求学的三年中，亲眼看到了新旧中国的变化，韩礼
德看到新政府稳定了货币政策，遏制了失控的通货膨胀；惩治腐败，大搞
土地改革，为中国后来持续的繁荣奠定了基础。据韩礼德回忆，这些变化
让他对共产党产生了不少的好感（Halliday，2015：94）。

　　1950 年，韩礼德回到了英国。众所周知，20 世纪的 50 年代正值全球
刮起了一场以美国为首的反对共产主义威胁的“冷战”运动。虽然韩礼
德不相信共产主义是解决英国问题的最好途径，但他想把在中国的所见所
闻与世人分享。于是，在剑桥攻读博士学位期间，他建立了“中英友好
协会”，加入了英国共产党，在共产主义政治生活中活跃了七八年。在
“中英友好协会”中，他有幸结识了英国近代生物化学家和科学技术史专
家乔瑟芬·李约瑟（J. Needham），两人交往甚密。同时，在韩礼德入党
期间，他和马克思主义专家艾瑞克·霍布斯鲍姆（E. Hobsbawm）在同一
党支部工作。这些人的思想无疑对韩礼德的马克思主义世界观的形成产生
了直接和间接的影响。由于时间和精力的限制，按照韩礼德的说法，他选
择了语言学研究之路，放弃了政治活动（参见 Martin，2013：117），并于
1956 年因苏联入侵匈牙利时退党（参见 Martin，2013：133）。但韩礼德

---

　　① 中国工业合作社，中文简称“工合”，意味着：“努力干，一起干”，代表着热情与奉
献。中国工合国际委员会（简称“工合国际”）是为促进中国工业合作社运动而建立的国际性民
间组织。为了争取海外援助，筹集工合发展资金，保证外来援助的正当使用，1939 年 1 月在香港
成立了促进工合国际委员会，宋庆龄任名誉主席，英国主教何明华任主席。工合国际委员会的工
作很快赢得同情中国抗战的各国正义人士和爱国华侨的热情支持，美国、英国、菲律宾还专门成
立了支援工合的组织。1952 年停止工作，1987 年在北京重新恢复活动。

认为语言与政治不可分,放弃政治活动是为了更好地研究语言,因为在他看来,当时有关马克思主义语言学研究尚处于一种很粗浅的认识阶段,急需进一步研究和发展。要深入研究语言,就得放弃政治生活,把自己同生活中的语言交融在一起,但不能放弃用政治的眼光审视语言,语言与政治不可分(参见 Martin,2013:117)。

二　韩礼德的新马克思主义语言学研究之路

韩礼德的马克思主义语言学研究之路起源于在中国师从王力和罗常培时期。罗常培先生使韩礼德学会了用历史的观点考察语言(Halliday,1985/2007),跟随王力研究方言的经历使韩礼德接触到了语音学、音韵学和社会语言学的研究方法,使韩礼德认识到语言与社会和文化之间的紧密关系。在跟随王力先生学习过程中,通过王力先生,韩礼德接触到了弗斯的语言思想。弗斯所著的《个性与社会中的语言》一文对他影响极大。弗斯在该书中阐明了他的语言观,他认为语言是社会语境中的语言,语言学的根本任务是研究社会过程中的社会行为(Firth,1957:181)。弗斯的这一观点是针对结构主义代表人物索绪尔把语言当作一套符号系统和转换生成语言流派代表人物乔姆斯基把语言研究的根本观点看作寻找符号系统的逻辑演绎规则这样的语言观而提出来的(Firth,1957:180)。因此,在韩礼德看来,弗斯的语言观就是马克思主义的语言观(参见 Martin,2013:118)。不久,韩礼德便萌生了师从弗斯的想法。

韩礼德在 1950 年从中国回到伦敦大学后,他就想一边跟随弗斯学习,一边到伦敦大学的亚非学院教授中文。但韩礼德的这个愿望并非一帆风顺。因为当时给英国培养外交官人才的伦敦亚非学院对政治非常敏感,当韩礼德前去应聘时被问及能不能保证以后不加入共产党时,他拒绝作出承诺,由此他未能如愿在伦敦大学的亚非学院任教(参见 Martin,2013:104)。此时,美国的麦卡锡主义的触角已触及欧洲大陆,受英国麦卡锡主义的“搜捕女巫”(witchhunt)运动的影响,韩礼德只能转入剑桥大学攻读博士学位,师从语文学家谷斯塔夫·哈鲁恩(G. Haloun)。在师从哈鲁恩期间,韩礼德曾与老师哈鲁恩商量想到伦敦向弗斯学习,由于导师哈鲁恩的突然辞世,韩礼德的这个愿望得以实现。此时韩礼德是以学生的身份前来学习,按韩礼德的话说,此时的他不具有颠覆政权的地位和权力

（参见 Martin，2013：105—106）。就是在韩礼德师从弗斯的学习期间，也就是 20 世纪 50 年代初，经汉学家约翰·德里·钦纳里的介绍，韩礼德加入了英国共产党语言学小组，小组的一个重要目的就是试图发展马克思主义语言学。

　　1954 毕业之后，仍然由于政治原因，韩礼德无法得到伦敦大学的教学工作岗位，于是就留在剑桥大学执教中文。1958 年移居爱丁堡，韩礼德的研究兴趣转向了英语。到 20 世纪 60 年代，韩礼德从爱丁堡回到伦敦，成为伦敦大学的语言学教授。当时占主导地位的语言教学法是以教师为中心的传统教学法和以学生为中心的革新主义（progressivism）教学法。韩礼德对两种教学法均不满意，他认为读写教学的重心应放在理解语言的运作机制而不是讨论以谁为中心与否。当时盛行一时的结构主义和形式主义语言学知识在韩礼德看来并不能满足语言教育的需求，于是韩礼德创立了功能视角的英语语法并运用于自己的语言教学实践，这个项目后来得到了英国工党政府的资助。但好景不长，因为在那个年代，乔姆斯基领导的美国形式主义如日中天，席卷全球。转换生成语法学派以革命者的形象，全面否定美国结构主义传统，尽管结构主义正是其发展根基。以乔姆斯基为首的形式主义学派酷似一个残酷的中央集权，排除异己，驱逐其他学派，导致其他语言学派的语言学家处境十分艰难，不少学者只能过着颠沛流离的放逐生活。韩礼德这位功能语法学者便属于其中的一个典范。作为语法学家，直到 60 年代末，他都一直被禁止研究语法，在那个年代只能以乔姆斯基的模式来研究语法，可以说韩礼德既经历了 50 年代的政治体制上的麦卡锡主义的迫害，又经历了 60 年代的文化体制上的麦卡锡主义的迫害（王振华、张庆彬，2013）。由于他所教的学生毕业后无法找到工作，韩礼德觉得没有必要在伦敦的语言学系继续教授功能语法了。于是，他辞去了伦敦大学的工作，从此过上了颠沛流离的生活。后来为生活所逼，韩礼德申请到加拿大的不列颠哥伦比亚大学执教，但由于政治背景，他的请求被加拿大政府所拒。在美国经历短暂的学习和研究生活后，直到 1975 到了悉尼大学创建语言学系以后，他才过上了稳定的生活，他的马克思主义语言学思想和研究抱负才得以在语言研究工作中加以体现和完善。韩礼德的马克思主义语言观体现在把语言看作政治工具，强调语言的社会责任，重视语言的实践性，把语言看作意义科学的重要组成部分。韩礼德的语言学研究事业能在澳大利亚得以发展并使系统功能语言学发展成为能与其他语言学流派相抗衡的语言学流派，这与澳大利亚工党政府所主张的社会公平政策分不开。在澳大利亚工党政府的支持下，为消除社会教育不均衡现象、实现公平教育的目的，澳大利亚教育界竞相开展各种课程改革，一时间教育革新成为澳大利亚教育发展的主导趋势，这给系统功能语言学的发展创立了成长的空间。

尽管韩礼德由于政治原因，生活和工作经历几多波折，但他目始至终保持乐观心态，辩证地看待这些问题，从未中断他的语言学研究之路，即马克思主义的语言学研究之路。

三　韩礼德的新马克思主义语言观的来源

韩礼德的语言研究之路是一条人类学和社会学的研究之路，属于功能主义的语言研究传统，其思想可追溯到普罗塔哥拉和柏拉图主义，同时也是建立在对索绪尔结构主义和乔姆斯基为代表的转换生成语法的批评基础之上（胡壮麟等，1989：56）。具体来讲，虽然系统功能语言学接受索绪尔关于语言是符号系统的观点，但更强调语言是纵聚合系统，而不是横组合的结构。因为在系统功能语言学看来，语言不是一个封闭的、自治的符号系统，而是一个意义系统或语义潜势（meaning potential）。作为意义潜势的语言系统，它是由纵聚合和横组合关系组成的语言体系，与横向结构比较，纵聚合关系在系统功能语言学这里得到更多的关注，更强调语言系统是由一系列的选择关系组成的系统网络，横向结构只是语言使用者意义选择的结果。因此，韩礼德对结构主义的二元划分模式提出质疑，认为语言学研究者不能摒弃语言的具体使用，只关注抽象的封闭的语言系统本身以及共时的语言结构。因为，在韩礼德看来，"作为语言学家，只描述语言而不解释语篇是徒劳的；脱离语言描述语篇是空洞的。"（Halliday，2001/2007：185）此外，韩礼德认为要把语言置于生活语境中去研究，而不是像巴赫金在批评结构主义时所指出的那样，去研究"僵尸"的语言。由此看出，韩礼德和马克思主义语言观在思想渊源和哲学理据上是高度一致的。但从生成路径上看，韩礼德的马克思主义语言观的形成具有多源性。

在与克雷斯、韩茹凯和马丁的访谈中，韩礼德认为他的马克思主义语言观的形成源于四个方面：第一，如前所述来源于中国罗常培和王力的语言研究思想；第二，弗斯的语言观；第三，苏联语言学家的影响；第四，布拉格学派的影响（参见 Martin，2013）。针对第一个方面，我们前面已做了一些论证和说明。韩礼德认为他的历史语言观最直接的影响来自中国导师罗常培（Halliday，1985/2007）。至于王力对韩礼德语言思想的影响我们结合弗斯的语言观加以说明。针对弗斯的语言思想，韩礼德曾经说过："事实上，在我看来，弗斯的语言研究方法，即将语言置于社会语境的研究方法，完全与我眼中的政治的研究方法一致。从弗斯那里，我懂得了语言与政治的不可分。因而弗斯的语言观与我所理解的马克思主义语言学完全匹配，向我所理解的马克思主义语言学跨出了相当重要的一步。"（参见 Martin，2013：118）这就解释了韩礼德回到英国后要追随弗斯致力于语言学的学习和研究的原因。结合罗常培和王力对韩礼德语言思想的影响，有必要指出，从时间上看，王力比弗斯更早向韩礼德灌输语言的社会性、语言的层次性、语法的合法性、口语与书面语相结合以及把语篇作为研究对象等一系列思想。如前所述，韩礼德是从王力先生处接触到了弗斯的学术观点。从这一点上看，王力和弗斯的语言思想有某些共同之处。在韩礼德眼中，弗斯的语言观是一种马克思主义的语言观。那么，王力的语言观在韩礼德的眼中是马克思主义的语言观吗？笔者曾对韩礼德的马克思主义情结做过一次专题采访，其中就涉及了这个问题。对此，韩礼德当时并没有给予正面回答，而是要求给他足够的时间去思考，后来他给出的答案是肯定的（韩礼德、何远秀、杨炳钧，2015）。在韩礼德看来，王力先生也十分重视语言与社会的关系以及语言的实践等问题。那王力先生为何重视语言实践和语言的社会性呢？这与苏联的马克思主义和马克思主义语言观较早在中国的传播分不开。这一点跟我们即将讨论的苏联语言学家的语言观又联系在一起。针对苏联语言学家的语言观，这一点往往被人们所忽略。韩礼德声称是在伦敦学习俄语期间（1945—1947）了解了一些俄国的语言学思想（参见 Martin，2013：102）。"俄罗斯语言学传统特别关注语言与社会、语言与思维等关系问题，是苏联开展的关注社会新事物、新现象的'语言建设'的产物"（赵爱国，2012：8）。语言与社会、语言与人、语言与历史、语言与意识、语言与文化等关系研究历来是俄罗斯语言学关注的核心问题，并自波捷布尼亚的哈尔科夫语言学派、博杜恩·

德·库尔德内（B. de Courteny，1845—1929）的喀山语言学派时期起就开始形成优良传统，甚至在马尔（Николай Яковлевич Маρр，1865—1934））的"语言新学说"中语言与社会的关系问题依然是其学理根基（姜宏、赵爱国，2014）。马尔学派有关语言阶级性的观点对韩礼德影响较大，在系统功能语言学中把"语言的阶级性"定义为宽泛的言语身份构建。① 在这一土壤中孕育出来的俄国语言学家中，根据胡壮麟的观点应数巴赫金的语言学观，尤其是巴赫金的超语言学对系统功能语言学的影响最大，并在系统功能语言学中得到了进一步的补充和完善（胡壮麟，1994）。李曙光也认为，巴赫金的超语言学与系统功能语言学是相容的（李曙光，2008）。系统功能语言学和超语言学之间的关联性，我们将在下面一节进一步加以讨论。除巴赫金之外，就是梅夏尼洛夫（H. H. Meščaninov，1883—1967）对韩礼德的影响较大，韩礼德回忆道："我开始研究苏联当时的语言学研究现状，尤其是梅夏尼洛夫（Meš 苏联式的马克思主义语言学）。"（Halliday，2015：95）他从梅夏尼洛夫那里借用了概念范畴和情态范畴的理念，在他的系统功能语法中进一步发展成概念元功能和人际功能的思想。针对第四点，布拉格学派中有关系统的观点、功能的观点、强调语言结构和形式根植于人们交际中所要表达的意义的观点都被系统功能语言学吸收。我们知道，布拉格学派又是受到列宁格勒学派的影响。

这样看来，以上四点是相互影响和相互联系在一起的，并非偶然排列在一起。当然，韩礼德的社会实践语言观的形成，除了以上四点之外，韩礼德还受到美国语言学家萨丕尔（E. Sapir，1884—1939）和博厄斯（F. Boas，1858—1942）等人的影响以及社会学家伯恩斯坦（E. Bernstein）、人类学家马林诺夫斯基（B. Malinowski）和语言学家叶尔姆斯列夫（L. Hjelmslev）以及拉波夫（W. Labov）等人影响，如语言隐形范畴的概念就来源于萨丕尔的观点。正是这些因素共同形成合力促使韩礼德马克思主义语言观的形成。马克思主义语言观对韩礼德语言研究影响很大，

---

① 斯大林在《马克思主义和语言学问题》一文中针对马尔有关语言的阶级性论断提出了批评，阐述了语言无阶级性。关于语言的阶级性，我国和西方马克思主义的观点不一致。我国学界主体赞同斯大林的论述，但在西方马克思主义语言学者看来，语言具有阶级性。

正如韩礼德所言："我认为马克思主义的理念对我的语言学研究，无论是宏观还是微观方面，都对我的研究工作提供指导。宏观上，我总是认为理论应该服务实践，运用于解决研究中的实际问题和某个实践领域。我最终理解并发展命名成'适用语言学'用以概括这个理念。当然，这个理念不是马克思主义所独有。"（Halliday，2015：97）

第三节　马克思主义语言观在韩礼德语言观中的体现

功能语言学尤其是系统功能语言学与马克思主义语言哲学具有相同的语言研究传统，在思想渊源和哲学理据上具有一致性。功能语言学与马克思主义语言学都继承了普罗塔哥拉（Protagoras）① 和柏拉图式（Plato）② 的语言研究传统，即"非亚里士多德式"的研究路径，从人类学和文化学的角度研究语言（胡壮麟等，2008）。采用人类学和文化学研究传统的语言学流派还包括布拉格学派、语符学派、伦敦学派、层次语法和法位学等流派。众所周知，亚里士多德式的研究传统，是将语言看成一套系统的规则，依照词语的句法位置将词语归并到不同的范畴，并将逻辑的语法同修辞学和人类学剥离开来。强调语法是逻辑的一部分，语言的真实价值被重点关注；忽视活的语言的研究，使用的几乎都是人造语言，在研究中关注句子的形式分析，将合乎语法性作为最高标准。这种研究传统从中世纪语法学家传承到后来法国的波尔·罗瓦雅尔的"唯理"学派，再传承到后来结构主义创始人——索绪尔和转换生成学派创始人——乔姆斯基，这种传统在乔姆斯基那里得到淋漓尽致的发挥。而人类学和文化学的研究传统，它不同于"亚里士多德"式研究传统，他们将语言当作意义资源而非规则体系，关注语言使用和意义的构建，重视语言使用的合理性而非逻辑真值性。坚持这一传统的语言学家倾向于语言的相对化、多元化，与亚里士多德派的理想化和绝对化形成鲜明对比。此外，"非亚里士多德"流

---

① 普罗塔哥拉（Protagoras，约公元前490或前480—前420年或前410），公元前5世纪希腊哲学家，智者派的主要代表人物。

② 柏拉图（Plato，约公元前427—前347），古希腊伟大的哲学家，也是全部西方哲学乃至整个西方文化最伟大的哲学家和思想家之一。

派，承认语言的历史性、多样性以及异质性。在实际研究中，他们不会使用人造语言，而是来自生活的活生生的语言，以实际生活的语言为语料。

系统功能语言学与马克思主义语言学的直接渊源来源于马克思主义语言学者巴赫金在《马克思主义与语言哲学》一书对系统功能语言学的影响①。巴赫金在该书中批评了以浮士勒为代表的个人主观主义和以索绪尔为代表的抽象客观主义，并在此基础上提出了一些超语言学观（如体裁理论、语言的评价意义、语言的表情性和指向性）。这些超语言学观受到了系统功能语言的重视，并在韩礼德那里得到了进一步的阐释。从某种角度讲，系统功能语言学的语境思想、人际功能和评价理论都受到巴赫金超语言观的影响。巴赫金著述《马克思主义与语言哲学》的目的是勾画出马克思主义语言哲学的基本观点和研究方法。但苏联在 20 世纪 30 年代因受斯大林对马尔等语言学家的封杀影响，巴赫金的观点在苏联并没有得到很好的传播，从此便销声匿迹几十年，甚至个人生活也成了一个谜。但巴赫金的思想在欧洲得到了认可和传播，对布拉格学派以及彼得·博加特廖夫（P. Bogatyrev）和简·穆卡洛夫斯基（J. Kukarovsky, 1891—1975）的符号学产生了很深的影响，对后来的罗曼·雅各布森（R. Jakobson, 1896—1982）的思想也产生了影响。众所周知，系统功能语言学吸取了布拉格学派和哥本哈根学派的营养，至此，系统功能语言学与马克思主义的学理关系不言自明。胡壮麟在 1994 年所撰写的一篇题为"巴赫金与社会符号学"的文章中，胡壮麟也曾提到巴赫金的超语言学观受到系统功能语言学的重视，但就笔者所知，韩礼德在他的著述中从未提及巴赫金。为了进一步核实巴赫金对系统功能语言学的影响，在对韩礼德的马克思主义语言研究的专题采访中，笔者专门针对此事采访了韩礼德。韩礼德回答说巴赫金对他语言研究是有影响的。这种影响最初是间接的，具体地说是他在伦敦学习俄语期间，即 1945—1947 年，他接触到了一些俄国的语言学研究思想。随着 20 世纪 70 年代人们兴起对巴赫金语言研究思想开始，

---

① 《马克思主义与语言哲学》（*Marxism and Philosophy of Language*）是以沃洛西洛夫（Valentin Nikolaevich Voloshinov）的笔名发表的，什诺洛夫斯基、维诺格拉多夫等著名学者一致认为该书系巴赫金所著。20 世纪 70 年代苏联版权局正式发文，确认巴赫金是作者之一。为了便于文献查阅，本书同时以巴赫金和沃洛希洛夫两人的署名方式标注为《马克思主义与语言哲学》这一著作的作者。

这种影响由间接关系变为直接的了（韩礼德、何远秀、杨炳钧，2015）。鉴于此，我们也都不难理解为何巴赫金的语言研究取向以及超语言研究思想为何会在系统功能语言学里得到传承和发展。

此外，西方语言哲学和语言学发展的新趋势与马克思主义的实践语言观具有一致性。言语行为理论及体验哲学等都注重语言实践运用、经验和语言的关系及影响，这和马克思主义的实践观在某种程度上也是相当契合的。鉴于此，系统功能语言学具有西方新马克思主义导向便不难理解，同时与马克思主义语言学之间的学理关系的一致性更加明朗。西方马克思主义语言观在系统功能语言学中得到了有力的体现。韩礼德总结了西方马克思主义语言观对他语言研究的影响。首先是马克思主义的理论联系实际的语言理论建设思想，还有就是语言变异即语域思想、功能思想和元功能思想（Halliday，2015）。其实，通过分析，我们发现除了理论联系实际的思想、功能变异思想、功能思想和元功能思想之外，其实更重要的是超语言观思想和总体性研究思想。前面我们分析了巴赫金语言研究思想对西方马克思主义语言研究的影响，尤其是对韩礼德所创立的系统功能语言学的影响，韩礼德具有超语言学研究思想这一点便不难理解。至于总体性研究思想，后面我们将加以阐释。概括起来，西方马克思主义语言研究思想在系统功能语言学中的体现集中表现在理论联系实际的思想、功能变异的思想、功能思想、超语言学思想以及总体性研究思想等方面。下面，我们就超语言学研究思想、功能研究思想和总体性的语言研究思想做一些阐释。理论联系实际的思想我们将在第六章进行阐述，功能变异的思想我们结合超语言学中的语境论思想进行陈述。

一　韩礼德的超语言学观

马克思主义语言学和系统功能语言学的人类学以及社会文化研究传统，注定二者不仅关注"语言是什么"的本体问题，而且更关注"语言能做什么"和"语言怎么做"等超越语言本体的问题。在此，我们便不难理解为什么巴赫金的超语言学思想会受到系统功能语言学的重视。巴赫金对马克思主义语言理论的最大贡献是他的超语言学思想。巴赫金这样解释他的超语言观："这里的超语言学，研究的是活的语言中超出语言学范围的那些方面。"（1998：239）"超语言学不是在语言体系中研究语言，也不是在脱离开对话交际的'篇章'中研究语言；它恰恰是在这种对话交际之中，亦即在语言的真实生命之中来研究语言。"（1998：269）巴赫金的超语言学观在系统功能语言学中得到了继承和发展，主要体现在以下几个方面。

（一）语言符号的社会性与语境论思想

在巴赫金同时期及其以前，以索绪尔为代表的结构主义语言学理论在语言学界影响最广也最深远。在索绪尔的理论框架和体系中，他将人们生活中的言语即活的言语过滤掉，从人类语言活动中抽象出一个封闭的系统加以研究。因此，虽然索绪尔承认语言符号的社会性，但结构主义背后的二元论思想促使其倡导在语言研究中将外部语言学和内部语言学分开，即将语言学的外部社会因素从语言系统剥离开来（Saussure，1959/1966）。巴赫金反对索绪尔这种抽象客观主义的做法，反对将语言与社会对立。他认为应从外部而不是内部，即从与话语或经验相关联的社会语境中去寻找话语或经验的意义。在《马克思主义与语言哲学》一书中，他指出，"词语总是被行为或者意识形态注入了内容和意义"（Volosinov/Bakhtin，1929/1973：75）。人们所要表达的内容、意义是在社会环境中产生的。因此，他强调了语言与语境之间的关系，认为要研究语言，"必须把语言放置于社会交往过程中去观察，就像观察物质燃烧，就要把物质放置于空气中。"（Volosinov/Bakhtin，1929/1973：46）针对语言符号的社会性，韩礼德与巴赫金的观点一致。在韩礼德看来，语言是一种社会现象，一种社会行为潜势（Halliday，1971/2007；1974/2007；1978；1978/2007）。关于语言的社会本质属性，参见第五章的相关论述。

为了阐释语言与语境的关系问题，巴赫金提出了有名的体裁理论。这一理论对系统功能语言学影响巨大（胡壮麟，1994）。以巴赫金体裁理论和弗斯的语境理论为基础，韩礼德构建了大家熟知的语境模型（见图 3-1）。韩礼德的语境模型关注语境因素如何影响人们的语言表达，在一定程度上深刻阐明了语境与语言表达形式之间的关系。后来，马丁对韩礼德的语境理论又作了进一步拓展，并提出了自己的语境模型（见图 3-2）。

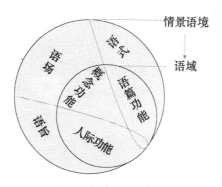

图 3-1　韩礼德语境模型

资料来源：胡壮麟、朱永生、张德禄等：《系统功能语言学概论》，北京大学出版社 2005 年版，第 421 页。

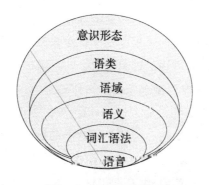

图 3-2　马丁语境模型

资料来源：胡壮麟、朱永生、张德禄等：《系统功能语言学概论》，北京大学出版社 2008 年版，第 422 页。

在韩礼德的语境模型中，语境因素被韩礼德抽象化为三个变量：语场（field of discourse）、语旨（tenor of discourse）和语式（mode of discourse）。同时，韩礼德的语境模型体现了他的语言层次观。在他看来，语言的各层次之间是一种体现关系（realization），这种体现关系实质上也是一种动因关系。具体来说，语境层与语义的关系，与语义层和词汇语法层之间的关系一样，都是一种体现关系亦即一种动因关系。在语境层与语义层之间，语境层的语场变量激发语义系统的概念功能，语旨变量激发人际功能，而语式变量激发语篇功能。换句话说，语场变量决定概念意义表达，语旨变量决定人际意义表达而语式变量即口笔语表达方式决定语篇意义的组织方式。同理，语义层的语义通过语言编码（语言的符号编码仅仅是语义表达的手段之一①）激发词汇语法层，词汇语法层构建（construe）语义层的语义。在韩礼德的语境模型中没有文化语境和情景语境之分，因为在韩礼德和韩茹凯（Halliday & Hasan，1985）看来，虽然文化语境和情景语境涵盖的范围不同，文化语境指社会角色的建立和维持，个体互动的类型等社会情景，情景语境指语言使用的具体场景。但他们认为，文化语境和情景语境属于同一层次，它们之间存在示例关系（instantiation）而不是体现的关系。然而，在马丁的语境模型中，情景语境和文化语境作了区分，从而强化了语言的社会目的功能。马丁和罗斯（Martin & Rose，2003）在语义系统内引入了语篇范畴。他们认为，在社会文化、语篇及词汇语法的关系问题上，文化不是语篇的简单组合和叠加；同理，语篇也不是词汇语法的简单组合和叠加。社会文化、语篇及词汇语法是不同抽象层面上的三种现象。其中，抽象性最大的是文化层面，承载意义的语篇的抽象性又比词汇语法的抽象性大。词汇语法、语篇和文化三者之间的关系也是一种"体现"或"转换"的关系。这样一来，如 3-2 图所示，在马丁的语境模型中，马丁（Martin，1992）认为在语域层之上还存在语类层和社会意识形态层，在语类层之上的社会意识形态是语类的内容层，语类是社会意识形态的表达层，语类通过语篇与语域的语境因素对接，然后再与三大元功能对接（见图3—2）。我们在此的重点不在探讨两种语境模型的异同，而是重点探讨韩礼德的语境思想。

由此看来，系统功能语言学不仅继承了超语言学中有关语言社会性的思想，而且借鉴了叶尔姆斯列夫（L. Hjelmslev，1899—1965）和兰姆（S. Lamb）有关语言层次的观点，在巴赫金体裁理论的基础之上，完善和拓展了语言与社会语境之间的关联研究。在韩礼德的语境模型中，韩礼德通过三大元功能（概念功能、人际功能和语篇功能）的概念化架构，将三大元功能与语境三个变量（语场、语旨和语式）之间形成对接，构建了一个对语言进行整体研究的模式。这个模式跨越了乔姆斯基将语言系统和使用之间的鸿沟，从某种角度上讲，系统功能语言学有关语境的观点是

---

① 系统功能语言学的多模态话语发生理论就是基于这一认识发展起来的。

对语言社会性研究的一大贡献。

（二）语言符号的评价性与评价理论

在语言符号的评价性认识上，马克思主义语言学者和韩礼德都不赞同结构主义和形式主义语言学的看法，结构主义和形式主义大多只关注纯粹的语言本体内部的规则体系，较少研究语言符号在使用中的个人情感因素。马克思主义语言学者和系统功能语言学者由于都重视语境在语言使用中的作用，都认为语言的意义产生于语言的使用，而对语言使用者赋予语言符号的情感意义和评价意义十分重视。在《马克思主义与语言哲学》一书中，巴赫金指出，"意义是在说者与听者之间通过特定的声音结合体而产生的互动效应。……只有言语互动的电流才能够赋予词语以意义之光。"（Volosinov/Bakhtin，1929/1973：102—103）意义既然是在使用中产生，就离不开社会意识形态和价值观念的影响。① 关于这一点，巴赫金也有论述："意识形态在本质上就是符号，哪里没有符号，哪里就没有意识形态。……符号的意义属于整个意识形态。"（Volosinov/Bakhtin，1929/1973：349—350）然而，在众多的意识形态符号中，语言符号是最纯粹的和最有代表性的意识形态现象，任何符号都不能与语言符号相提并论，话语是一种独特的意识形态现象和表达形式，具有指涉意义（referential meaning），这种指涉意义总会伴随一定的评价意义。

关于评价意义，巴赫金认为有两种：一种是评价腔调（evaluative accent）；另一种是评价取向（evaluative orientation）。评价腔调通过表情达意的语调实现，同各种不同的场合和氛围相适应，被视作语言意义的伴随物和附属现象。而评价取向则和指涉意义交织在一起。在巴赫金看来，"没有价值判断，就没有言说的发生，任何言说首先都是一种评价取向。因此，活的言说中的任何要素不仅有意义，而且还有价值，只有那些存在于语言系统而无法在言说结构中被认识的抽象因素看上去才没有价值判断……意义的变化本质上总是一次再评价。"（Volosinov/Bakhtin，1929/1973：104—105）在对评价腔调的论述之上，巴赫金创建了用于叙事体小

① 这里所讨论的意识形态是特定社会中思考和行为方式，是社会的常识，或者说是人们的信念和价值观，这些东西根植于话语之中，与人们通常所理解的"意识形态"不同，具有更广泛的意义。

说分析的著名的复调理论和多声框架理论。而对于评价取向理论化的提升，则是系统功能语言学来完成的。

弗斯认为，"语言学是一门科学，但这门科学不应该忽视人的存在。我希望语言学不应该舍弃人或人性的讨论和研究。"（Firth, 1948: 141）受弗斯思想影响，韩礼德十分重视语言的意识形态的表征功能和语言的评价功能。这可以从《功能语法入门》（Halliday, 1994/2004）中，韩礼德对三大元功能之一的人际功能的讨论以及后来马丁在此基础上发展起来的评价理论得以佐证。韩礼德对人际意义的讨论集中在语气和情态方面，后来马丁和罗斯将韩礼德在功能语法中关于态度和情感的零散讨论系统化，形成评价理论。"评价理论是关于评价的——语篇中所协商的各种态度、所涉及的情感的强度，以及表明价值和联盟读者的各种关系。"（Martin & Rose, 2003: 23）因此，评价理论关注和考察与价值观相关密切的语言表达，对这类语言的分析能揭示语篇的意识形态和价值观。在实际应用方面，评价理论不仅用于批判，还可以用于积极构建社会意识形态，费厄克劳（N. Fairclough）所倡导的批评话语分析以及后来兴起的积极话语分析（PDA-Positive Discourse Analysis）就是很好的例证。在此，以批评话语分析为例来说明系统功能语言学对语言社会担当的认识。我们知道，批评话语分析的倡导者兰卡斯特大学的费厄克劳、纽约州立大学的莱姆基（J. Lemke）以及梵·戴克（van Dijk）都是以系统功能语言学为其理论基础，我们可以从福勒（R. Fowler）的话中得到求证。他说："鉴于价值这么彻底地隐含于人们的语言用法之中，我们有理由建立并实践一种趋向于理解这种价值的语言学。……韩礼德的系统功能语言学特别适合于把结构与交际功能联系起来，所以他为我的描述提供了工具……"（Fowler, 1991: 156）批评话语分析重点关注语篇的结构与社会文化、事件发生过程等方面的关联研究。"批评"一词与我们汉语字典中的释义相去甚远，似乎在批判话语分析中不具有否定色彩，正如福勒所说："对我来说，批评语言学是一种特殊的语言学研究方法，专门用于揭示语言符号、意义与社会和历史条件之间的联系。"①（Fowler, 1991: 5）在梵·戴克看来，批评话语分析主要就口头或者书面语篇的研究和分析来探视控制、不平

① 福勒这里所说的批评语言学，也就是我们常说的批评话语分析。

等、权力、偏见等如何反映在语篇中的，并且研究这些表现是怎样在特定的社会、政治和历史语境中缘起、维持和转换再生的（Van Dijk，1988）。可见，批评话语分析力图说明一个社会中的统治力量是如何创造有利于其利益现实的、并通过语言分析使这种行为暴露在光天化日之下。批评语言学家利用语言这个武器力图支持受压制的受害者，鼓励他们去反抗和改变他们的命运。系统功能语言学所倡导的语言的社会担当与马克思主义语言学者倡导的语言为生产、为生活服务的观点一致。

上述分析表明，巴赫金在语言符号的评价腔调方面做出了不可磨灭的成绩，而在评价取向上系统功能语言学则更是功不可没。目前，巴赫金的复调理论和多声部框架理论多适合叙事体小说的分析，如何将它运用到话语分析，还有待系统功能语言学者做出努力。

（三）语言符号的历史性与语义发生论

按照索绪尔的观点，语言符号具有共时性和历史性。但是索绪尔强调指出，"语言永远是此时此刻的存在，每一时刻都蕴含着产生意义的一切可能。"（Saussure，1959/1966：67）由此索绪尔明确了语言学的研究对象是一套"共时的"符号系统，应该将语言视作一个时间截面上的系统来看待，就语言研究来讲，其他的历史性因素应该以加括号的形式加以排除。马克思主义语言学者和社会语言学者反对索绪尔这种反历史的做法，如斯图亚特·霍尔（S. Hall）、巴赫金、詹明信、雅各布森等人对索绪尔这种割裂语言与历史的做法表示了强烈不满。

承认语言符号的历史性，就等于承认语言符号或者说语言的社会性，因为语言的历史性从一个侧面反映了语言发展的社会性。从语言的产生和发展，可以证实语言符号的历史性。如前所述，马克思、恩格斯从种系发生的角度以历史唯物主义视角探讨了语言的发展，维果茨基则从个体发生的角度探讨了语言的发展。韩礼德不仅从种系发生和个体发生的角度探讨语言的历史发展，还从话语发生的角度探讨了语篇的形成过程（Halliday，1975/2004），这是韩礼德在语义发生论上的又一大贡献。

在个体发生方面，韩礼德对他儿子奈杰尔（Nigel）的语言学习过程做了大量深入细致的观察和研究。通过个案观察，他发现成人语言经由幼儿时期的原型语言发展而成，语言发展过程是以原型语言为中介语的生物演化过程。而原型语言起源于物质与意识这对矛盾的经验模式（Halliday，

1992)。原型语言不具备成人语言的功能和形态，表达意义的方式也不同，它最初表现为通过面部表情、声音和肢体语言来索取物品或支配他人的行为。随着需求的增加和人际互动的增多，发音系统随之改变并日臻完善，最后发展到能用不同异质的声音表达不同的意义，并以此将意义系统进行精密的切割。这样，个体语言发展经历了一个自下而上的三个发展阶段，从人际意义到经验建构，再进而发展到语篇的组织即话语的发生（Halliday，1994/2004）。

基于个体发生的个案研究，韩礼德将儿童个体语言的发生过程依据贝尔法则类比推知语言的种系发生，为种系发生论的理论建构提出各种假设。经过研究，从种系发生看，韩礼德认为，人类有声语言的语序受到原始非语言交流的影响并从原始非语言交流进化而来，人类语言功能的增多和扩展也遵循了幼儿语言发展的规律。结合考古学的研究成果，韩礼德指出人类的原型语言形成于旧石器时代晚期，具有意义潜势的有声语言则成型于现代智人（Rose，2006）。

在话语发生方面，韩礼德认为儿童的原型语言在最初阶段并没有任何语法可言，语言系统由声音与意义两个系统组成。这个系统一直持续到儿童两岁左右才会逐渐放弃，此时他们为自己构建的两层符号系统被一个三层的系统（意义系统、词汇语法系统和表达系统）所替代，在这个三层的符号系统中首先将意义编码成为词汇，然后再将词汇编码成为表达形式（即声音），这就是话语发生的全过程（Halliday，1994/2004）。

分析表明，马克思主义语言学和系统功能语言学都重视语言的历史发生和发展过程，并将语言的历史研究和共时研究协调进行，从共时和历史的角度对语言进行整体研究。

（四）语言符号的对话性与交换理论

马克思主义理论家列宁和斯大林曾论述过语言是工具，是交流思想的工具，这种交流思想的工具是语言社会本质属性所决定的。在他们看来，语言符号是个体意识构建整体意识形态的主要媒介，由于语言符号的这种媒介作用，它天生具有了一种社会交往的特性。在《马克思主义与语言哲学》一书中，巴赫金认为，"语言或言语的实质不是语言形式的抽象系统，不是孤立的独白式言说，也不是它所进行的心理和生理活动，而是一个社会事件，是在言说中实现的言语互动……言语互动是语言的基本现实。"（Volosinov/Bakhtin，1929/1973：94）巴赫金正是从索绪尔所丢弃和排除的言语的活动出发，从语言的实践活动出发讨论语言的对话性。语言的这种对话性在巴赫金的理论下不仅指对话双方互动的、面对面的直接有声交流，也指其他形式的言语交流，如文本阅读当中所涉及的"自我"和"他者"之间的对话。即在文本阅读中，说话人使用语言符号时，既要考虑自己也要考虑"他者"对该语言符号的理解。此外，巴赫金的对话理论认为，听话人对发话人交际的题目，可作为解释、评价、讨论、反驳、支持的对象，并把发话人的话语、意见、断言等，在特定的语境中进行传递、回忆、衡量和判断。他们对别人的话或感到不安，或表示同意，或给予具体语境，或加以引用等（Bakhtin，1981）。巴赫金的这些言论得到了雅库宾斯基（L. Jakubinskij）、谢尔巴（L. Scerba）和雅各布森的响应。雅库宾斯基在《论对话性的说话》（On Dialogic Speaking）一文中指出，言语的对话形式是根本性的，而独自说话只是一个副产品。谢尔巴也观察到人们一般不能以独白的方式说话。雅各布森因受胡塞尔现象学的影响，突破索绪尔对言语对话性的界定。不再把索绪尔所说的说话者作为讲话的主人，作为讲话唯一的所有者。他认为这种理论太过于简单化。言语行为可以归结为说话者和听话者之间的交互作用。在雅各布森眼里，语言从一开始就以对话的形式出现在主体之间的领域，出现在社会的领域。独白是第二位的、附属的。因为在言语交谈时，任何言语发送者的言语发送行为都针对一个真正的或者假想的听话者，从言语发出的那一刻开始就针对语言接受者不断地调整自己，同时也使言语接受者对言语行为进行调适。说话者和言语接受者彼此互为先决条件，言语行为在其内部结构中留下言语双方的对话痕迹。除了发送语篇的发送者外，还有另外一位主人，他按照自己的方式感知语篇，理解语篇，解释语篇。这种两重性在一个人复述听到的话语时特别明显。雅各布森的观点大致与巴赫金的观点一致，突破了索绪尔有关语言"交际性"和"对话性"的定义。

韩礼德赞同语言符号的交换性，他认为语言符号的交换性体现在语言信息或劳务的交换和情感的交流中。这里，我们把韩礼德有关语言信息和情感交流的相关论述权且称作"交换理论"。他（Halliday，1994/2004）认为，语言信息或劳务的交换以及情感的交流体现在小句的功能表达。如在《功能句法导论》中，他指出，小句的主要功能是给予或索取信息、货物或劳务，并以陈述或建议的形式出现。这样，"给予"或"索取"与"陈述"或"建议"四个要素共同构成小句的四种语言功能：陈述、提供、讯问和命令。听话人在理解这些言语表达时，或予以否认、或证实、或接受、或拒绝、或满足对方要求等。小句除了交换信息和劳务的功能外，小句还同时具备情感的交流，韩礼德认为这种情感的交流主要体现在语气系统和情态系统当中（同上）。后来，马丁将韩礼德有关情感交流的相关论述发展成了评价理论。

将韩礼德的交换理论和马丁的评价理论与巴赫金的对话理论相比较，我们便不难发现，交换理论和评价理论与对话理论有异曲同工之妙。韩礼德的交换理论和马丁的评价理论是对巴赫金对话理论的概括化、抽象化和明细化，把在索绪尔看来无法理出头绪的言语行为给出了可分析的框架，对语言分析更具操作性。同时，我们也要看到，巴赫金的对话理论对言语的对话性比韩礼德的交换理论和评价理论含义更广，因为在巴赫金看来任何真正的理解在本质上都是一种对话。

可见，马克思主义语言学者与系统功能语言学者都传承了人类学和文化学的研究传统，二者都不仅研究语言本体，而且跨越语言本体对语言与社会，语言与文化等超语言领域进行研究，揭开了系统功能语言学为何具有超语言学观的秘密。同时，通过分析超语言学符号观与系统功能语言学超语言观之间的联系，指出超语言学与系统功能语言学之间不仅是一种相容的关系，更是一种继承和发展的关系。系统功能语言学和巴赫金超语言学观之间的这种继承和发展的关系体现在：系统功能语言学的语境论思想反映了语言符号的社会性，系统功能语言学的评价理论体现了语言符号的评价性和能动性，系统功能语言学的语义发生论阐明了语言符号的社会历史演变性，而系统功能语言学的交换理论则揭示了语言符号的交换性和互动性。

二 韩礼德的语言功能观

马克思主义语言研究者和韩礼德秉承了相同的语言研究传统，因而都重视语言的功能表达，对语言的功能认识趋于一致。马克思主义语言观认为，语言是一种行为方式，来源于实践，且服务于实践（高名凯，1994/2011）。韩礼德也认为，"语言是人类在社会中的一种活动方式，具有可以类型化的特点。"（Halliday，1961：4）鉴此，马克思主义语言研究者和韩礼德都超越"语言是什么"的本体论问题，而十分关注语言能够"做什么"的问题，亦即功能问题。

巴赫金虽然没有明确提到语言功能，但他从语言符号的表征性谈到了语言符号的指称性、指向性和表情性，这可以看作马克思主义语言功能认识的雏形。这里，语言符号的指称性相当于韩礼德的概念功能，指向性和表情性则相当于韩礼德的交际功能。至于语言的元语言功能，巴赫金并没有涉及。

受到德国哲学家布勒（K. Bŭhler）的启发，针对布勒在1934年所著的《语言理论》一书中所述的"表达、意动和表现"三种功能，雅各布森结合一般符号学和信息论原理，提出了一个具有普遍性的语言功能模式（Stankiewicz，1987）。在这个模式中涉及的要素有：发话人、听话人、语境、信息、语码和语言接触等六个要素。在这个模式中，这六个要素是相互关联的。当发话者将信息发送给听话者的时候，他所发出的信息是指向特定的语境的，而且这个语境必须是听话人借助语境能够认知的；在信息传递过程中，交际的进行还需要说话人和听话人完全或部分共有的语码和相互接触，即发话人和听话人之间在物理上或心理上的联系，使发话人和听话人双方进入交际（参见罗选民，1997）。雅各布森的思想可用图3-3来表述这六种因素以及该六种因素所决定的六种功能。

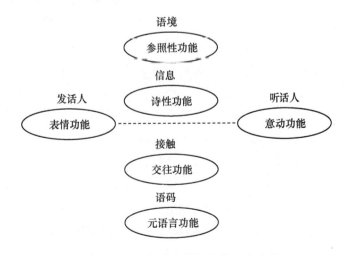

图3-3　雅各布森有关语言的六大功能

资料来源：罗选民：《传统与革新：语言学家罗曼·雅各布逊——纪念罗曼·雅各布逊诞辰100周年》，《湘潭师范学院学报》，1997页第1期，第5页。

指向发话人的是表情功能，直接表达说话人对所述事情的态度，如可指示愤怒或讥讽的态度；指向受话人的是意动功能，在语法上表现为呼唤词和祈使语气动词；指向语境的是参照性功能，主要任务是传达信息；指向接触的是交往功能，其目的是建立和维系或中断交际；语法表现形式有仪式化的寒暄语和客套语；指向信息的是诗性功能，即为信息而集中注意力于信息之上；指向语码的是语言的元语言功能，指谈论言语代码本身而不是语言外的事物。雅各布森后来又将这六大功能发展成三大功能：表情功能；元语言功能和美学功能。雅各布森的语言功能观涉及了语言本身、使用语言的人和语言使用的目的等要素，具有一定概括性和抽象性，但他的功能观体现了一些心理语言学的要素，不是真正从社会文化层面来探讨语言功能。

维果茨基根据马克思、恩格斯和培根有关语言工具的相关论述，认为语言具有工具功能、调节功能、交际和概括功能（张积家，2010：12）。维果茨基认为，人不同于动物的根本区别就在于人具有高级心理机能，而动物只具有低级心理机能，高级心理机能只能通过语言符号的使用产生。语言符号的工具作用，在维果茨基看来，还体现在通过口头调节别人的行为逐步导致人类自身语言行为的形成。例如，在儿童身上，言语的调节功能表现为：成人依靠言语调节儿童的行为；儿童也运用外部言语调控他人的行为，并依靠自我中心语言调控自己的行为；儿童运用内部言语对自己的行为进行调控。此外，语言工具性还表现在它可以作为交际的手段来发表意见和理解他人。语言的这种工具性外化为一种交际和概括功能。在维果茨基看来，交际和概括功能是一体的，个体为了将某种感受或意识的内容传递给别人，就必须要把传递的内容归属于一定的种类或范畴中去，即进行概括活动。没有概括就不可能有理解，不可能进行交际。维果茨基从社会历史的、活动的角度论述了语言的功能，这种功能思想基于语言工具性的社会认识。维果茨基的语言功能思想，是从单一的语言工具的出发来认识语言的功能，把使用言语的人和他者的情感以及语言本身元认知排除在外。

韩礼德创建系统功能语言学的目的就是为了彰显语言运用环境中所产生的资源是如何满足和实现其社会功能的。系统功能主义者所关注的不是语言是什么的问题，而是人们如何使用语言，以及语言结构是怎样服务于语言使用的（Eggins，2004）。韩礼德依据语言使用中涉及的人、语言以及社会现实，认为语言具有三大元功能：概念功能、人际功能和语篇功能。概念功能用于表述外部世界和内部世界的经验；人际功能反映语言活动中人与人之间的关系；语篇功能使语言与语境发生联系，使说话人只能生成与情景一致的语篇，概念功能和人际功能只能通过语篇才能实现，这就是语篇元功能。概念功能、人际功能和语篇功能不是离散型，它们可以通过整个结构体现出来，互相重叠。

韩礼德有关语言功能的论述体现了社会文化研究传统，紧紧抓住了马克思主义语言观中关于语言是"做什么"而不是"是什么"的问题即语言的功能问题，在伦敦学派马林洛夫斯基和布拉格学派布勒的功能观的直接影响下，基于语言使用中涉及的人、语境和语言三要素论述语言功能。在某种程度上，是对巴赫金、雅各布森、维果茨基等西方马克思主义语言研究者有关语言功能研究的有益补充和完善。

三　韩礼德的整体性语言研究观

韩礼德和西方马克思主义语言研究者的超语言学思想和功能思想都是基于对语言整体性的认识基础上的。这种基于语言整体性认识基础上的语言观，它关心的不仅仅是语言本体自身，还关注语言能做什么的问题。整体性语言观都以使用中的语言为研究对象，并在语言的使用中结合语境、社会等因素全面研究语言。这种整体性语言观是在批判结构主义和形式主义语言观基础上形成的。

上文提到，在巴赫金同时代及之前，索绪尔为代表的结构主义语言学理论影响最大。而索绪尔的语言理论是在批评19世纪历史比较语言学的基础上发展起来的，具有二元论的特色，即对事物一分为二。具体来说，就是把语言学分成内部语言学和外部语言学，在内部语言学中又区分成共时语言学和历史语言学，在共时语言学中进一步区分成语言系统和个人言语，在语言系统中再区分组合关系和聚合关系（见图3－4）。① 对于语言研究究竟是历史的还是共时的，语言的研究对象是语言还是言语，内部的

---

① 索绪尔使用的术语是"联想关系"，而非"聚合关系"。

还是外部的，索绪尔使用了一系列的比喻来推导。针对语言和言语的关系，索绪尔认为，语言是一个交响乐章，它不受演奏时某些错误的影响（Saussure，1959/1966）。因为乐章是完整的、统一的整体，具有相对的稳定性，而演奏却因演奏者或乐队的风格而显示出各自的异趣，因为它涉及演奏者或乐队的演奏技巧和艺术修养。语言是一个相对稳定的系统，因此好比乐章。同理，一个语言可以拥有成千上万的说话者或话语社团，因此这成千上万的说话者或话语社团就是那一个个风格相异的演奏者，表现在言语中他们有各自不同的话语风格。

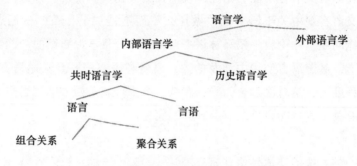

图 3 - 4　索绪尔对语言研究的二元划分

资料来源：胡壮麟、朱永生、张德禄等：《系统功能语言学概论》，北京大学出版社，2008年版，第 14 页。

针对外部语言学与内部语言学以及历史语言学和共时语言学的区别，索绪尔用下棋来打比喻。对于外部语言学与内部语言学，索绪尔将做棋子的材料（如象牙或木头）比作语言的外部研究，用棋法比作语言的内部研究（Saussure，1959/1966）。在这里，显然内部研究更为重要，因为下棋最重要的是谙熟棋法。针对历史和共时的问题，索绪尔将全局棋的走法比作历史形态，用静止的棋阵比作共时形态，历史形态是一个棋阵走入下一个棋阵，很明显，共时研究比历史研究更为重要。下棋比出了外部与内部的对立，也比出了历史与共时的对立。鉴此，以索绪尔为代表的结构语言学把外部语言学（如语境和评价等成分）、历史语言学和言语排除在外，研究内部语言中共时语言学的语言系统，在语言系统中研究句法的组合关系。

索绪尔的观点在欧洲受到叶尔姆斯列夫、雅各布森和巴赫金的异议。

叶尔姆斯列夫提出了言语是语言系统的体现，二者不能截然分开，并强调了语言的聚合关系（Hjelmslev，1961）。雅各布森一直不知疲倦地赞扬索绪尔在克服 19 世纪新语法学派孤立、片面的历史主义方面所具有的意义，但他反对索绪尔在语言与言语之间、形式与意义之间、语言的内在研究和外在研究之间、历时与共时之间以及能力和表现之间所做的划分，反对索绪尔堆到语言身上的这些矛盾（雅各布森，2012）。此外，巴赫金对索绪尔的语言观也发起了挑战（Voloshinov/Bakhtin，1929/1973；Bakhtin，1981，1986）。他反对把语言本身与外部环境分离，认为构成任何话语、任何经验的中心不在其内部，而是在其外部的社会环境。离开了社会语境，话语内容和意义就无法理解和解释；语言交际就不能实现。语言离不开语境缘于语言符号的社会性。因为巴赫金（Voloshinov/Bakhtin，1929/1973）认为，意识不应当与符号的物质现实脱离；符号不应当与社会交往的具体形式脱离；交际和交际形式不应当与物质基础脱离；符号只有在社会成员共享时才具有意义。近二十多年来社会语言学、语用学、语篇分析和会话分析等新学科的兴起有力地说明了内部语言学与外部语言学的不可分。在语言的共时和历史问题上，巴赫金指出语言呈现的是不断流动的创造过程，反对把历史看作扭曲语言系统逻辑纯洁性的非理性力量（Voloshinov/ Bakhtin，1929/1973）。在语言系统和言语的关系问题上，巴赫金不同意把语言系统和话语绝对分离，离开了言语的研究就只是在研究"僵尸"语言，不同意把言语简单地看作个体特异的不能进行分析的杂乱的东西。巴赫金也指出语言的意义来源于对话，语言具有"自我"（self）和"他我"（other）之间的对话性，这里的对话并不狭隘地局限于对话双方的来回交流。总之，巴赫金等是把语言当作一个整体来研究，强调语言的社会性、历史性、对话性、杂合性、多义性和模糊性等，这些观点与当代系统功能语言学的理论是一脉相承，拿胡壮麟的话说，"巴赫金的思想与当代系统功能语言学的理论有不少共同之处"。（1994：53）

关于整体性语言观，巴赫金提出，"如果我们真的客观地看待语言，也就是说，从旁边或者更准确些，站在语言之上，那么任何不变的自身规则一致的体系，我们都是找不到的"。（巴赫金，1998：411）同马克思主义语言研究者一样，与形式主义相抗衡，韩礼德强调语言研究的整体性，坚持对形式与意义进行整体描写。他认为，语言应被解释为社会意义系统，伴之以意义才得以体现形式；形式是走向目的的手段，其本身不是目的；语言学家要解决的不是"这些形式的意义是什么"，而是"这些意义如何表达"的问题（参见胡壮麟、姜望琪，2002：692）。因此"交际"、"语境"、"语域"、"系统"、"结构"等成为该理论的核心概念。

基于语言整体性认识，在研究语言的时候，西方马克思主义语言研究者认为应以辩证统一、整合视角研究语言。在这一点上，巴赫金赞同采各家之长，互利互补的研究范式。他一方面批评索绪尔研究"僵尸"语言的片面性，同时指出，索绪尔所认定的语言学研究对象和抽象研究方法是完全正当和必要的，超语言学的研究不能忽视语言学的这种研究方法，它们两者应相互补充（巴赫金，1998）。巴赫金这种包容的、互补的、辩证统一的研究方法也被系统功能语言学吸收。因此，如果语言学流派分为"分离派"和"整合派"两大主流的话，与分离派相对的是"整合派"（Thompson，1998）。从伦敦学派发展起来的系统功能语言学与在批判结构主义和形式主义基础上建立起来的马克思主义语言学，应属于整合派。整合派的总体性研究视角正好揭示系统功能语言学中的超语言学观和功能观。

总之，与西方马克思主义语言研究者一样，韩礼德坚持整体性语言研究原则，反对把语言与语言使用独立开来的做法。关于韩礼德的总体性研究思想，详见第六章。

第四节 小结

本章首先回顾了西方马克思主义的缘起对韩礼德新马克思主义语言观形成的影响，然后从梳理韩礼德的新马克思主义世界观和语言观的形成之路，论述了韩礼德的马克思主义语言研究情结并就韩礼德语言研究思想中的马克思主义语言观进行了分析。分析表明，西方马克思主义的兴起给韩礼德的马克思主义语言研究思想提供了丰厚的学术成长土壤。同时，韩礼德的马克思主义世界观的形成与他的汉语学习和教学工作有着一定的机缘巧合，而他的马克思主义语言观的研究历程则是他自觉选择的语言研究之路，反映了他的研究追求与执着。韩礼德的新马克思主义语言观的形成有着多源性和跨地域性的特点。主要表现在四个方面：一是源于我国学者罗常培和王力的语言研究思想；二是源于弗斯的语言观；三是源于苏联语言学家的影响；四是源于布拉格学派和哥本哈根语符学派的影响。韩礼德的新马克思主义语言观体现在诸多方面，集中体现在超语言学观、功能思想和总体性语言研究观等方面。

　　世界观反映语言观，而语言观的背后则可以窥见一个人的语言哲学观。追述韩礼德的马克思主义世界观，是为了探讨他的马克思主义语言观，而探讨他的马克思主义语言观是为了更好地总结和梳理语言观所透射的马克思主义语言观研究取向。

　　判断一个流派或一个人是否具有马克思主义语言研究思想和方法，还得从马克思主义的实践角度出发以三大基本原则即唯物的、历史的和辩证的维度（Mininni，2006/2008），依据对语言哲学关注的几个核心问题的回答中寻找答案。唯物的原则强调马克思主义语言学关注语言的社会功能。历史的原则即是要用发展的进化的观点看待语言问题，辩证的原则强调总体性原则，反对传统语言学中常用的基于二元论的二分研究方法，例如索绪尔的"语言"与"言语"和乔姆斯基的"语言能力"和"语言表达"的二元划分。超语言学观、功能思想和总体性原则背后实则是一种基于实践的语言观认识。下文，将从实践唯物主义语言观的三个维度，从语言的起源与发展、语言与现实的关系、语言的本质属性和语言的研究方法等方面来回答韩礼德的语言研究是否真正体现了实践唯物主义的语言哲学观和语言研究取向。

第四章

语言的起源和发展：韩礼德的
历史唯物主义语言观研究取向

第一节　引言

西方哲学可划为两大阵营：感性论（唯物主义）和唯理论（约等于唯心主义）。相比唯理论，感性论更加关注对现实世界的互动体验，主要从人类的感知角度认识和理解世界，如古希腊时期的自然哲学家赫拉克利特（Heraclitus，约公元前 530—前 470）、德谟克利特（Democritus，约公元前 460—前 370 年或前 356）和亚里士多德，以及中世纪的唯名论者；近代的培根（F. Bacon，1561—1626）、霍布斯（T. Hobbes，1588—1679）、洛克（J. Locke，1632—1704）等认识论者；现代的逻辑实证主义者和行为主义语言哲学论者。唯理论则更加关注人类的理性思维，主要从人类的认识和意识角度来认知和理解世界。如古希腊时期的苏格拉底（Socrates，公元前 469—前 399）、柏拉图；中世纪的唯实论者；近代的笛卡儿（R. Descartes，1596—1650）、康德（I. Kant，1724—1804）、黑格尔（G. Hegel，1770—1831）等认识论者；现代的柏格森、胡塞尔、乔姆斯基等新理性主义者（王寅，2013）。

在语言和意义的起源问题上，一直也存在着唯物主义和唯心主义两大分歧。唯物主义认为语言起源于劳动或交际的需要，意义源于人们的交际互动。唯心主义则否认这种观点。例如洪堡特（W. von Humboldt，1767—1835）就认为，"语言产生自人类的某种内在需要，而不仅仅是真正出自于人类维持共同交往的外部需要，语言发生的真正原因在于人类的本性之中。"（1999：65）洪堡特把语言的产生归结为人类的本性，那人类的本性又是从何而来？他无法回答这个问题。除洪堡特之外，唯心主义语言起源论者的代表人物还有奥古斯丁（A. Augustinus，354—430）、赫尔德（J. G. Herder，1744—1803）、笛卡儿（R. Descartes，1596—1650）、莱布尼茨（G. W. Leibniz，1646—1716）、乔姆斯基（A. N. Chomsky）等。唯心语言论者大都坚持语言神授论或语言天赋论，而唯物语言论者大都赞同语言阶段论或语言进化论。马克思主义理论家马克思和恩格斯在研究意识形态、政治经济学、人类发展史以及自然辩证法的过程中利用历史唯物主义的论证方法，亦即将自然界和人类历史结合起来考察语言的方法探究了语言的起源和发展。他们认为，是劳动创造了语言，语言来源于意识，而意识是劳动的产物，劳动是实践的主要方式。韩礼德不但继承了马克思主义的实践语言起源观，更是在神经达尔文主义的研究成果基础上发展了马克思主义的语言起源观。在讨论韩礼德的马克思主义历史唯物语言起源观之前，有必要梳理一下唯心主义和唯物主义语言起源观。

第二节　　唯心论与唯物论语言起源观

　　唯物主义和唯心主义的语言起源观之争可看作语言神授论者和天赋论者（nativist）与环境论者（environmentalist）之间的争论。神授论在此文指各种神造语言传说，天赋论者一般认为人天生就具有一种特殊的语言学习能力和机制。相反，环境论者认为儿童的语言学习能力与其他学习能力没有两样，所有学习能力都是思维能力的体现，不承认在儿童的头脑中存在一套普世的天赋的语言学习机制，儿童学习语言更多地是依靠语境与语言接触。天赋论者重视语言规则的学习和使用，严格区分语言能力和语言表达，反映了亚里士多德流派的哲学—逻辑学研究传统。而环境论者从人种学、社会学的角度出发，反对将现实语言与理想语言割裂开来，重视语言的可接受性（acceptability），将语言看成一种意义资源，将意义定义为语言使用中的功能。这种理论颠覆了长期以来占主导地位的心灵主义的语言传统，将"语境"、"功能"、"社会历史"、"生物演化"等核心概念成功地引入了现代语言学的研究范畴。关于语言的起源和发展，还有一种游离于天赋论和环境论之间的学者，叶斯帕森（O. Jespersen，1860—1943）

和伯尼特（J. Burnet）可算是最具代表性。在《论语言的本质、发展和发生》（1992）一书中，叶斯帕森认为语言的起源一部分在于孩子自身的能力和潜质，另一部分则在于周围人对孩子的行为。伯尼特指出："语言并非源自天性，而是出自获得的习惯（acquired habit）"（Burnet，1974：40），同时他又指出语言是"属于我们天性的许多种获得的能力之一（one of the many acquired faculties belonging to our nature）。"（Burnet，1974：206）他们认为这种能力虽然是自然赋予我们的，但语言习惯趋势要经过很长时间才得以形成。婴儿在成长过程中必将获得语言能力，然而这只是因为他会学习，因为他具有一种朝着获得语言的目标逐步发展的能力倾向。可见，叶斯帕森和伯尼特是游离于唯物论和唯心论语言起源观之间的。在此，我们无意对游离于唯物和唯心论者之间的语言起源论者的观点加以讨论。我们将在进一步讨论唯物论和唯心论语言起源论的基础上论证韩礼德的马克思主义历史唯物主义语言起源观。

一　唯心论语言起源观

人类语言，尤其是言语，不会留下任何诸如化石一类的证据供后人研究。因此，有关语言起源问题一直是考古学和语言学研究的难解之谜。但人类对宇宙的起源、人类的起源、生命的起源和语言的起源等问题一直怀有浓重的好奇心，自古以来人们都在孜孜不倦地探索。远古时期，由于科技条件的限制，世界各地对这些起源问题存在不少的神话传说和主观臆想。在西方，关于语言起源典型的神授说见于《吠陀经》和《圣经》。如《圣经》中的《旧约·创世纪》① 说上帝在造完天地后，便着手造人，并使人具有一种天生的语言能力。《创世纪》是这样描述人的天赋语言能的：

> ……上帝［把］用土所造成的在野地的各样走兽和空中各样飞鸟，都带到那人面前，看他叫什么。那人怎样叫各样的活物，那就是它（们）的名字。那人便给一切牲畜和空中飞鸟、野地走兽都起了名……

---

① 香港圣经公会和合本上帝版，下同。

· 在中国,也有女娲抟土造人的神话。据说女娲用泥造的人都不会说话,于是她在这些人的后脑勺上拍打几下,这些泥人便哇哇地叫起来,于是便有了语言。

关于共同语言如何变成不同民族语言,世界各地也有不同传说。《圣经》中通天塔的故事,就是一个典型例证。类似的话题见于各大洲的许多土著部落。例如澳大利亚土著有这样一个传说。一个叫邬茹莉(Wururi)的女人死后,其尸首被众人瓜分,来自东西南北的各族人,因分食不同的部位而致使语言发生程度不等的变异。再如北美土著人认为,人们本来只说一种语言,后来因惊愕于自己的子孙的残暴行为而变得语言失调,以至于语言不能互通,而爱莎利亚人则传说一位老者,一边用陶壶烧水,一边就根据壶水发出的各种声音给过往的各族行人取名,使他们获得不同的语言(姚小平,1994)。

奥古斯丁的神学语言观从本质上讲也是一种语言神授论,尽管他在《忏悔录》中阐明的语言观大多为现代语言学家和儿童心理学家所接受。如奥古斯丁(1961/1989)认为,习得语言是自然而然的过程,读书识字是人为的教化过程;人具有理智的头脑,所以才有获得语言的能力;既存的社群和语言是习得语言的必要条件等观点。但奥古斯丁这些普世的观点建立在这样的认识之上:上帝授人以理智,理智使人能说话,因而终究也是一种唯心主义的语言观。

唯心主义语言起源观的另一表现形式是关于语言起源的各种各样的语言天赋论,主要代表人物有赫尔德、乔姆斯基、瓦尼苏特(M. Vaneechoutte)和斯戈伊思(J. R. Skoyles)。虽然在《论语言的起源》一书中,赫尔德批判语言神授说,利用自然语言的缺陷来论证语言是来源于人类自身的创造,并经历了从野蛮到文明、低级到高级的转变过程。赫尔德断定,完美无瑕的上帝不可能造出像人类语言这样的次品。他认为语言神授表面上是对上帝的敬仰,实则是对上帝的亵渎。但同时,他又指出上帝所创造的并不是人的语言,而是人的心智。赫尔德认为,"不论从哪一方面看,语言神授说都是人类精神的不幸和耻辱,而且其危害久矣!"(Herder,1772:221)赫尔德虽然否定了语言神授论,同时也承认环境在语言学习过程中的作用,认为任何语言都是"社群的语言",却无意从社会环境中寻找人类语言的起源。因为他相信，即使没有社会，没有舌头，人也必须发明语言，语言源出于人类的心智。然而，在他看来心智是上帝赐予的。由此，我们看到赫尔德的心智语言起源观实则与乔姆斯基的天赋论假说并无二致。受笛卡儿和洪堡特的思想影响，乔姆斯基提出人生来就有某些普遍语法的原则这样一个假设。这一假设是基于这样一个无法解释的事实：说话者所能掌握的东西，远远超过他所学到的内容。乔姆斯基说："普遍语法要研究某些条件，这些条件规定了任何一种人类语言的形式。这样的普遍条件不是学来的，而是一些先天的组织原则，使得语言的学习成为可能。"（Chomsky，1966：59—60）乔姆斯基这里讲的普遍语法也好，普遍原则也罢，都是指有基因决定的语言能力的初始状态，或一种先天的"语言获得机制"（language acquisition device，LAD）。当代还有两位语言天赋论者：其一是比利时人瓦尼苏特；其二是英国人斯戈伊思。二人于 1998 年继乔姆斯基提出"语言习得机制"（LAD）之后，提出了"音乐习得机制"（MAD）。他们认为人类获得语言的内在基础是先有 MAD，后有 LAD，即人类先有一种唱歌的能力，当 MAD 与 LAD 整合为一体并在后来偶然的基因突变中获得具有可遗传的性状之后，人类就逐步演化出复杂的说话能力来。音乐习得机制的假说具有一定的可接受性，它能在一定程度上说明为什么人类只能发出区区几十个音（杜世洪，2009）。

以上有关语言起源的神话传说和假说，弗斯曾这样评论："这些理论全是猜测或带有高度的臆想性……即使把它们全部加在一起，也远远称不上是具有严谨的社会性和实际的可接受性理论，只能将之搁置一边。"（Firth，1964：25—26）即使是 21 世纪遗传学所发现的语言基因 Fox_2 也只说明人类具有这种生理遗传特征，如果没有社会的语言互动，语言同样也是不会产生的。语言学史上的结构主义和形式主义有着其固有的缺陷，将历史和现实割裂开来的反历史主义主张使其看不到语言的社会本质属性，促使结构主义和形式主义不能正确解释人类语言起源问题，只有借助神授或天赋的假设。

二 唯物论语言起源观

（一）朴素唯物主义语言起源观

如前所述，关于语言起源，自古就有唯心主义与唯物主义之争。最早反对语言神授论的唯物论者，当数古希腊时期朴素的唯物论者——苏格拉底。在柏拉图所著的《克拉底鲁篇》[①] 中，苏格拉底认为，假如最初的名称是因为由诸神赐予的就是绝对正确的，关于名称的起源便没有讨论的余地。他隐约感觉到在事物得名之初可能有一种语言象征性的原则在暗中发挥作用，可以说苏格拉底是第一位语言象征论者，这一论点直到近现代仍有不少支持者。同时，苏格拉底在唯名论上是一位"本质论"（naturalism）者，他发现人类命名的种种瑕疵，因而认为原始名称理应是人类祖先的发明，而不能是神力的产品。古罗马时期的哲学家卢克莱修（T. Lucretius，公元前99—前55）也是一位有名的朴素唯物论者。在他的诗体作品《物性论》（*Dererum natura*）中对语言起源做了认真的思索和细致的分析。在第五卷中关于语言的起源，有这样一段阐述：

> 自然促使人们用舌头发出各种声音，而需要和使用则形成了事物的名称，其方式犹如尚不能说话的年纪，迫使小孩子运用手势来指点面前的东西。其实每一种生物都能适时感觉到自身独具的能力，并运用得恰到好处。

（Lucretius & Bennett，1946：205）

这段话表明：语言产生于实际运用的需要，自然力促使人们具有语言的能力但只有在实际运用的需要中语言才成为可能。因此，在卢克莱修看来，不仅语言不是神造的，而且人也不会是神的造物。假如人是神造的，那么神就理应同时为人造出专司言语的器官，而现实是小孩在开口说话之前，都要经过一个用手指物的阶段，从个体语言的生成来反推人类语言的发生的话，那么原始人在言语器官尚未开化之前，也有可能经历一个哑然无语的时期。在这个时期，手势语充当了有声语言的交际功能。此外，卢克莱修认为，语言能力是逐渐进化的，在这一演化过程中伴随着相应的生理器官的改造，转化成兼具言语功能的器官。同时，卢克莱修还认为语言是一种物质，而非精神的存在。因为语言的声音是具有物理属性的实体。

————————

① *Cratylus*，也称《对话篇》，引据 Benjamin Jowett 英译，见 The Internet Classics Archive。(http：//classics mit. edu/Plato/cratylus. html)

人们在发声的时候，声音的原质（即字母）经由狭窄的气管通道冲出口腔时，我们的喉咙便能感觉到摩擦，实质上是有声原质在撞击器官；而在大声喊叫时，由于声音的原质大量增加，嗓子就会变得沙哑。这就证明，声音和语词都是物质的，都会摩擦器官从而消耗能量（Lucretius & Bennett，1946：141）。

朴素唯物主义语言起源观论者还应包括传统的环境语言起源论者。环境语言起源论者又可分为"感觉论"语言起源论者和"经验论"的语言起源论者。"感觉说"的代表人物有卢梭（1712—1778），同时他也是"需要论"的支持者。"经验论"的代表人物当数洛克（J. Locke，1632—1704）、萨丕尔和布龙菲尔德（L. Bloomfield，1887—1949）。卢梭反对语言天赋论，认为"……语言器官虽是人生来就有的，但语言本身却不是与生俱来的"（卢梭，1996：171）。卢梭在《论语言的起源》一书中阐明了这样的观点：人类语言只能发源于感觉，尤其是视觉和听觉，因为"欲作用于他人的感官，基本的方法只有两种：动作与声音"（卢梭，2003：2）。对于语言起源于什么的问题，卢梭说："需要造就了第一句手语，激情逼出了第一句言语。"（卢梭，2003：14）这样，手势语和有声语言便产生了。卢梭这里所说的言语指的是用嗓子发出、经气流传播的声音，起初只是含混不清、语义不定的音，后来才形成清晰的分节音，意义与所指对象的关系也逐渐趋于稳固。手势语因过于简单，作用范围受到制约，且很少依赖于社会约定，因此最终被有声语言取代。可见，卢梭可以说是详细阐明语言需要论的第一人。洛克在《人类理解论》（*An Essay Concerning Human Understanding*，1991）一书中阐述了他的经验论，即著名的白板理论。在洛克看来，就人类整体或群体而言，不具备天赋观念；就个体发生来看，同样不存在天赋观念："儿童在母胎中虽有观念，可是并没有天赋的观念。"（洛克，1991：110）意思是说一个人出生以前就已具有某些观念，仅限于在胎教的意义上理解，而胎教自然也是一项经验行为。鉴此，心灵起初空无内容，需要通过感觉和反思逐日逐年丰富经验，犹如一块石板，人自己不能主动往上刻写，它就永远空白无字，这就是著名的白板说理论。既然不存在天赋的观念，也就不存在天赋的语言观。洛克并没有对个体语言如何发生深究下去，但他的经验认识论告诉我们：语言是一种后天获得、逐渐形成的知识体系；无论出生前后，婴儿学习语言都是从零开始,把逐渐习得的语言符号连同其使用规则填入原本空白的大脑。此外,洛克认为,一切知识都源于经验,不存在任何天赋观念;观念要么来自外部事物的感觉,要么出自内部心理活动的反省,而感觉出自需要和使用(洛克,1991)。

著名语言学家萨丕尔也反对语言起源神授论,赞同语言起源的经验论。他把说话和走路做了比较,认为走路是纯机体行为,决定于遗传因素,属于人类所具有的生物功能,不需要成人的教育和指导,而语言则是一种获得的文化功能,语言不教是绝对学不会的,语言从学习到获得始终依赖于社会文化环境(Sapir,1921/2002)。布龙菲尔德的看法与萨丕尔一样,认为"一种语言的特征并没有生物学意义上的遗传性可言"(Bloomfield,1933/2002:31)。虽然 21 世纪遗传学研究成果 Fox_2 语言基因及其他语言基因组成员如 $Foxp_1$ 和 $Foxp_4$ 的相继发现,也只说明人类具有语言发生的生理机制。如果没有交际需要和主体间的互动,语言仍不会产生,这也从一个方面阐释了狼孩为何不能说话的原因。

环境论者大抵赞成阶段论,但阶段论者令人信服的论点则来自达尔文(C. Darwin,1821—1868)的生物进化论思想。在达尔文语言演化论诞生之前,语言演化思想已现端倪。孔狄亚克(Condillac,1714—1780)和施莱格尔(Schlegel,1772—1829)在他们的著述中已出现语言演化思想。孔狄亚克认为,但凡人类语言都须经过动作语言和分音节语言两个阶段(孔狄亚克,1997)。由于人类步入第二阶段已久远,找不到一个纯粹的动作语言的民族,孔狄亚克只能借助想象。他设想了这么一个景象:一男一女两个幼童,得以在大洪水后幸存下来,虽然尚未习得任何符号,却能利用身势、手势和喊叫等方式相互交流,并从含混一团的叫声中发展出简单、清晰、分音节的有声符号。然后,他们又有了孩子,这样子子孙孙不断地持续努力,分节音的语言便发展起来了。孔狄亚克认为,概念的形成也是从具象到抽象的一个发展阶段。人们最初从生活中必需的事物和常见的现象,如树、果、水、雨等获得具象名称,然后对笼统的实体加以辨析,便分别形成"树干"、"树枝"、"树叶"等概念,然后才有动词、形容词等词类的出现,其中小品词的出现,如连接词的出现则更晚,小品词的出现体现了推理细密化、表达精确化的需求。鉴此,孔狄亚克的语言起源观已含有语言演化观的端绪,不过是基于一种思辨和想象的观点,既没有对个体发生进行研究，也没有建基于其他学科的研究成果，当然也就受到了时代发展的局限。所以，虽然孔狄亚克的语言起源观已有语言演化观的思想，但还谈不上真正科学意义上的语言演化观。结合生物学和解剖学的语言演化观始于施莱格尔。他在《论语言》一书中，"有机"、"能产"、"种子"、"胚芽"等语词频频出现，可见从生物学家那里借取的概念非常多，同时也非常赞同孔狄亚克的语言发展阶段论，但受时空限制，他的语言演化思想不能贯彻始终。如施莱格尔声称，语言始于"悟性"，而这种"悟性"并非逐渐演化而成，而是一举生成的（Schlegel, 1808：63—64）。这与赫尔德把人类语言的发生归于"心智悟性"的作用如出一辙。这种不彻底的唯物史观主要还是受时代科技发展的桎梏。

以上简要分析梳理了朴素唯物主义语言起源观的代表人物和主要观点。迄今为止，历史上曾先后出现过多种关于语言起源的朴素唯物主义学说，如"摹声说"、"感叹说"、"劳动叫喊说"、"社会契约说"、"手势说"、"歌唱说"、"感觉说"等（参见高名凯，1978）。这些朴素唯物主义的语言起源说，回答了语言起源于什么的问题。"摹声说"的代表人物有莱布尼茨；"感叹说"的代表人物有孔狄亚克（E. B. de Condillac, 1715—1780）克；"劳动叫喊说"的代表人物有诺埃利（L. Noiré）；"手势说"的代表人物有斯密斯（A. Smith）、斯图瓦特（D. Stewart）、冯特（W. Wundt）以及俄国语言学家阿弗夏尼柯·库利克夫斯基和马尔等人；"社会契约说"的代表人物有卢梭（J. J. Rousseau）、德·布洛士（de Brasses）和莫柏尔鸠（B. Maupertius）；"歌唱说"的代表人物则是叶斯帕森（O. Jerperson）、达尔文以及上文提到的瓦尼苏特和斯戈伊思。这里的"摹声说"、"感叹说"、"劳动叫喊说"、"手势说"、"歌唱说"，虽然看到了语言起源的一鳞半爪，但都不能很好地解释语言是从什么东西发展起来的。因为摹声、感叹、叫喊、手势、歌唱等行为不仅仅为人类所拥有，动物也具有这样的第一信号系统。第一信号系统虽然也具有一定的交际功能，但不能作为抽象思维的担负者，它只具有形象思维的功能，我们知道语言是从第一信号系统发展起来的，所以以上这些语言起源说不足以说明人类语言起源的真相。

总之，以上林林总总语言起源观，均反映了朴素的唯物主义语言思想。说它们是朴素的，因为论点是建立在局域思辨、推理和想象的基础之上,具有不彻底性。说它们是唯物的,因为都反对语言的神授论和语言的天赋论。虽然这种种语言起源观与神授论和天赋论相对立,但这些学说还没有说明为什么只有人类才有语言的问题。只有将人类历史和自然界结合起来,用历史的、演化的和唯物的观点即用马克思主义的实践唯物主义的观点审视语言,才能真正回答这个问题。

(二) 实践唯物主义语言起源观

马克思主义的实践唯物主义语言起源观是时代发展的产物,也是马克思主义考察语言时得出的科学论断。因为,在马克思主义实践语言起源观诞生之前,没人结合达尔文的生物进化论对语言发展的阶段论思想做出过有力的科学分析。恩格斯在《劳动从猿到人转变过程中的作用》中,结合达尔文的生物进化论思想在阐释劳动的作用的同时,有力地说明了语言各阶段发生的深层机制,从而以实践唯物的观点回答了为什么人且只有人才有语言的问题。

达尔文在 1859 年发表的《物种起源》一书中所阐述的进化论思想,不仅对生物、生理、解剖、动植物学、地质、地理等自然科学诸领域产生了重大影响,在考古学、民族学、人类学、语言学等人文社科领域也迅速传播开来。不仅如此,在 1971 年出版的《人类的由来即性的选择》一书中,达尔文特别开辟了"语言"章节论述语言进化问题,并提出了"乐源性语言进化理论"(吴文,2013)。他对语言进化的论述建立在大量实证研究基础之上,在他看来,人类语言与动物语言并无实质区别,顶多就是进化的程度不同而已。如他认为人类的发音器官虽然不同于近亲哺乳动物,但却跟鸟类等鸣禽高度相似。今天看来,达尔文的语言进化观显然已过时。但他的生物进化思想引起了语言哲学家的高度关注,尤其是对施莱歇尔(A. Schleicher)、恩格斯和韩礼德的语言演化观的形成影响最大。施莱歇尔结合生物分类解释了语言分类,并对语言的种属关系谱上了树形图。施莱歇尔根据动植物的"属"、"种"、"亚种"、"变体"等一系列生物学概念,在语言学上分别用"语系"、"语言"、"方言"、"次方言或土话"来表达。也就是说,"语系"相当于生物学上的"属";"语言"相当于"种";"方言"相当于"亚种";"次方言或土话"则相当于"变体"或"变异"。当发生变异时,便生成了一些新种;同样,当一种基础语言或原始母语发生变异时,就产生了一些子语言,而子语言本身也会演变，衍生出更多更新的小语言。种与亚种、亚种与变种之间，经常不存在清晰可辨的界限。与此相似，语言与方言、方言与次方言、次方言与地方话之间往往也不存在这样的边界。施莱歇尔仿照植物学家的做法，为语言也勾画了语言树形图。当然，这一树形图遭到一些人的反对，认为树形图不足以表现语言之间模糊的界限，并对此作了改进，用交叉的圆圈表示各语言之间模糊的过渡边界。不仅如此，施莱歇尔将生物有机体类比于语言有机体，解释了语言的生长、发展和死亡的原因。施莱歇尔认为，"语言是自然有机体，其产生不以人们的意志为转移；语言根据确定的规律成长起来，不断发展，逐渐衰老，最终走向死亡。我们通常称为'生命'的一系列现象，也见于语言之中"（Schleicher，1873：7）。在达尔文进化论观照下，施莱歇尔提出虽然生物进化史和语言演变史都不可重复，然而都是可观察、可证实的。他认为结合生物的单细胞类比语言的单音节原始语言的初始状态，还可以从个体发生中找到种系起源的证据，一如从高级生物的胚胎发展尚能观察到最简单的生命形式一样，语言学家通过跟踪儿童获得语言的过程，可以从中发现人类语言的初始元素。然而，施莱歇尔并没有对儿童个体发生进行深入系统的研究，这一领域由维果茨基和韩礼德等来完成。

施莱歇尔运用达尔文进化思想，对语言研究和语言起源问题做出了不朽贡献，但没有阐释为何人类从含混不清的语言阶段发展到能够发出清晰的单个音节。这一问题是由恩格斯来完成的，恩格斯认为是劳动促使需要的产生，人类从爬行到直立行走从而改变发音器官，完成了从动物似的含混发音到能够清晰地发出分音节的音这一过程。

恩格斯在《劳动在从猿到人转变过程中的作用》中详细论述了人类产生语言活动的过程，特别阐明了劳动在语言起源过程中的作用。恩格斯认为，人的起源大约在第三纪末期。类人猿没有抽象思维，也没有语言，它们只会发出一些单调的叫声。这些类人猿进化到人经过了十几万年的时间，不过这在地球的历史上只不过是转眼一瞬，但是人类社会最后毕竟还是出现了（恩格斯，1953）。人类直立行走之后，为平衡大脑，脊柱出现了弯曲，口腔和喉咙之间形成了一个直角，喉咙因重力作用，位置下移，在口腔和喉咙之间形成一个较大的共鸣腔，人类有了对气流缓冲的控制能力，分音节的发音才成为可能。人类学研究表明，婴儿跟其他哺乳动物一样，喉头很高，跟鼻腔后端的开口连在一起，婴儿的发音跟非人类的灵长类动物相似，仅会发出一些简单的音。婴儿三个月以后，喉咙位置下降，为舌头提供了一个可以上下前后活动的空间，同时改变了口腔与咽喉两个共鸣腔的空间，这样，人类就能够发出更加复杂的分音节音。这样，发音器官的变化在生理上为语言起源提供了前提和基础。有了这个基础，还必须有引发语言产生的直接动因。是什么样的动因促使人类产生语言行为呢？是"劳动"。（恩格斯，1953：8）恩格斯说："语言是从劳动当中并和劳动一起产生出来的……动物之间，甚至高度发展的动物之间彼此要传达的东西是很少的，这些东西它们不用发音清晰的语言就可以互相传达出来。在自然状态中，没有一种动物感觉到不能说或不能听懂人的语言是一种缺陷……和这些动物接近的人不能不承认：这些动物现在常常感觉到不能说话是一种缺陷。不过，可惜的是它们的发音器官已经向一定方向专门发展得很厉害了，所以无论如何这种缺陷是补救不了的。"（恩格斯，1953：6）如果没有劳动，人们之间就不会有为了劳动而相互交往的愿望，从而就不会有与动物不同的特殊需要。马克思和恩格斯说："语言也和意识一样，只是由于需要，由于和他人交往的迫切需要才产生的。"（马克思、恩格斯，1995：81）动物也有交际，但动物的交际是本能的交际，而劳动中的交际是为了协调人际关系。恩格斯说："劳动的发达必然帮助各个社会成员更紧密地互相结合起来，因为它使互相帮助和共同协作的场合增多了……这些在形成中的人已经到了彼此间有什么东西非说不可的地步了。"（恩格斯，1953：5—6）可见，语言的产生不纯粹是人在生理上适应外界的结果，也不纯粹是人的有机体的特殊机能，它是在人类劳动中为满足协调劳动和彼此互相沟通交流思想、情感和经验的需要而产生的。

恩格斯利用达尔文生物进化论思想，回答了人为什么会有语言的问题，但语言起源于什么呢？我们就要用马克思主义的语言与意识的"纠缠论"来阐释这个问题了。1846年，马克思和恩格斯在《德意志意识形态》中提出了这一理论。他们指出："人并非一开始就具有'纯粹的'意识。""'精神'从一开始就很倒霉，注定要受物质的'纠缠'，物质在这里表现为震动着的空气层、声音，简言之，即语言。物质和意识具有同样长久的历史。"（马克思、恩格斯，2002：34）这里，马克思和恩格斯提出语言和意识在起源上的同一性，肯定了意识对语言起源的作用，并指出："思想、观念、意识的生产最初是直接与人们的物质活动，与人们的物质交往，与现实生活的语言交织在一起的。"（马克思、恩格斯，2002：29）对于意识产生至何时？马克思、恩格斯认为，意识产生于人类制造工具的那一刻，而劳动也是随同制造工具一起开始的。可见，马克思主义历史唯物主义语言起源观认为人类语言起源于劳动，起源于意识。这种意识不同于一般动物的意识，动物的意识只能适应自然，而人的意识能支配自然，因为这种意识是一种只有人才具有的自我意识。恩格斯在《自然辩证法导言》中，他认为"从最初的动物中，主要由于进一步的分化而发展出无数的纲、目、科、属、种的动物，最后发展出神经系统获得充分发展的那种形态，即脊椎动物的形态，而最后在这些脊椎动物中又发展出这样一种脊椎动物，在它身上自然界达到了自我意识，这就是人"（恩格斯，1953：373）。自我意识是意识发展的高级阶段，只有人才具有这种能够自我意识的高级意识。然而，人的自我意识不是凭空产生的，是相对于存在、物质、生活和思维着的大脑而言。就意识和存在的关系而言，"意识在任何时候都只能是意识到了的存在"（马克思、恩格斯，1995：29）。"不是人们的意识决定人们的存在，相反，是人们的社会存在决定人们的意识。"（马克思，2003：8）恩格斯在1859年《卡尔·马克思〈政治经济学批判〉》中也高度评价了这个论断，说："人们的意识决定于人们的存在而不是相反，这个原理看来很简单，但仔细考察一下也会立即发现，这个原理的最初结论就给一切唯心主义，甚至给最隐蔽的唯心主义当头一棒。"（恩格斯，1998：527）就意识与生活和人脑而言，也是一样的。"不是意识决定生活，而是生活决定意识。""意识一开始就是社会的产物，而且只要人们还存在着，它仍然是这种产物"（马克思、恩格斯，2002：30—34）。在《费尔巴哈论》中，恩格斯指出，"我们自己所属的、物质的、可以感知的世界，是唯一现实的，而我们的意识和思维，不论它看起来是多么超越感觉的，总是物质的、肉体的器官，即人脑的产物。物质不是精神的产物，而精神却只是物质的最高产物"。（恩格斯，2003：319）这种语言起源观得到不少学者的认同，如桂诗春（1993）认为，人类意识和语言差不多是同义词，是区分人类和动物的标志。这样看来，语言大致产生于大约10万年前的旧石器文化时期。语言是人所创造的，

"语言是人，人就是语言"（李洪儒，2007），但不是单个的自然人创造的，语言是由人类群体创造的，单个的自然人是不会创造出语言来的，因为单个的自然人不需要语言的存在。马克思在《政治经济学批判》中多次提到这个问题，他说："孤立的个人是完全不可能有土地财产，就像他不可能会说话一样。"（马克思，2003：483）"就单个的人来说，很清楚，他只是作为某一人类共同体的天然成员……把语言看做单个人的产物，这是荒谬绝伦的。"（马克思，2003：489）马克思在这里强调了语言起源的社会性。

　　马克思主义理论家不仅论述了语言的起源问题，还以历史发展的眼光看待语言的发展问题。如在马克思的读书笔记《路易斯·亨·摩尔根〈古代社会〉一书摘要》中，人们可以读到这样的文字："蒙昧期，低级阶段，人类的童年；人类生活在他们最初居住的有限地区里；以水果和坚果为食物；音节清晰的语言开始于这一时期。"（马克思，1985：328）"当人类还不知道用火时，并没有音节清晰的语言，也没有人工制造的武器……人类在蒙昧时期缓慢地几乎是觉察不出来地向前发展；从手势语言和不完善的语音进步到音节清晰的语言。"（马克思，1985：379）斯大林在《马克思主义和语言学问题》一书中，也有类似的观点。他说："……现代语言的要素还在奴隶时代以前的远古时期就已奠下基础了。那时语言是不复杂的，基本词汇是贫乏的，但是有它的文法构造，虽然这种构造是很原始的……"（1985：24）以上是从语言的种系发生的角度看语言的发展，从语言的语篇发生角度看，语言也是不断发展变化着的。马克思认为，"一种口语，虽然在词汇上是非常稳定的，在语法形式上更加稳定，但是不可能保持不变。在地域上—在空间上的分离，随着时间的推移就会导致语言差别的出现"。（马克思，1985：426）不仅如此，马克思在1879年《评阿·瓦格纳〈政治经济学教科书〉》中，还从理论上深入阐释了语言为什么随着社会发展而发展。首先，从语言和意识的关系上看，语言只是作为概念的表达形式，反映那些已经成为经验的东西。反映在一定历史过程中已经存在的，已经成为人的经验的东西。其次，从语言和人的关系上看，语言是为满足人的需要服务的，而人是生活在一定社会关系之中的。最后，从语言和客观事物的关系上看，语言是同这样或那样的实际事物是一致的（参见宋振华，2002）。

　　马克思、恩格斯根据历史唯物主义的方法和达尔文的生物进化观，提出语言起源于意识，意识起源于劳动，起源于工具的制造。语言不是个人行为，是群体行为，并是随着社会的发展而发展的历史唯物主义语言起源观，克服了唯心主义各种神秘语言起源观的种种弊端，指出了人与动物的根本区别，是劳动和语言成了两个主要的推动力，在它们的影响下，人逐渐从猿变成了人。马克思主义的历史唯物语言起源观较之历史上林林总总的语言起源观，有着不言而喻的理论优势，但仍没有有效回答为什么人而且只有人才具有语言。动物也有意识，也有交往的需要，有的动物也能直立行走，也有群体的言语行为需求，但为什么只有人才有语言。这个问题限于当时的科学研究水平似乎还不能彻底回答这个问题，因为当时 19 世纪末，古人类学、地质学、文化学和考古学等学科还未建立起来，马克思主义理论家在论述语言发展时是站在人类史的角度来看待语言的发展。他们认为，语言本身并不能发展，语言是随着社会的发展而发展，语言的发展是由一定的社会条件下的物质生产和精神生产，以及共同体和其他共同体之间的交往和关系决定的。人是有创造能力的，在语言的发展问题上，马克思主义者语言学者认识到了这一点，但在个体语言发生和种族语言发生的关系问题上，马克思主义者给后人留下了探索的空间。

　　总之，意识决定于存在、决定于生活，是生活的产物，是物质的产物和大脑的产物，因而产生于自我意识的语言具有唯物性。由此，我们看到马克思和恩格斯认识到了语言的自然属性和社会属性，较之其他同时代的哲学家和语言学家前进了一大步。这与马克思对世界的认识分不开。在古代，人们常常把世界的全部现象分为两类，如中国古代就分为天和人。天指的是自然现象，人就是人类了。笛卡儿和黑格尔也对世界进行二分：自然宇宙和精神宇宙。这种二分法一直持续到 18 世纪末 19 世纪初，如人们在对科学划分的时候也采用二分法，分为精神科学和自然科学。所以，一些学者因受世界观认识的局限，认识不到语言的社会性，要么把语言当作自然现象，要么当成精神现象。如拉斯克（R. Rask, 1787—1833）就认为语言是自然物，语言研究接近博物学。葆朴（F. Bopp, 1791—1867）也认为语言是有机的自然物体，是在一定法则下形成的有内部生命的物体。施莱歇尔（A. Schleicher, 1821—1868）把语言当成精神现象。而马克思、恩格斯采用三分法，把整个世界分为自然界、人类历史和精神活动。在物质和精神这对哲学范畴中，语言属于物质；在自然界、人类历史和精神活动中，语言则属于人类历史，属于社会科学或人文科学，一句话，语言是"感性的自然界"。因此，马克思、恩格斯不仅看到了语言的自然的物质属性，更考虑到了语言的社会属性。正是基于语言的这种认识，才结合人类历史从实践唯物主义的角度探索语言起源问题。

第三节　韩礼德关于语言起源的唯物论思想

在语言的起源和发展问题上，与马克思主义实践唯物主义语言起源观一样，韩礼德不赞同"语言神授论"和"语言天赋论"，持历史的、发展的和唯物的观点看待语言的起源和发展。在一些基本问题上如语言起源于什么的问题，二者的观点一致；在一些个别问题上如有关语言的发生问题上，韩礼德的语言起源观是对马克思主义语言起源观的一种继承和发展。

一　语言起源于意识的唯物论思想

关于语言的起源问题，马克思和恩格斯指出必须结合人类历史的发展来研究（见宋振华，2002）。这也正是实践唯物主义语言起源的出发点。如前所述，达尔文的进化论阐明了生物从低级向高级进化发展规律并试图说明人类也是由类人猿逐步演化而来的，但达尔文无法解释类人猿如何演变成人，也没有认识到人和动物的本质区别，所以达尔文的进化论受到当代科学研究的挑战，但在当时的历史背景下，达尔文的思想给予其他学科的影响是深远的。恩格斯提出了劳动创造人类的科学理论就受到达尔文进化论思想影响。1876 年，他写成了《劳动在从猿到人转变过程中的作用》一文，指出劳动才使人类从动物状态中演化而来，人和动物的本质区别也是劳动。恩格斯（1953）在文中指出，生活在热带和亚热带森林中的古代类人猿为了到地面找更多的食物，一部分类人猿逐渐学会直立行走，前肢则被解放出来并逐渐学会使用石块或木棒等工具，最后发展到用手制造工具。在这一过程中，类人猿的大脑因工具的使用也得到相应的发展，脑容量逐渐增多。恩格斯关于人类和人类语言的劳动起源的论说今天虽仍受到不少质疑，但随着化石材料的不断发现，测定年代方法以及其他基因检测手段的不断改进，恩格斯的这一论说正逐渐得到认可和完善。

达尔文回答了人是如何来的问题，恩格斯回答了为什么人是从猿演化而来的问题，而且二人都赞同语言的发展可能归功于大脑的进化。但关于大脑的意识问题的研究，我们在此得介绍一下神经生物学家艾德尔曼（G. M. Edelman）①。受达尔文的进化论思想，艾德尔曼在意识问题的研究上做了最实质性的工作。受达尔文进化论的自然选择和群体思想的影响，艾德尔曼构建了神经元达尔文主义（neural Darwinism），即神经元群体选择理论。这一理论阐述了意识的神经基础以及意识与语言产生的关系。他认为，"意识是进化的产物而不是一种笛卡儿式的实体或心灵实体，因为这种实体是不能被科学分析所接受的。"（Edelman，2004：112）意识是大脑进化的结果，大脑如同一个没有被分类或被范畴化的计算机硬盘，也没有进行任何功能区分。大脑中没有预先设置的程序来指导功能的划分，当大脑接收到某种刺激时，某一特定的神经元群体从众多神经元片层中被选择出来，其中某些突出的联结强度被经验感受，而其他联结则被取消，这是一个进化过程。在这个进化过程中，参与进化的是神经元群体而不是单个神经元，也不是由基因控制的过程。艾德尔曼用此观点来说明大脑工作的整体理论——神经元达尔文主义，或称神经元群体选择理论。针对人们普遍接受的观点：意识在心中的观点，艾德尔曼主张意识产生于大脑的各种组织和指令，并非心脏。试验证明，当大脑处于睡眠状态、深度麻醉，或大脑受到伤害以后，意识就会消失或不存在了。这说明，意识具有物质基础，这个物质基础就是大脑的神经元群。同时，艾德尔曼还区分了初级意识和高级意识。他指出，人类和人类相似的动物都有初级意识，但这些动物没有语言能力，它们只有符号识别能力或语义表达能力，而且这两种能力也是十分有限的。初级意识主要存在于"记忆中的现在"，不具备过去或将来的概念，也不具备对自己进行社会定位的能力。"高级意识建立在初级意识的基础上，并伴随自我意识在清醒状态下准确构造和联系过去场景和将来场景的能力。"（Edelman & Tononi，2000：103）高级意识具有语义处理能力，即对符号的处理能力。在更高级的发育形式上，具有掌握一整套符号的能力，即具备语言能力。在一些程度上，高级灵长类动物被看作拥有高级意识，这解释了大猩猩为何具有掌握一定符号能力的

---

① 美国洛克菲勒大学神经研究室主任，1972 年获诺贝尔生理和医学奖。

原因。但在更高级的发育中,只有人类才拥有高级意识,也才能拥有语言能力。这就是人区别于动物的主要原因。人,也只有人才拥有语言。分析表明,艾德尔曼对语言起源的神经生物学分析证明了马克思和恩格斯关于语言起源于意识,更准确地说起源于具有自我意识这种高级意识的论断。

受艾德尔曼神经达尔文主义的思想影响,韩礼德赞同艾德尔曼有关人类初级意识和高级意识的划分,并赞同语言起源于高级意识的论断。(Halliday & Matthiessen, 1999) 韩礼德的这一语言起源观与马克思主义的实践唯物主义语言起源观是高度的一致。因为前面已讲过,意识决定于存在、决定于生活,是生活的产物,是物质的产物和大脑的产物。承认语言起源于意识,等于承认语言起源的唯物性。承认语言起源于自我意识这种高级意识,等于承认人且只有人才有语言。因而,我们可以讲:在语言起源于什么的问题上,韩礼德的语言起源观与马克思主义的语言起源观是高度的一致。现代心理科学的研究发现也证明了语言产生于意识这一论断。从心理学的研究成果看,意识的心理活动区域在大脑的左半球,无意识心理活动的区域则在右半球,而语言中枢定位于左半球,人的语言能力依赖于左半球的活动。

二 语言起源于需要和人际互动的唯物论思想

语言的起源问题,其实涉及两方面的问题:一是语言起源于什么;二是为什么会有语言的产生。语言起源于意识,回答了语言起源于什么的问题。但还没有回答为什么会产生语言。关于这个问题,如前所述,马克思、恩格斯认为语言是在劳动中的交往的需要,劳动是语言产生的物质前提和重要保证。人类在劳动中需要人们彼此的分工和合作,而劳动中的分工和合作就必须要有语言。人类使用语言的意识于是便在劳动的分工和合作中产生了,因而我们说意识是社会的产物、物质的产物,同时也是大脑的产物。正如马克思和恩格斯在《德意志意识形态》中所指出的那样,"语言和意识具有同样长久的历史;语言是一种实践的,既为别人存在并仅仅因此也为我自己存在的、现实的意识。语言也和意识一样,只是由于需要,由于和他人交往的迫切需要才产生的"。(1995:34) 这是历史唯物主义对语言和意识起源所做的解释。法国哲学家保罗·利科给予了高度评价,他说:"把语言的起源和发展同生产和社会交往形式的发展联系起

来的这个尝试本身在方法论具有极其重大的意义。"（Ricoeur & Japiassu，1983：368）

在语言起源于交往的需要这一点上，韩礼德也持同样的观点。韩礼德（Halliday，1995/2004）认为，是幼儿交际互动和需要的增多促成语言的产生和发展。可见，韩礼德关于人类为什么会有语言的论点与马克思、恩格斯的相关阐述也是惊人地相似。这是因为马克思主义语言学者（如巴赫金等）和韩礼德都接受了洪堡特关于"语言绝不是产品而是一种活动"的见解（转引自凌建候，2002）。因而在考察语言时，马克思主义语言学者和韩礼德主张不应把语言当作抽象的语言结构特征（如语音、词汇和句法结构特征），把语言看作孤立的、独白式的副产品，而是应把语言看作互动的结果，并结合语境和人际互动审视语义问题。马克思主义语言学者和韩礼德认为意义就是社会语境和词汇语法结构共同作用的产物。意义总是伴随人们的使用而发生变化，因为语言使用者的知识结构、文风和句法选择具有差异性。相反，以索绪尔为代表的结构主义者认为在理想的说话者和听者之间，在词汇和句法方面存在着相对较高水平的同质性。理想的说话者和听者在交流过程中，听者总是根据传统的语言概念被动地对说话者的语言进行解码。而马克思主义语言学者和韩礼德认为，言语交流是双向的，听者在意义构建中同样扮演积极的角色，意义变化是交际过程中的伴随行为，交际双方在实际语言使用中不断协商，语言结构和意义总处于不断的调试和修正中。

语言结构和意义的这种不断调试和修正离不开语言与环境的互动。在这个过程中，"语法是意义产生的引擎"（Halliday，2013：195）。语法具有体现和构建经验的功能。语法体现了社会过程和人际关系，同时构建了人类经验。这两种功能用系统功能语言学术语讲，就是经验元功能和人际元功能。人类生活在同一地球，拥有同样的神经生物机制的大脑，因而构建经验的方法大致相同。但因地理环境的差异和个体组织经验的策略有所不同，使谈话者组织经验的方式也不同。这体现在语言类型的差异上。语言由经验片段构建，也可以说言语模块构建经验片段。他认为语义发生过程与历史语境关联紧密，也不可能从某个简单语境衍生，因为语言同时也是现实的一部分，现实的隐喻和现实的形成者。一旦任何形式的语言或任何形式的语法产生了，语义发生过程就参与历史过程的形成，包括对生产方式和生产关系的识解。这是因为作为现实的一部分,语义使协调人们物质实践成为可能,构建相应的社会关系(参见胡壮麟,2013)。

既然语言产生于人际互动,意义就产生于人际互动中的语境,依赖于特定的"话题"(theme)及参与者共享的语用预设,这种预设根植于话语的独特语境,而语境具有不可复制性。从这个角度讲,一个词或一个句法概念在新的语境中都会被赋予新义。如在美国殖民时期,人称代词"我们"在美国宪法中是不包括妇女和奴隶的,因为当时的制度不允许这些人群参政。时过境迁,现在的"我们"那是肯定要包括的了(O'Neil,2006/2008:482)。鉴此,语言分析的单位就应该是交际中的话语,并结合主体之间的关系来动态地考察,这种分析方式显然不同于形式主义语言学的做法。形式语言学认为语言的组成单位及语音、词汇和句法是语言单位,注重客体之间的关系。因此,在形式语言学看来,语言意义伴随语言要素在组合关系和聚合关系的坐标中的变动而变动。在这一点上,系统功能语言学者强调应结合语言的使用探讨语言意义问题,与马克思主义语言学者的观点一致。

总之,马克思主义语言学者和系统功能语言学家都十分重视语境在语义生成过程中的作用。如巴赫金是在批评索绪尔为代表的抽象的客观主义语言观的基础上强调了语境在意义生成中的重要性。韩礼德和麦蒂森(Halliday & Matthiessen,1999:17)强调意义产生于语境,意义是语言系统与语言使用环境之间的关联产物。意义与行为相伴而生,都与物质环境和社会环境互动(Halliday,1975/2007:400)。在有关语境理论中,巴赫金的"言语体裁"(speech genres)理论对系统功能语法的影响最为巨大(胡壮麟,1994),但在真正意义上完善语境理论建构的学者应该是人类学家马林洛夫斯基(Malinovski)、弗斯(J. R. Firth)和韩礼德。其中,笔者个人认为韩礼德的贡献最大。因为只有韩礼德才把语境、语义、词汇语法和语言表达层(语音和书写系统)在社会符号学的观照下进行了系统的阐释,并用"体现"(realization)关系来阐明语境、语义、词汇语法和表达层之间的关系。简单地说,"语义"体现"语境","词汇语法"体现"语义",而"表达"体现"词汇语法"。韩礼德在马林洛夫斯基提出的"文化语境"和"情景语境"的基础上,对二者之间的关系进行了阐述。文化语境是整个语言系统所处的环境,是一种意义系统或符号系统。情景语境则是具体语篇所处的环境，是文化语境符号系统的一种符号结构（Halliday & Martin，2003）。韩礼德（Halliday，1995/2007）认为，文化语境和情景语境是一种系统与例示的关系。此外，韩礼德从考察其符号过程的配置（the configuration of semiotic processes）入手将情景语境和具体语篇联系起来，研究二者之间的关联性。情景语境的符号过程配置涉及三个重要的抽象变量，即语场（field）、语旨（tenor）和语式（mode）。这三个变量分别与概念意义、人际意义和语篇意义相衔接。最后，概念意义、人际意义和语篇意义又通过词汇句法结构在小句中得以体现。语境和语言之间的关联研究一直是语言学研究上的空白，可以说"没有人把语境、语义、语音、语法拧成一股绳，进行耐心细致的研究"（王宗炎，1985：6）。但韩礼德做到了这点，可以说这是韩礼德对人类语言研究的一大贡献，也是对马克思主义语言学研究的一种有力补充。因为，在传统意义观看来，意义不外乎有三种：第一种是把意义当作概念所指（如指称论）；第二种是把意义看作象征形式；第三种是把意义当作可以量化的信息。韩礼德批评了传统的意义观。韩礼德（Halliday，2005/2013：201）认为，语言不仅具有概念意义，还具有人际意义。意义不仅是一种象征关系，更是一个相互关联的意义网络；意义是不可量化的信息流。韩礼德把宗教、社会、心理、认识和文化等意识形态范畴都归并到意义范畴（Halliday，2005/2013：193）。在韩礼德看来，"语言不仅是一个意义（符号）系统，同时也是一个语义生成系统"（Halliday，2005/2013：194）。我们身边有很多的意义系统，但并不都是语义生成系统。如铁路信号系统和交通信号系统等系统，它们是意义（符号）系统，但不具备生成能力。有些符号系统如视觉系统和音乐系统，虽也有一定的语义生成能力，但绝不可能与语言的生成能力同日而语。语义的生成肯定离不开语境，因而也就与宗教、社会、心理、认知和文化等意识形态分不开。因此，韩礼德将语境、语义、语音、语法拧成一股绳从语言外部进行总体性的综合研究，真正揭示了语言与社会的紧密关系并为语言和意义的综合研究提出了一个总体性的分析框架。

上述分析表明，韩礼德的语言起源观与马克思主义的语言起源观一致，都赞同语言起源于意识，起源于只有人类才有的高级意识；意识的产生取决于存在、社会、物质和大脑。同时，二者都赞同语言起源于需要和人际之间的互动，把语言当作一种实践活动而非静止的一套原则系统。意义的生成离不开语境，研究意义要结合语境、语义、语音和句法一起研究，在动态的人际互动过程中把握语言的意义。不仅如此，韩礼德发展了弗斯和马林洛夫斯基的语境思想，构建了独具特色的语境理论将意识形态和语言系统紧密结合，提出了一个整合的分析框架和模型，从语言外部综合研究语言问题，可以说这是韩礼德对如何实现整体性研究语言提出了一个可操作的模式。

第四节　韩礼德关于语言发展的演化思想

对于语言的发展，韩礼德认为是一个很复杂的问题，不是那个单个学科就能解答的问题，主张应借助脑科学、神经语言学、解剖学、考古学和遗传学等学科的最新研究成果来研究，并在唯物观的统领下始终坚持历史的、进化的观点（Halliday，1985/2007；1992/2007；1993/2007；1995/2004）。如韩礼德自己所言，他的进化观是"受到神经生物学家艾德尔曼'神经达尔文主义'（neural Darwinism）的思想影响"（Halliday & Matthiessen，1999：607），历史观是"受到中国学者罗常培的影响"（Halliday，1985/2007：188），韩礼德有关语言发展的历史的演化观可从韩礼德有关种系发生（phylogeny）、个体发生（ontogeny）和话语发生（logogeny）的相关阐释中得到阐释（Halliday，1975/2004）。种系发生、个体发生和话语发生是韩礼德有名的语义发生论思想，这一思想很好地阐释了语言的发生和发展以及如何演化的问题。

一　语言发展的语义演化观

韩礼德有关语言发展的语义演化观可从个体发生、种系发生和话语发生三个维度加以阐述，因为个体发生指"个人的历史"（history of an individual），种系发生指"语言的历史"（history of language），话语发生指"语篇的历史"（history of a text）（Halliday，1975/2004）。

关于个体发生，韩礼德做了大量细致的研究，通过对他儿子奈杰尔（Nigel）的个案观察，他发现成人语言经由幼儿的原型语言（protolanguage）发展而成，语言发展过程即是以原型语言为中介语的生物进化过程（Halliday，1992/2007）。原型语言不具备成人语言的形态，表达意义的方式也不同，它形成于攀爬时期，结束于语法的产生（大约 10—18 个月）（Halliday，2004/2013）。原型语言最初表现为通过声音、面部表情和肢体语言来索取物品或支配他人的行为。这个时期的小孩能把为数不多的声音、手势等语符编织成具有四种功能的语符系统。这四种功能分别是工具功能、控制功能、互动功能和人际功能。这四种功能也统称微观功能。原型语言在内容与表达上是一对一的印证关系，不具备指称功能，因而也不具有概括性和抽象性，不能发展成对话系统和评价系统，也不能构建陈述或其他结构形式的语篇。随着需求和互动的增多，小孩需要一个更加丰富的、开放的意义系统来建构复杂的经验和人际关系，这个意义系统就是语法系统。词汇语法①是位于内容层和表达层之间的抽象符号层。当小孩能直立行走之后，发音系统得到了很大变化，可以用不同声音指代不同的意义，并以此切分大量精密的意义系统。这时，他能识别和使用升调和降调表达情感和意义，经验意义系统和人际意义系统开始形成，语法也随之产生。这标志着原型语言开始向成人语言转化。同时，这个过程伴随着小孩的低级意识向高级意识的发展过程。韩礼德指出，个体语言发展是一个自下而上的过程，经历了三个发展阶段，从人际意义协商到经验的概念构建，再进而发展到语篇形成（Halliday，1994/2004）。

在个体语义发生过程中，语法—语义系统的出现具有极其重大的价值，这表明在原型语言向成人语言过渡过程中具有质的飞跃。我们也可以把这一语法—语义系统的发生过程放到演化类型系统的框架中来考察。在这一框架中，语言符号系统是作为第四级复杂体的形式出现，这四级复杂体分别是物质系统、生物系统、社会系统和符号系统，其中符号系统又分为原始符号系统和高级符号系统，如图 4-1 所示。物质系统、生物系统、社会系统、原始符号系统和高级符号系统分别用 S_1、S_2、S_3、$S_{4.1}$ 和 $S_{4.2}$ 表示。四大系统中，后一系统包含前一系统的特征。换句话说，生物系统是具有生命的物理（或物质）系统，社会系统是具有社会价值的生物系统，符号系统就是具有意义的社会系统。同时，符号系统又具有物质系统、生物系

---

① 韩礼德没有按传统语法观，将词汇和语法分开。因为他认为语法是关于经验的语法，言语由经验片段组建，同时言语片段或模块构建真实的或虚假的经验片段，而经验片段可以是由词汇或短语体现（Halliday，2005：195）。

统、社会系统和符号系统四大特征, 其中带有语法的符号系统即高级符号系统比不带语法的符号系统即原始符号系统 (primary semiotics) 更为复杂 (Halliday and Matthiessen, 1999)。不带语法的符号系统只有内容层和表达层 (content and expression), 很多动物都具有这种系统。1 周岁左右的婴儿也具有这样的符号系统, 即上面提到的在低级意识基础上发展起来的原型语言。这个符号系统, 在巴赫金看来, 本质上还不能叫作符号系统, 因为在这时的符号更多的是具有标识的性质, 还不具备符号真正意义上的象征性和抽象性 (Volosinov/Bakhtin, 1929/1973)。带有语法的高级符号系统是在艾德尔曼称为高级意识 (higher order consciousness) 的基础上发展起来的, 只为成熟的 (即婴儿晚期) 人所拥有。高级符号系统是人区别于其他动物的标志, 是在原始符号系统的内容和表达平面上出现的抽象的系统, 这个系统不直接与组成语言的物质环境发生关系。表达系统 (也即语音系统) 与人体发生关系, 内容系统 (也即语义系统) 与人的整个经验世界发生关系, 而语法则是作为这两个界面 (interface) 而发展起来的, 它是随着对原始符号进行分解, 然后把从内容平面分离出来的语义和词汇语法重新组合而出现的。这样的符号系统具有创造意义的属性。原始符号系统, 即婴儿的原型语言是通过刺激发射过程来表达意义的, 行为主义的刺激反映论思想就建立在对符号的这一认识层面, 因此用行为主义的刺激反映论来指导语言学习终究注定也不会成功。而高级符号系统即成人语言是一个创造意义的系统, 在这个系统中, 意义是靠互相参照来定义的, 意义之间可以互相修辞, 也可以在相互作用和不断发展的环境中改变。

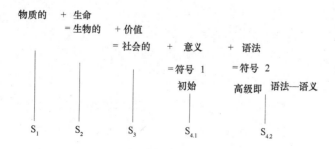

图 4 - 1 系统演化类型

资料来源:姚小平编著:《韩礼德语言学文集》,湖南教育出版社 2006 年版, 第 189 页。

以上基于个案研究发展起来的类型系统表明，语言的发展是一个由低级向高级发展的过程，证明了马克思主义的语言演化理论。同时，奈杰尔的语言发展史说明了语言的个体发展是一个不断社会化的过程，是在不断地与人的大量的交往中学会语言的。例如，奈杰尔对"猫"一词的范畴化经历了 8 个月的时间才和成人对"猫"一词的概念一致（Halliday，1975）。此外，奈杰尔学习语言词汇范畴化的过程同时也说明语言的习得不是一个像乔姆斯基所说的在一个语言输入贫乏的语境中，靠打开一个天生的"语言开关"一样的东西学习语言。

关于种系发生，韩礼德依据贝尔法则（Baer's law）将儿童个体语言的发展过程类比推知语言的种系发展过程并为种系发生提供了各种假设。这种基于类比推知的假设不同于纯粹的臆测。贝尔法则是由生物学家冯·贝尔（K. E. von Baer）于 1828 年提出的关于脊椎动物胚胎发育的一种规律。贝尔长期从事脊椎动物胚胎发育的研究，得出了脊椎动物的胚胎发育的重要规律，这些规律被称为贝尔法则。韩礼德在贝尔法则和达尔文的进化思想以及神经达尔文主义艾德尔曼的影响下，结合解剖学、考古学和遗传学的研究发现，在人类语言的种系发生中，他认为有声语言的语序是从原始非语言交流进化而来。语言功能的扩展是为表达说话者的经验；语篇复杂性是为协商社会关系和构建经验服务的。韩礼德结合考古学的研究成果，指出人类的原型语言成型于旧石器时代晚期，有意义的有声语言形成于现代智人（参见 Rose，2006）。

关于话语发生，韩礼德（Halliday，1994/2004）认为儿童刚开始的时候并没有任何语法可言，语言是一个两层的系统，即表达系统（如声音）与意义系统，这至少是儿童原型语言的组织方式。在真正掌握母语之前，他们通常会为自己构建一套符号系统。而在 2 岁左右的时候，这一系统被一个三层的系统所替代，意义系统的意义先被编码成为词汇语法，而词汇语法再被编码成为表达形式（声音）。这三层系统分别是语义系统、词汇语法系统和语音表达系统。当儿童语言由两层系统发展到三层系统时，语言系统为儿童开启了与他人动态交流的潜势，同时也开启了把不同意义编码成话语的潜势，这使得儿童能用语言同时进行思考与行事。在这个三层的语言系统中，语义与表达系统之间是一种任意的关系。如要表达"我要这个东西，把它给我"这一意义时，一个 10 个月大的孩子可以用"嘛嘛嘛……" 或 "啦啦啦……" 或 "哒哒哒……" 等来表达。如若不然，表达的意义就十分有限，因为一个孩子能发出的声音是有限的。但是在意义与词汇语法之间的关系就不是一种任意的关系，而是一种自然的关系（natural relation）。韩礼德的这一看法与生成语法和结构主义语言学关于语义与词汇语法之间是一种任意的关系的见解显然不同。结构主义语言学与转换生成语言学强调语义的横组合关系，重视组合规则和语言的普遍性。因此，在结构主义语言学和转换生成语言学看来，词汇语法系统和语义系统之间是任意的关系。韩礼德不赞同这样的观点，理由是如果语义和词汇语法之间是任意的关系，词汇语法系统就会大得无人驾驭，人们也就无法学习使用语言了。

此外，儿童在从两层语言系统向三层语言系统演化过程中，首先掌握词汇语法的基本编码，然后才是逐渐掌握交叉编码从而学会语法隐喻的各种表达，无论是个体发生还是种系发生，语法隐喻总是相对滞后。2 岁左右的小孩能识别具体概念，如红色的球是一种球，金鱼是一种鱼。5—6 岁的孩子能处理一些抽象概念，而 9—10 岁的孩子才能掌握语法隐喻（Halliday，1985）。两层的语言系统演化到三层的语言系统是在一种无意识的状态下进行的。

上述分析表明，韩礼德关注语言的演化和发展史，种系发生、个体发生和话语发生这三个术语本身的含义也揭示要用历史的发展的眼光审视语言。系统功能语言学这种发展的唯物论思想，显然有别于奥古斯丁、赫尔德、笛卡儿、莱布尼茨、乔姆斯基一派的语言神授论和语言天赋论，与马克思主义在论述语言的起源和发展时的观点一致。首先，都强调语言产生的社会需要。韩礼德（Halliday，1995）指出是幼儿交际互动和需要的增多促成语言的产生和发展。如前所述，在《德意志意识形态》一书中，马克思和恩格斯在谈到语言的起源和发展过程时指出 "语言也和意识一样，只是由于需要，由于和他人交往的迫切需要才产生的……需要产生了自己的器官：猿类不发达的喉头，由于音调的抑扬顿挫的不断加多，缓慢地然而肯定地得到改造，而口部的器官也逐渐学会了发出一个个清晰的音节"（马克思、恩格斯，1995：511）。"语言不是某一个社会内部这种或那种基础、旧的或新的基础所产生的，而是千百年来社会历史和各种基础历史的全部进程所产生的。语言不是某一个阶级所创造的，而是整个社会、社会各阶级世世代代的努力所创造的。语言创造出来不是为了满足某一个阶级的需要，而是为了满足整个社会的需要，满足社会各阶级的需要。"（斯大林，1950/1985：549）① 其次，韩礼德和马克思主义语言学者都赞同语言起源于意识，一种具有自我意识的高级意识。按马克思和恩格斯的观点，意识是存在、社会、物质和大脑的产物，从而从实践的角度阐述了语言起源的历史唯物性。再次，在论述语言的发展时，韩礼德和马克思主义语言学者都认为语言是一种历史现象，是发展变化的，而非稳定的体系，并持一种演化的观点。如斯大林认为，虽然语言有其内在的约束机制，但依然会紧随历史的脚步，映射时代的影子，认为"语言和意识具有同样长久的历史"（1950/1985：35）。"语言属于在社会存在的时间内始终起作用的社会现象之列。它随着社会的产生和发展而产生和发展，随着社会的死亡而死亡。社会以外是没有语言的。因此，要了解语言及其发展的规律，就必须把语言同社会的历史，同创造这种语言、使用这种语言的人民的历史密切联系起来研究"（斯大林，1950/1985：561）。马克思主义者是从个体发生和系统发生（即种系发生）两个维度研究语言的起源和发展（伍铁平，1995：4）。而韩礼德正是结合人类历史和个体语言发展的历史从个体发生、种系发生和语篇发生三个维度研究语言的演化发展。其中，"logogeny"一词（话语发生）是韩礼德创造的，前缀"logo"—表示"语言"、"逻辑"或"语篇"等含义，后缀—"geny"则显然是"创造"或"进化"的意思（朱永生、严世清，2011）。可以看出，韩礼德的语义发生论强调从人类和个体的历史发展出发，从实践出发研究语言的演化和发展，体现了马克思主义的实践唯物主义语言起源观。

二 语言发展的演化原因

关于语言发展的观点常有解剖学观、地理学观、心理学观、游戏论和社会学观。以奥尔特尔（H. Ortel）为代表的解剖学语言发展观认为，语

---

① 1950年5月9日至7月4日，苏联《真理报》组织了语言学问题的讨论，每周定期出版两整版的讨论专刊。该报编者说：组织这次讨论的目的是"通过批评和自我批评来克服语言学发展中的停滞现象，确定这门科学进一步发展的方向"。针对讨论中提出的问题，斯大林在这一年的6月至7月写了几篇著作，在《真理报》发表，随后于8月用"马克思主义和语言学问题"为书名由真理报出版社出了单行本。

言的发展起因于发音器官结构上的解剖学变化。以梅尔·彭飞（H. M. Benfey）和柯立兹（H. Collitz）为代表的地理学观点认为，语言发展起因于气候或地理条件对语音的影响。例如高地德语的辅音变化起自南部德意志阿尔卑斯山区，离开山区就依次递减，经过弗兰克地区，而止于北部德意志平原。以历史比较语言学家格林为代表的语言学家认为，语言的发展起因于民族心理。如格林在解释日耳曼语的辅音变化时说，日耳曼语的辅音变化是日耳曼人在部落移居时所表现出来的勇敢和骄傲的表现。以叶斯帕森为代表的游戏论认为，语言发展起因于游戏，他以语言中的隐语表达为例说明隐语都是在语言游戏的影响下发展出来的。以麦叶为代表的语言学家认为，语言的发展决定于社会的发展。他认为语言可以随着社会环境产生分化和统一，儿童语言学习和成年人运用语言都可以引起语言的变化，地区分布又可以使这种变化具有地方性，于是方言就产生了。

不难看出，这些学者的观点是难以成立的或不完备的。发音器官的生理结构显然不能阐释语言的发展。生理学家也还没有结论说不同民族在生理器官上有何差别，然而同一种语言确实可以在不同的民族或国家发展成不同的语言。地理学观也不能揭示语言的发展，地理因素只能是引起语言发展的部分外部因素。民族心理学理论用于说明语言发展的努力也是徒劳的。如果日耳曼语的闭塞音变为擦音是民族自豪感，那么浊音变成清塞音又如何解释？闭塞音变成擦音是由刚音变柔音，而浊音变成清塞音是由柔音变成刚音，难道一个民族一方面有自豪感同时又没有自豪感？社会学观也不能说明语言发展的根本原因，虽然语言具有社会属性。那么，语言变化发展的根本原因是什么？唯物辩证法的宇宙观主张从事物的内部和外部去探寻事物发展的动力，内因是根本，外因通过内因而起作用。

马克思主义语言学正是在唯物辩证法的宇宙观的指导下，积极探索语言演化原因，如我国著名语言学者高名凯在《语言论》中就从语言系统内部去探索语言发展的内在原因，但研究路径十分狭窄，没有涉及与语言系统内部紧密相关的种系发生，当然也就没有涉及种系发生和个体发生的相互关联性，更不会涉及语篇发生。所以，高名凯在该书中并没有全面从语言系统内部与语言系统互相联系的民族发生和语篇即语言的产出之间的关联性去探索语言演化的深层原因。然而，系统功能语言学的创始人韩礼德做到了这点。既然要从事物的内部和与之相关联的事物中探索事物发展的内在动力，就语言而言，就应该涉及语言系统、语言的使用和语言的产出三个方面。韩礼德就从这三个方面分别对应的种系发生、个体发生和语篇发生的角度以时间为维度全面深刻揭示了语言演化的内在动力。种系发生指语言系统进化；个体发生指个体的语言发展，即个体语言储备的扩展；语篇发生指真实情境下话语意义的展开。这三个时间维度构成相辅相成的关系。一方面，种系发生为个体发生提供环境，个体发生又为语篇发生提供环境。另一方面，语篇发生为个体发生提供素材，个体发生又为种系发生提供素材。这三者之间的关系如图4—2所示。

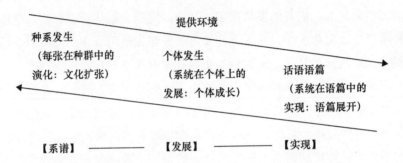

图4－2　语义发生三个时间维度间的关系（参照 Halliday & Matthiessen，1999：18）

资料来源：韩礼德、麦西逊（M. A. K. Halliday & M. I. M. Matthissen）：《通过意义识解经验——基于语言研究认知》，卡塞尔出版社（Cassel）1999年版，第18页。

种系发生、个体发生和语篇发生具有主动构建意义的能力，但这三者并不是一个具有阶段性的时间关系，而是一种包含与被包含的关系。种系发生、个体发生和语篇发生与系统功能语言学中实现化、示例化、个体化构成互补层级。从种系发生看，语言系统是一个概率系统，每一个口语和书面语表达示例都会促进语言系统的表达力。因此，种系发生和话语发生之间是一种示例关系和实现化的关系，这种双重关系我们用双箭头表示（见图4—3）。韩礼德经常用天气和气候来比喻个体发生和种系发生之间的关系。天气影响气候，天气是气候的具体体现即示例的关系；气候是天气背后隐藏的那个系统；在种系发生和个体发生之间的关系是一种个体化的关系，个体语言发展体现了个体差异，这三种关系如图4－3所示（参见 Martin，2009）。语言发展就是通过上面提到的这三种语义发生过程产生的。韩礼德从语言系统内部以及和语言系统紧密相关的语言使用者和语言的呈现方式——语篇三种角度从深层次上揭示了语言演化的内部原因。这是韩礼德对马克思主义语言学关于语言发展动因方面所作的有益探索。

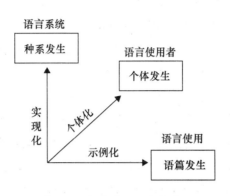

图 4 - 3 语言进化的内在动因

三 语言发展的演化机制

前面我们分析了语言演化的根本原因,但还没有回答一个根本问题:人如何能够创造和使用语言?这个问题涉及语言演化的机制问题。韩礼德和麦蒂森在《通过意义释解经验——基于语言的认知阐释》一书中已对语言的生成机制进行过探讨。大致可归纳为几种人类识解经验的几种认知能力:概念化或者说范畴化、概括性、抽象化和名词化以及语法化。

范畴化是人类的一种主要的认知活动之一,范畴化在语言中的主要表现就是词(主要是实词)的概念化过程。系统功能语言学认为,概念化与语法密切相关,语法实际上是概念内容的结构化。世界各民族具有相同的认知能力和认知对象,这是语言共性产生的根基。但与此同时,各民族在应用这些认知能力的时候都有各自的特点和不同的取向,因而概念化方式也不一样(石毓智,2005)。就以动作行为的概念化过程为例,对动作行为的概念化过程不同民族有不同的方式和方法,有的民族倾向于将动作行为及其结果放在一起来概念化,这样一来,就会产生大量的动作行为动词,因为虽然是一个动作行为,但这个动作行为产生了不同的行为结果。在这样的语言里,我们发现动词虽多但句子结构就相对简单多了,日语和韩语就属于这一类语言。如在日语中要表达"向别人借",我们就用动词

"かりる［借りる］"来表达，用法见例（1）；如果要表达"借给别人"，
我们就用动词"かす［貸す］"来表达，用法见例（2）。韩语的情形大
致如此。要表达"向别人借"，我们就用动词"빌리다"，用法见例（3）；
如果要表达"借给别人"，我们就用动词"－빌려 주다"来表达，用法
见例（4）。然而，有的语言则把动作和结果分开来概念化，汉语和英语
就属于这一类，如英语中存在大量的动词短语就是很好的例证。再比如，
汉语不管是"我借给你"还是"你借给我"都用一个"借"字。如要表
达"借"的动作方向，就借助介词"给"或"从"来表达。这里所说的
情况只限于一般情况，凡事都有例外，尤其是针对一个不断演化的语言体
系。如在英语中我们也能找到把一个动作行为和不同结果用一个概念表达
的例证。就拿"借"这个动作来说，"借"的对象不同，英语分别用
"borrow"和"lend"两个不同的词来概念化这种行为。

（1）借りた物は返さなければならない。/借来的东西必须还。

（2）1年前に貸した本がきょう返ってきた/一年前借出去的书今天
还回来了。

（3）은행에서 돈을 빌리다/从银行借钱。

（4）무료로 빌려 주다/免费借（给别人）。

人类如果没有这种范畴化的分类能力，就不可能有词汇这种语言的建
筑材料，缺了这种建筑材料，也就无所谓语言系统了。

抽象化是原始符号系统向高级符号系统演化的必然路径。如每一种语
言中都存在着大量的组织篇章和表达各种逻辑关系的连词。更普遍的情况
是在我们的语言表达中存在着大量的"隐喻"、"借喻"或其他修辞格现
象，这与人们的联想和逻辑推理等认知能力不可分。这些语言现象的存在
是人类为了表达抽象的逻辑推理，同时也是语言演化和创新的源泉。人们
说话和写作时，常遇到大量从未听到或用过的语句和语词，但能够相互理
解和交流，唯一能阐释这种现象的理由是人类都遵循相同或相似的抽象推
导心理认知机制和规律。人们学习和使用语言，显然不是靠简单的记忆和
重复，而是靠这种共同遵守的推导准则。

语法隐喻和语法化也是人类主要的认知路径。"语法隐喻"（grammat-
ical metaphor）这一概念是韩礼德在1985年出版的《功能语法导论》一书
中首次提出的。他根据语义层在词汇语法层所体现出来的"一致式"

(congruent form) 或"非一致式"（incongruent form）来揭示语法隐喻这一语言现象，指出"非一致式"的表达便是"一致式"的隐喻式表达。在该书中，韩礼德提出语法隐喻不但包括概念隐喻还包括人际隐喻，而名词化只是概念隐喻的主要表现形式。韩礼德总结了概念隐喻的 13 种类型（Halliday，1996；1999/2004）。后来，马丁在韩礼德语法隐喻研究基础上，进一步指出语法隐喻除了概念语法隐喻、人际语法隐喻之外，还存在语篇语法隐喻，他（Martin，1992）认为语篇语法隐喻包括隐喻性主位（Metaphorical Themes）和隐喻性新信息（Metaphorical News）两种语篇语法隐喻。"语法化"现象偏重语法成分和语法范畴的形成和产生，例如主格和宾格这样的语法成分以及主语和宾语这样的语法范畴是如何产生和形成的。有两条路径可研究语法化现象：一条是研究实词虚化的现象；另一条着重考察语篇（discourse）成分如何转化为句法成分和构词成分。前者偏重于从人的认知规律来探究语法化的原因，后者偏重于从语用和信息交流的规律来探究语法化的原因，体现了人类从具体到抽象的认知规律（沈家煊，1994）。语法隐喻和语法化都是从历史的和动态的角度研究共时的语言。虽然语法隐喻尤其是语法化所研究的具体语言现象不是系统功能语言学研究的专利，但系统功能语言学特别是韩礼德在语法隐喻上所取得的研究成果是有目共睹的，下面以名词化的研究为例。

针对名词化现象，叶斯帕森（Jesperson，1965；1984）曾对名词化现象在他的分析句法框架中做过系统的分析和论述。乔姆斯基也曾在他的转换生成语法分析框架中，做过大量的分析和研究。如叶斯帕森在他的分析句法框架中，他将名词化现象称为"主谓实体词"（nexus-substantives），并把主谓实体词分为"动词性"（如 departure）和"谓词性"两种（如 happiness）。很明显，"动词性"和"谓词性"这两类主谓实体词相当于我们通常所说的动词的名词化和形容词的名词化。此外，他还讨论了名词化过程中的句法变化规律，他将这种句法变化称为"级转移"。对于名词化的形成，乔姆斯基认为不能将名词化看成由一套固定规则生成的（参见 Bauer，1983）。由于名词化现象具有不规则的性质，加之名词化现象本身及其对应的动词或形容词等词性在词形学和语义学上的关系也具有不确定性，所以他主张不能用生成转换的思想对待，只能从词汇意义上对名词化现象加以阐释和理解。可见，名词化研究在乔姆斯基那里注定得不到很好的研究。名词化研究在以韩礼德为首的系统功能语法中才能得到较好的论述和阐释。韩礼德从语法隐喻的角度对名词化作了论述，认为名词化现象属于概念语法隐喻，是语法隐喻的一种重要表现形式，"是用名词来体现本来要用动词或形容词所体现的'过程'或'特征'"（Halliday，1994/2004）。在韩礼德的研究基础之上，麦蒂森（Matthiessen，1995）比较详尽地阐释了名词化的选择系统。在研究中，麦蒂森发现小句的各个成分都存在潜在的被名词化的可能性，这大大延展名词化研究的范围。除了用动词和形容词分别体现小句结构的"过程"和"特征"之外，小句的情态（modality）、环境等成分均存在被名词化的可能性（同上）。

韩礼德阐释语法隐喻和语法化，其主要目的不在于叙述这两类现象，而在于通过分析语言现象阐明语言是如何演化发展的以及背后存在着怎样的运行机制。针对第一个问题，韩礼德认为名词化与使用者的年龄有关，正如韩礼德所指出的那样，一般来说，一个人进入中学以后才开始接触名词化。这就是说，名词化是成人语篇才有的现象。他说："通常见到的没有隐喻的语篇的唯一例子是年幼儿童的言语。"（Halliday，1985：321）后来，他又在与马丁的合著中，说："儿童要在八九岁后才操作语法隐喻"，"青春期前的儿童口语可作为讨论隐喻语篇的出发点。"（Halliday and Martin，1993）针对第二个问题，韩礼德认为语法隐喻是利用语义层和词汇语法层之间的张力而产生的，其主要功能通过语法隐喻实现重新范畴化，如经过名词化实现的重新范畴化可以使过程、特征和评价变为事物即使原本动态的过程变为静态，同时增加名词短语的信息量，从而达到浓缩信息的目的，为人们认识世界提供了不同寻常的认知方式，如［5b］（［5b］是［5a］的非一致式表达）。

［5a］Prolonged explosure will result in rapid deterioration of these carrots.

［5b］If these carrots are exposed for long，they will rapidly deteriorate.

上面我们讨论了韩礼德有关语言演化运行机制所涉及的几种人类认知能力。有人认为系统功能语言学重语言描写，轻视心智活动的研究。通过上面的阐释，其实这部分人对系统功能语言学知之甚少，正如胡壮麟先生所言，系统功能语言学是很注重认知能力的研究，只是重点放在了语言功能的研究方面以致这部分人产生误解。当然，我们也得承认，系统功能语言学在认知方面的研究还有待完善，如有学者提出动词化也是语法隐喻的重要内容,在重新范畴化方面起着重要作用,动词化可以将静态转变为动态。系统功能语言学研究的这些认知能力,不是建立在如认知语言学中所认为的心智的认知能力,而是建立在脑科学的基础之上。在韩礼德看来,这些认知能力不是与生俱来的,与生俱来的是意识基因 (Halliday, 1997/ 2007)。从生物演化的角度看,这种基因意识也有一个发展成长阶段,由低级向高级发展,而人类的这些认知能力在意识从低级到高级的发展的过程中,在后天环境的影响下得以逐渐实现和发展。这些认知能力不能自发地创造出一种语言来。语言系统的特点还跟人类的感知对象有关,即语言所表达的现实世界。语言中的很多表达规则,如前面对"借"的不同范畴化现象,都是人们对主客观世界的现象和规律在人们大脑中的不同投影。从某种角度上讲,韩礼德的这种语言观体现了马克思主义的语言反映论的某些思想。但韩礼德并没有停留于此,而是站在人的主观能动性的立场,看到了人类在语言创造过程中的能动作用,语言不是简单的一种反映,而是利用语言的运用能动地构建世界。

第五节 小结

从古希腊到 20 世纪乃至今日,不知道有多少人在前赴后继地探索语言的起源和发展之路。在这条充满艰辛的道路上,踏满了探索者由纷乱渐趋清晰的足迹。本章通过梳理有关语言起源的唯物主义和唯心主义的相关研究,在厘清马克思主义实践唯物主义语言起源观的发展路径和本质内容的基础上,探讨了韩礼德的马克思主义历史唯物主义语言起源观。研究发现,韩礼德回答了一直困扰着哲学家和语言学家们的三个问题:为什么人而且只有人才具有语言能力?人为什么需要语言?人为什么能创造语言?针对第一个问题,韩礼德结合神经达尔文主义的最新研究成果,可以说成功地回答了为什么只有人才会有语言的问题,因为人且只有人才具有高级意识;针对第二个问题,韩礼德认为因为人是社会化的动物,需要交流,而交流促使需要的产生,需要促使语言的产生。从语言产生于人际之间的交往互动需要,至少在一定程度上也解释了为什么狼孩不能开口说话的疑问。针对第三个问题,韩礼德仍然结合了艾德尔曼的神经生物学研究成果,认为人具有高级意识,也就具有比一般动物更高的认知能力,如范畴化的能力、抽象思维的能力，从发生学的角度看，具有名词化的能力和语法化的能力。这些能力都有扎实的心理学研究基础，具有统计学上的意义，是基于对语言的观察和发现，都已为心理学所证实。显然，韩礼德基于神经达尔文主义的实践唯物语言起源观具有比语言天赋论和语言神授论无法比拟的优越性和说服力。天赋论和语言神授论只部分回答了为什么只有人才会有语言，但还回答不了狼孩为什么不能说话的问题，这和乔姆斯基企图用几个简单的公式（短语结构、转写公式）来解释全人类语言的起源问题是无法比拟的。

　　韩礼德有关语言起源和发展的有关阐释，显然同马克思主义的历史唯物即实践唯物主义语言起源观一脉相承，他的历史唯物语言起源观和发展观分别体现在他关于语言起源的交际互动需要的环境论和语义发生论。具体来讲，交际互动需要的环境起源论思想体现了有关语言起源的唯物论思想，而语义发生的演化论思想则体现了语言历史发展观。因此，韩礼德有关语言起源和发展的观点，体现了马克思主义的实践唯物主义的语言起源观，但他并没有停留在语言与环境关系问题的阐释上，而是强调了语言与环境的关联研究，从种系发生、个体发生和语篇发生三个维度结合语言系统、语言使用者和语篇的使用，揭示了语言演化的动因，最后再从人类的认知能力揭示了语言演化的机制。韩礼德有关语言起源和发展的研究成果可以说是对马克思主义语言起源观的充实和补充。

第 五 章

语言的本质属性：韩礼德的
社会实践观研究取向

第一节　引言

　　语言本质问题不仅是我们在对语言的理解认识上无法回避的问题，而且也是语言哲学的核心问题。因为"无论对于语言学家来说，还是对于哲学家来说，语言的本质问题实际上在深层次上涉及的并不是一个纯语言学的问题，而是一个关于语言的哲学问题。就语言哲学的研究来说，语言的本质问题也是一个首先必须予以研究和回答的问题"（王健平，2003：1)。人类对语言本质的探索，往往与对语言的起源和发展、语言与事物的关系等认识交织在一起。有什么样的语言起源与发展观，就会有什么样的语言木质属性观，而什么样的语言本质观又决定用什么样的研究手段和方法。强调语言起源和发展的历史唯物性，在某种程度上等于承认语言的社会实践性，语言的这种社会实践性预设了语言的社会本质属性。如前所述，与结构主义和形式主义语言学不同，系统功能语言学和马克思主义语言学秉承的是人类学和修辞学的研究传统，关注语言的使用和语言使用者，因此在语言的本质属性问题的认识上，二者都认为语言的社会实践性是语言的本质属性，具体来看，韩礼德认为语言的社会实践性体现在语言的社会属性以及语言对社会的表征性和建构性。在探究韩礼德的语言本质观之前，先回顾一下语言本质观的其他相关研究。

第二节　　语言本质观的相关研究

人们对语言本质的认识经历了一个漫长的历程。在语言研究史上，曾出现过几种不同且影响较大的语言本质观：语言世界观论、语言生物机体论、语言符号系统论、语言本体论、语言行为论、语言工具论等（于全有，2008）。

语言世界观论：语言世界观过分强调了语言对世界观形成过程中的作用，洪堡特和克洛克洪（C. Clarkhong）是语言世界观的主要代表。洪堡特把语言看作一种世界观，认为"个人更多地是通过语言而形成世界观"，"每一语言都包含着一种独特的世界观"，"学会一种外语就意味着在业已形成的世界观的领域里赢得一个新的立足点。"（洪堡特，2001a：72—74）洪堡特的语言世界观论影响很大。如德国哲学家卡西尔（E. Cassirer，1874—1945）针对洪堡特有关"内在语言形式"的含义，认为每一种语言的内在形式的背后都蕴含着一种独特的世界观。克洛克洪认为，"每一种语言都不仅仅是交流信息和观点的手段，都不仅仅是表达感情、发泄情绪，或者指令别人做事的工具。每种语言其实都是一种观察世界以及解释经验的特殊方式，在每种不同的语言里所包含的其实是一整套对世界和对人生的无意识的解释。"（Anderson & Stageberg，1962：53）当然，洪堡特对语言本质的探讨是多方面的，比如他还认为语言是有机体。但语言有机体论的代表人物主要有丹麦的语言学家拉斯克（R. Rask，1787—1832）、德国语言学家葆朴（F. Bopp，1791—1867）和施莱歇尔。

语言生物机体论：拉斯克早在 1834 年就曾说过"语言是一种自然的物体"（岑麒祥，1988：250）。葆朴于 1836 年在《元音系统》一书中也曾认为，"语言将被看作有机的自然物体，它们是按照确定的规律形成的，它们好像具有生命的内部原则而发展着。"（同上）但真正从生物学上提出语言有机体说的应该是施莱歇尔。在达尔文进化论之后，施莱歇尔想仿照达尔文学说用进化论的观点来研究语言，在此基础上形成了他的生物机体论理论。施莱歇尔认为，"语言是天然的有机体，它们不受人们意志决定而形成，并按照一定规律成长、发展而又衰老和死亡"（参阅徐志民，2005：105）。"它们会受到我们称之为'生命'的一系列现象的制约。语言科学是一门关于自然科学的科学，它的研究方法也同研究其他自然科学基本上一样。"（参阅李葆嘉，2003：12—13）施莱歇尔把语言看作生物体，并在语言生物主义的基础上建立了语言谱系树理论。但他这种庸俗唯物主义立场下的自然主义语言观，无疑抹杀了语言的社会本质。

语言本体论：海德格尔（M. Heidegger, 1889—1976）和伽达默尔（H. G. Gadamer, 1900—2002）是本体论的代表人物。海德格尔是在对"此在"的生存本体论分析中发现了语言的本质。他提出"语言是存在的家"。他说，"存在在思中形成语言。语言是存在的家。人以语言之家为家。思的人们与创作的人们是这个家的看家人。只要这些看家人通过他们的言说使存在之可发乎外的情况形诸语言并保持在语言中，他们的看家本事就是完成存在之可发乎外的情况。"（海德格尔，2000：358—359）在海德格尔看来，对存在意义的回答，需要用显现于外的方式来表达。要理解存在的意义，必须从"此在"对存在的提问入手，因为"此在"且只有"此在"具有询问与反思能力。此处的"此在"是一个特殊的存在者，指"人"一般用 Dasein（"此在"）这个术语来称呼，因此"此在"就是人的存在，它能发问存在和领悟存在，而这种发问和领悟只有借助语言来完成。因此，语言是存在的栖身之地，这个家的看家人是那些思的人们和创作的诗人。他们通过自己的言说使存在赋形于语言并保持在语言中。这样，海德格尔就把语言、人与存在联系了起来，并逐步推导出"语言说话"的论断，把语言置于本体论的位置。

语言本体论发展至今，其核心内容不外乎这几个方面：一是认为人从属于语言。虽然人创造了语言，但却被语言所占有，因为语言具有承载历史文化的功效。二是主张语言不是一种交流的工具，而是人的一种生存方式。三是主张语言是存在的家，是思想的本体，是意义的寓所。语言使世界延展，存在在语言这个家中居停、显现。四是主张不是人在说语言，而是语言在说人。语言不是作为主体反映和再现客体的工具，而是先在于人。不是人在说语言，而是语言在说人（于全有，2011）。

语言本体论之语言本质观主要从语言的存在意义或语言与存在的关系出发来认识和观察语言，其研究目标是要通过语言去研究相关的哲学命题。这种语言本质观把语言上升到本体论的高度，使语言独立于主体和客体，对于拓宽人们对语言的认识视野有所裨益。但同时，与其他语言本质观一样，存在一定的偏颇与疏漏之处。首先，语言本体论之语言本质观是从语言的存在意义出发来认识语言，对语言本质特性的揭示存在一定的片面性；其次，语言本体论之语言本质观对语言存在意义的大肆宣扬，在某些范围内不仅混淆了语言与真实存在之间的差异，模糊真实存在的显现，而且也容易致使人们对语言本质的认识持有偏执之见；最后，语言本体论之语言本质观将语言的能动作用无限片面放大，丧失了人与世界关系中的实践活动，把语言变成了脱离于现实生活的神秘抽象之物。

语言符号论：早在 17 世纪，人们对语言的符号性已有所认识。如 17 世纪中期的克洛德·朗斯洛（C. Lancelot, 1615—1695）和法国哲学家、唯理语法学派代表人物安托万·阿尔诺（A. Arnauld, 1612—1694）在 1664 年合作出版的《普遍唯理语法》一书中就阐述了语言是符号，是一种用来表达思想的符号的观点。后来的洛克和莱布尼茨都阐述过语言是符号的观点。但符号论的代表人物则是具有"现代语言学之父"美誉的索绪尔，他把语言看作一种表达观念的符号系统。索绪尔虽然也认识到语言的社会属性，但更强调和主张语言是符号系统，系统中的符号具有任意性、线条性、传承性和可变性等特性。此外，因为他是从社会心理层面研究语言的，所以在索绪尔（Saussure, 1959/1966）看来，语言符号不是用来联结事物和名称的具有两面性的心理实体，而是用来联结音响形象和概念的一个具有两面性的心理实体，即联结能指和所指的心理实体。在这里，符号的能指和所指实际上都成了心理的、意识的东西。索绪尔的语言符号论在区分语言内外部要素时，由于过于强调语言符号的系统性，忽略了二者之间的相互联系，以至于后来遭到他的学生梅耶的批评。梅耶指出，"太强调语言的系统性以致忘却了语言中人的存在问题"（参见戚雨村，2001：53）。索绪尔二元对立思维方式的绝对化，造成了对语言中间层的不承认与抹杀。

语言符号论主要是从语言的自然属性出发，将语言的特殊本质即符号性和系统性联系起来，主张语言是一种符号系统从而开启了语言符号学思想及系统论思想之先河，至此之后句法学、语义学和语用学等理论体系在这个框架内逐步建立起来。从某种意义上说，语言符号论之语言本质观在语言学研究史上占有重要的一席之地。但这种语言本质观也存在不足和缺陷。一是这种语言本质观只对语言自然属性的本质加以揭示，并没有对语言本质全面阐释。二是语言符号本质观是将语言视作静态的共时系统，把活生生的言语排除在外，研究的是"僵尸"语言，忽视了语言的动态性和人的能动作用，脱离了语言的生活实践。

语言工具论：工具论的代表人物有苏格拉底、托马斯·莫尔（T. More，1478—1535）、洛克、卢梭（J. J. Rousseau，1712—1778）、孔狄亚克、狄德罗（D. Diderot，1713—1784）、列宁、斯大林、房德里耶斯、叶尔姆斯列夫等。16 世纪初，托马斯·莫尔在《乌托邦》一书中就阐明过"语言是表达思想的准确工具"的认识（莫尔，1997：71）。17世纪末期，洛克于 1690 年发表的传世名作《人类理解论》一书中也表达了语言是工具的思想。孔狄亚克在《人类知识起源论》中认为，"符号就是心灵活动所使用的工具"（孔狄亚克，1997：267）。狄德罗在 1751 年编纂出版的《科学、艺术和手工艺百科全书》中，把语言界定为："借助词、手势和表情，并适应社会的习俗和交际行为所处的环境，使人们得以互相交流思想的工具。"（参见卫志强，1992：208—209）18 世纪下半叶，德国哲学家哈曼（J. G. Hamann，1730—1788）曾经在自己的著述中也提出，"语言是理智的唯一的工具和标准"（参见姚小平，1998：134）。马克思主义理论家列宁和斯大林也曾论述过语言是工具的思想。列宁于1914 年在其《论民族自决权》一文中指出，"语言是人类最重要的交际工具"（列宁，1972：508）。斯大林于 1904 年在其《社会民主党怎样理解民族问题》一文中指出，"语言是发展和斗争的工具，不同的民族有不同的语言"（斯大林，1953：37）。这里，斯大林对语言的工具性是从两个方面来看待的：一是作为意识形态领域里发展和斗争的工具；二是作为交流的工具。1921 年，与斯大林同时代的法国语言学家房德里耶斯（Joseph Vendryès，1875—1960）在其所著的《语言论》中也曾认为，"语言是工具，同时又是思维的辅助形式"（Vendryès，1925：1）。后来丹麦语言学家、哥本哈根学派创始人叶尔姆斯列夫在 1943 年问世的《语言理论纲要》中也提出，"语言是人类形成思想、感情、情绪、志向、愿望和行为的工具，是影响他人和受他人影响的工具，是人类社会最终和最深层的基础，同时也是人类个人最终和不可缺少的维持者，使他在孤独的时刻、在因生存和搏斗而心力交瘁的时刻，能独自沉浸在诗歌或思考中得到解脱。"（Hjelmslev，1961：3）叶尔姆斯列夫在此提到的工具，表明语言是表达思想、情感的工具，是作用于他人或受他人影响的工具，还是思考的工具。英国哲学家罗素在其于 1948 年问世的《人类的知识——其范围与限度》一书中认为，"语言是把我们自己的经验加上外形并使之为大家共晓的一种工具。"（罗素，2003：72）罗素阐明了语言工具为人类所共有的特性。

不仅在国外，自从列宁、斯大林提出语言是工具的阐述后，我国不少学者都赞同语言是工具的看法，如高名凯、伍铁平等。

语言工具论之语言本质观林林总总，不胜枚举，或从思维，或从人际交流，或从工具属性加以阐释。语言工具论强调语言为人所创造和使用，突出了人对语言的支配权，但体现不出语言对意义构建的能动作用。同时，语言工具论忽视了人的语言实践和人的存在。此外，我们还应该看到列宁、斯大林所说的语言工具论也不同于其他的语言工具论，列宁和斯大林所阐述的语言工具论是建立在语言社会性，语言是社会的产物，更准确地说是"人们彼此发生关系的物品"这一基本原则基础之上（马克思、恩格斯，1995：36），与基于唯心主义的语言起源观的工具论是有区别的。因此，列宁和斯大林的语言工具论只是反映马克思主义语言本质的一个属性，不能等同于马克思主义语言本质观，不能当作马克思主义语言本质观的全部。马克思主义语言本质观是一种建立在实践基础上的社会语言本质观。马克思和恩格斯早在《德意志意识形态》一文中阐述过语言的实践性，恩格斯在《劳动在从猿到人的转变中的作用》一文中也阐述了语言来源于实践，而且是只能来源于实践的观点。马克思主义的语言本质观认为语言来源于实践，又服务于实践，语言的工具特性只是语言服务于实践的一个方面。语言的本质属性只能是社会的，离开了实践活动，无从考察语言的本质属性。

语言行为方式论：丹麦语言哲学家叶斯帕森（J. Jesperson，1860—1943）在其于 1921 年出版的《语言论：语言的本质、发展和起源》以及 1924 年出版的《语法哲学》两部著作中，先后都涉及了语言的本质属性问题。在他看来，"语言的本质乃是人类的活动，即一个人把他的思想传达给另一个人的活动，以及这另一个人理解前一个人思想的活动。"（叶斯帕森，1988：3）而我们要理解语言的本质，就"不应该忽视这两个人，语言的发出者和接受者，或更简单地说，说话人和听话人以及两者间的关系"（同上）。马林诺夫斯基于 1923 年在其《原始语言中的意义问题》中也认为，"语言最原始功能是体现为行为方式，而不是思想的记号"（参见李葆嘉，2003：14），因而要研究语言的意义，就应当通过一个民族的文化生活和风俗习惯来观察。受马林诺夫斯语境意义理论的影响，弗斯进一步提出语言是一种社会过程，并提出意义即功能的思想（Firth，1957）。弗斯有关意义即功能的思想得到了系统功能语言学派创始人即他的学生韩礼德的传承，同时这种语言思想也得到了日常语言学派的响应，代表人物有奥斯汀、利奇等人。如前所述，在韩礼德眼里，弗斯的语言观就是一种马克思主义语言观。由此可见，马克思主义的语言本质观与 20 世纪哲学的语言学转向后的语言行为论有相同旨趣，都注重语言的实践活动。

鉴于以上各语言本质论的分析，我们不难看出这些语言本质观对语言本质的认识，都是站在各自的视角上，从语言的某一侧面来观察语言、思索语言。因而，难免会出现一定程度的偏颇和缺陷。虽然言语行为语言本质观强调人与人之间语言使用的主体间性，与马克思主义语言本质观在实践性方面有一定的共同旨趣，但不能等同于马克思主义语言本质观，马克思主义语言本质观不但注重语言使用的主体间性，更注重语言的社会性和人在使用语言过程中的能动性，这种能动性体现在使用语言和意义主动建构主客观世界等方面。

第三节 韩礼德在社会实践论域下的语言本质观

社会实践论域下的语言本质观与传统语言本质观不同，它把语言看作一种具有社会属性的社会实践行为。因而，它包括两个方面的内容：一是语言本身的社会属性，二是语言的实践行为。其实，这两个方面是相辅相成的，语言的社会属性是通过语言的实践行为得到确认，即语言的实践行为论证了语言的社会本质属性。

关于语言的社会属性，马克思是在谈论商品的价值时谈到语言的社会性的。他说："因为价值并未标在额头上，价值将劳动产品转换为社会的象形文字。后来，人们试图破译象形文字以获得自己的社会产品的秘诀，因为有用的物品的价值特征，正如同语言这一人类的社会产品。"（马克思，1953：56）同时，马克思在《1844 年经济学哲学手稿》与《关于费尔巴哈的提纲》等著述中也论及了语言的社会属性。在这些著述中，他反对以黑格尔为代表的德国古典哲学唯心主义语言观，反对将语言神秘化，主张语言与社会紧密相连，语言脱离社会是不可能产生的。"……语言是我们彼此发生关系的物品"（马克思，2001：36）。"人是最名副其实的社会动物，不仅是一种合群的动物，而且是只有在社会中才能独立的动物。孤立的一个人在社会之外进行生产，这是罕见的事，偶然落到荒野中的已经内在地具有社会力量的文明人或许能做到，就像许多个人不在一起生活和彼此交谈而竟有语言一样，是不可思议的"（马克思、恩格斯，1972：87）。马克思和恩格斯有关语言的此番论述与韩茹凯有关语言社会属性的观点如出一辙。韩茹凯在一次访谈中谈道："语言的社会属性是系统功能语言学的一个重要的观点。有人对此加以刁难，认为我们不相信人类的心智活动或思维活动。我们有大脑，我们肯定相信心智活动的存在。但心智活动离不开社会，否则，它会在半空中无所依托。如果一个人与世隔绝（就像鲁滨孙一样），心智活动也不会发展。人类必须融入社会。离开社会，人类无法生存。人类语言也更是如此，离开社会，就成了一堆空壳。"①

关于语言的社会实践性，恩格斯（1953）在《劳动在从猿到人转变过程中的作用》一书中指出劳动不仅创造了人类社会，同时也创造了语言。马克思和恩格斯认为，"语言是在实践基础上形成的符号系统，体现为一种社会性的交往活动。语言是思想的直接现实，是人的社会化的重要途径，学习和使用语言的过程就是人的社会化的过程，语言的社会性和人的社会化密不可分"（马克思、恩格斯，1972：308）。他们认为人们通过语言交流思想并通过语言协同劳动，在实践基础上认识世界和描述世界，并反过来指导人们的对象化实践和人与人之间的交往实践。针对语言的社会实践性，巴赫金（Volosinov/Bakhtin，1929/1973）在《马克思主义与语言哲学》一书中认为，语言是一项人类共享的实践活动。他还指出语言研究应和文化研究相融合，语言研究不能局限于而应超越语言系统。波

---

① 来自卫真道于 2013 年 3 月来西南大学讲学提供的访谈录音，详见附录《卫真道对韩礼德和韩茹凯的采访录音转写》。

兰哲学家亚当·沙夫从事马克思主义研究近 70 年，他认为人类应当被视为社会关系的结果，语言则是社会实践的产物（Schaff, 1975）。高名凯也认为无论语言的产生也好，语言的发展也罢，语言都依赖于社会并受到社会的制约（高名凯，1994/2011）。

韩礼德受社会学家伯恩斯坦、人类学家马林诺夫斯基和语言学家弗斯、叶尔姆斯列夫以及拉波夫等人影响，从社会的角度探索语言问题，把语言当作社会现象（黄国文，2007）。此外，他同样也深受 20 世纪 70 年代至 80 年代风行一时的语言研究视角的影响。在那个时代，人作为"社会人"（social man）的研究成了语言研究的主题，语言研究因而强调人的社会属性（Halliday, 1974/2007）。针对语言的社会属性，韩礼德在 1978 年出版的《作为社会符号的语言：从社会角度诠释语言与意义》（*Language as Social Semiotic: The Social Interpretation of Language and Meaning*）专著以及收录在《论语言学》文集中的数篇论文都曾做过阐释。这些论著的基本思想是语言是人们的社会产物，是社会共同体的产物。离开了社会群体以及社会实践，语言的产生和发展是不可想象的。语言受制于社会的制约，同时社会的存在和发展也受到语言的制约。1972 年，在接受赫尔曼·帕雷特（H. Parret）的一次采访时，韩礼德对语言社会性做过这样一段精彩的回答：

> 语言学绝不是心理学的分支。这并不是基于坚持语言学的独立性。如果某人对语言的某些心理现象感兴趣，那是他的兴趣使然，我无可厚非。但如果以此要我承认语言研究就是心理研究的一个分支，那我就会说"不，不是"。我对学科分界不感兴趣，如果硬要我在语言学是心理研究或社会研究之间做出选择，那我就得说语言研究是社会学研究的一个分支。因为，语言是社会系统的一部分，没有必要介入一个心理层面的阐释。当然，我并不否认心理层面也是语言研究的相关因素，但在语言研究中并不是必要的。

（参见 Martin, 2013: 5）

在语言社会实践性的相关论述中，韩礼德将语言看作一种社会行为潜势，儿童须以语言为媒介，在与家庭成员、社会团体等的接触过程中，即语言的社会实践中，逐渐吸收各成员或社团的世界观、价值观和文化观，逐渐成长为一个社会人。语言的这一社会化过程，使人才真正成为社会化的一员（It is by means of language that the "human being" becomes one of a group of "people"）（Halliday，1974/2007：72），"语言在人与人，人与环境的互动过程中产生"（Halliday，1974/2007：67）。可见，系统功能语言学强调语言的社会实践性，重视语言在人的社会化过程中的作用。此外，韩礼德有关语言社会实践性的论述，还反映在韩礼德有关语言符号的表征性和建构性等方面的论述。总之，韩礼德对语言社会实践性的认识与马克思主义理论家和语言研究者有关语言的社会实践本质的相关论述不谋而合。下面就从语言的社会本质属性和语言的实践性即从语言的社会实践视域来审视韩礼德的语言本质观。

一　韩礼德关于语言的社会属性论

马克思主义语言观的主要组成部分就是语言的社会本质属性论（高名凯，1994/2011：3）。如何论证语言的社会本质属性？加尔金娜·费多卢克在《语言是社会现象》一书中，建议从语言对社会的依赖性，语言在社会生活中的作用这两方面来论证语言的社会性。高名凯在《语言论》中则从三个方面来阐述语言的社会属性：一是从语言和社会的互相制约和互相依存的关系来正面地加以证明；二是从语言不是个人现象，不是自然现象来反证；三是从语言符号的社会性本身来进一步加以证明。语言与社会的关系是一个复杂的问题，高名凯仅从理性的角度对语言与社会的相互依存关系做了高度概括性的阐释，语言与社会如何紧密地联系在一起并没有进行实证性的研究，可以说他只在理论上做了一些探讨。韩礼德则从个体社会化的语义发生学角度、语言与社会结构的关系、语言的无意识性以及语言使用中涉及的语境等角度对语言与社会的关联进行了破解，可以说韩礼德解答了困扰一代代语言学家针对语言与社会关系问题的"斯芬克斯之谜"。此外，韩礼德还从语言符号本身的特性，如异质性、对话性、评价性等特征出发论证了语言的社会本质属性。

然而，人们认识到语言的社会属性，却经历了一个漫长的过程。19世纪下半叶，在现实主义经验论或自然主义思潮的影响下，主观个人主义语言观很盛行。该语言学理论把个人的语言作为唯一的语言现实，把社会的语言视为不过是学者所做的抽象而已。无论是 19 世纪的新语法学派还是对新语法学派持反对意见的人，如语言学者博杜恩·德·库尔德内（B. de Courtenay）和哲学家布伦塔诺（F. Brentano）都赞同这种观点。该观点认为在语言理论方面除了个人的话语，不承认存在其他可以触知的现实。这种违反语言事实的观点显然是站不住脚的，但还是在欧洲扎下了根，并受到德国唯心主义新语文学（idealistic neophilology）代表浮士勒以及华沙实证主义代表多罗车斯基（W. Doroszewsi）等人的热捧。他们在语言里看到的只有个性的创造力，语言只不过是心灵最初的表达或精神表现。这种教条受洪堡特和意大利美学家克罗齐的思想影响，我们可以在浮士勒于 1926 年出版的《语言哲学》专著中找到详尽的阐述。这里以浮士勒为例，简要概述主观个人主义语言观的主要思想。浮士勒认为，语言学应纳入美学范围之内，把带有美学性的风格学提到语言学研究中来。他（Vossler，1926）认为，通过风格学的媒介，可以容易地找出语言发展的事实与文化史和社会史之间的联系，依靠风格学的帮助，可以明显地阐明个人创作对语言发展的影响，语言发展的过程是个人创作的行为。浮士勒也谈到了语言、文化和社会语境之间的关系，不过在他看来，这些关系无足轻重，只有美学因素，即与风格学有关的因素才可能是语言变化的原始动因。至于语言之所以作为交际的工具，在他看来，也不是因为语言是社会交际需要的产物，语言受制于社会，而是因为各个个体之间有共同的语言能力。他说："当人们借助于语言互相交际的时候，那么这种交际的可能性本身并不是建立在共同的语言规定性或共同的语言材料和句法构造上面，而是建立在共同的语言能力上面。总之，任何语言的共同性、方言等实际上是不存在的……如果使两个或数个属于极不相同的语言共同体，并且没有任何共同语言规则的个人彼此接触，由于他们中间每一个个体都具有语言能力，他们很快地就会互相交谈起来。英语及其他语言就是这样产生的。"（Vossler，1926：15—16）在他看来，语言的交际作用起源于人类的共同的语言能力，这个作为交际工具的语言就不是社会现象，而只是各个个体对它的共同的运用，正如各个个体对自然现象的共同运用一样；社会环境对语言仿佛也起作用，但它只不过是一种起刺激作用的接触条件。因此，在浮士勒看来，语言是不能学会的，它只不过是人类共同的语言才能的精神性能。他明确指出，语言不是社会的规定或规范。他说：

"在缺点开始的地方，在语言能力终止活动的地方，也就是语言学的边界。把语言看做社会的规定和规范，就意味着是从非科学的观点出发的。"（同上，37）我们并不否认语言有表达个人心灵的作用，但这不足以说明语言不是社会现象，而是个人现象。语言在某种情况下的确可以作为表达个人心灵的工具，正如语言可以用来表达个人思想的工具一样，但是我们不能由此得出结论，说表达个人思想的工具是个人现象和个人所创造的东西。表达个人的心灵是个人行为，但是拿来表达个人心灵的工具却不见得就是个人现象。如打猎是个人行为，但被猎人拿来打猎的工具如石头却不是个人现象而是自然现象一样。语言作为表达个人心灵的工具这一事实并不能证明语言是个人现象。因为，在米尼尼看来，"个人意识的形成也是一种社会现象，个人意识是个人心智和符号意识系统辩证互动的结果。高级心灵活动过程（如记忆、语言和意志等）是以符号为媒介经由社会互动的内化过程"（Mininni，2006/2008：528）。可见，语言是社会现象这一事实的认识经过了一个较长的认识历史。

20 世纪美国语言学者惠特尼（W. D. Whitney，1827—1894）最先强调了语言学的社会因素，并且把语言与其他社会惯例联系起来。惠特尼在 19 世纪 60 年代和 70 年代发表的作品明显不同于极端的个人主义潮流，他的思想影响了包括索绪尔在内的几位欧洲语言大师。在惠特尼和社会学家涂尔干（E. Durkheim）的影响下，索绪尔意识到了语言的社会性，他把语言界定为："社会团体已经采用的一组必要的规约，以便使个体可以运用语言能力。"（1959/1966：9）在索绪尔看来，语言（而不是言语）是一组惯例，是某个社会的思想被普遍接受的强制性的一套规范系统。语言在任何一个使用语言的个体身上都不完整。这表明索绪尔承认了语言的集体性，亦即语言的社会性。他的这个思想被普遍接受，但索绪尔把言语视为一种纯粹的个人现象。他在《普通语言学教程》里告诉我们，"言语从来就不是由集体实施的。言语始终是个人的，个人始终是言语的主人"（Saussure，1959/1966：13）。索绪尔忽视言语社会性的言论受到他的学生薛施蔼（A. Sechehaye）的驳斥和英国语言学家加德纳（A. Gardiner）的反对。语言的社会属性后来受到了哲学家维特根斯坦、日常语言学流派、功能语言学流派以及马克思主义语言学家巴赫金、雅各布森等人的重视。巴赫金在《马克思主义与语言哲学》一书中对主观个人主义语言观进行了猛烈抨击。他认为，不仅语言具有社会性，言语也具有社会性。他指出，言语是一种说话者与听话者之间进行的双向行为，是说话者和听话者之间的共享场所，是二者相互关系的产物。言语说话者诉诸听话者的言语行为，是说话者自己与听话者之间意义交流的桥梁。巴赫金关于语言和言语社会性的论断得到雅各布森的赞同。关于语言的社会性，雅各布森指出："现实主义的经验论与语言现实不符。很明显，每一次交流、每一次对话、每一次对答的先决条件就是必然存在大量的语言资源，这些资源对于交际的所有参加者具有同样的价值。只有存在社会共享的价值的时候，诸如提问、回答、理解和语言习得这些语言生活的基本活动才会有意义。"（雅各布森，2012：12—13）不过，在雅各布森看来，语言既是社会的同时也是个人的（雅各布森，2012）。他认为，"我们每一个人，除了社会强加在我们身上的普通语言学和文化的惯例之外，还有一些个人的习惯。比如，一个说话者可以回避某些语言形式或者词汇，这些形式和词汇是社会所接受的，但不管什么原因，他不能接受或者感到反感。有些词在个人用法上经常具有有悖于集体规范的意义。这意味着集体统一的语言价值尚需说话者个人的同意"（雅各布森，2012：16）。这段引文足以说明雅各布森在说明语言的社会性和规约性时，注意到语言的私有性。但针对巴赫金所述的个人言语的社会性，雅各布森持相同的态度。在雅各布森看来，言语行为虽然具有私有性但不是纯粹的个人行为，而是一种人际现象（interpersonal phenomenon），就像婚礼仪式、决斗或者其他的有来有往的动作一样。言语是主体之间的一种现象（intersubjective phenomenon），因而是一种社会现象（雅各布森，2012）。语言和言语的对话性常常被主张语言社会性语言学家拿来作为佐证，而同时主张言语私有性的人又拿独白为例。不过，这种言语独白在雅各布森看来不具个人私有性。巴赫金和雅各布森有关语言既是社会的又是个人的主张，得到了我国马克思主义语言学家高名凯的认同。在《语言论》中，他认为语言具有社会性，同时语言也具有私有性，这种私有性与言语的个人创造性有关，但他指出语言的个人创造性改变不了语言自身的社会性本质。在书中，他对主观个人主义的语言论也给予了发难和抨击。他说："如果语言是个人创作的东西，那么中国有六亿多人口，中国就可能有六亿多种语言，然而谁能否认中国只有汉、藏、蒙、满、苗、壮和维吾尔等语言，而并没有六亿多种语言这一事实呢？如果语言是个人创作出来的，那么，个人所创作的所谓语言成分就应当不可抗拒地进入语言的范围，成为语言的成分，然而像严复所创作的'么匿'之类的东西为什么竟没有成为汉语的词汇成员呢？如果像浮士勒所说的，语言之所以能够具有交际的可能性只是因为人们有共同的语言能力，那么，这共同的语言能力就应当使所有的人只创作出一个共同的人类语言，然而为什么浮士勒却用一般汉人所不理解的德语去说明他的个人创作语言的理论呢？为什么具有共同语言能力的不同民族的人们却需要通过翻译才能彼此了解呢？"（高名凯，1994/2011：11—12）

受弗斯、王力的社会学研究方法的影响，以及受人类学家马林洛夫斯基、社会学家伯恩斯坦和拉波夫等人思想的影响，韩礼德认为语言的社会性是语言的根本属性，这一思想的成熟可以把于1978年发表的《作为社会符号的语言：从社会角度诠释语言与意义》作为标志。韩礼德有关语言的社会本质属性的观点可以语言使用的社会化过程、语境与功能观、语言符号使用的社会特性、语言使用的无意识和语言使用的工具性等方面得到论证。

（一）语言使用的社会化过程

在韩礼德看来，语言的社会属性体现在一个人语言使用的社会化过程中。他认为一个生物体能够说话和理解话语，是以在他周围有许多这样的生物体的存在为前提，一个具有能够说话和理解话语的生物体不同于其他的生物体，其他的生物体可以独立地成为该生物群体的一员，人（即一个具有说话功能和理解话语的生物体）却不同，他要通过语言才能成为该群体的一员。通过语言这个主渠道，小孩习得成人的生活方式并成长为一个社会人。在成长的过程中，同时也习得该社团的文化、信仰、价值观念以及思想和行为方式。这个习得过程不是直接地从教室、法庭、道德规约和社会手册中习得，而是间接地从人与人之间在各种语境下的日常谈话中通过扮演一定社会角色习得（Halliday，1978）。韩礼德以儿子奈杰尔的语言发展史来说明语言的个体发展是一个不断社会化的过程，是在不断地与人的大量的交往中学会语言的。例如，韩礼德发现奈杰尔对"猫"一词的范畴化经历了8个月的时间才和成人对"猫"一词的概念一致（Halliday，1975：77—81）。奈杰尔学习语言词汇范畴化的过程，同时也说明语言的习得不是一个像乔姆斯基所说的在一个语言输入贫乏的语境中，靠打开一个"语言开关"一样的东西学习语言。可以说,这个习得过程也是一个经验的积累过程,在人与人的接触过程中以语言为媒介,一个自然人(a human being)转变成了社会人(a social man or a person)(见图5-1),一个社会人通过语言在扮演一个个社会角色的过程中完成人格的塑造(见图5-2)。可见,一个自然人成长为一个社会人并完成人格的塑造,语言起了关键的作用。在此,语言的社会属性也就不言自明。

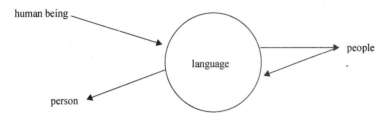

图5-1 自然人变成社会人的形成过程(Halliday,1978:14)

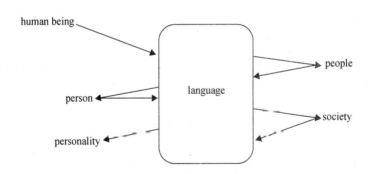

图5-2 语言在人格形成中的作用

资料来源:韩礼德(M. A. K. Halliday):《作为社会符号的语言:从社会角度诠释语言与意义》,爱德华·阿诺德(Edward Arndd)出版社1978年版,第15页。

关于语言的社会化过程,还体现在韩礼德关于社会团体和社会之间关系问题的相关阐述中。在韩礼德看来,在社会团体和社会之间存在一定的差别和联系。社会团体由言语个体即一个个社会人组成,各组成成员共存于社会团体之内,而社会是各种关系的总和,这些关系规定了社会角色,社会人具有履行社会角色的潜势(Halliday,1978:14)。语言与社会之间

的关系不是直接的，而是间接的，是通过社会化的人来衔接，因而社会是
社会化的人在履行社会角色的职责过程中所形成的各种关系的总和。语言
与社会之间相互依存的关系，如同语言与社会人的关系，二者是一个统一
体，不可截然分开，没有语言的社会人是不存在的，同样，没有社会人的
存在，语言也是不可能存在的（Halliday，1978）。韩礼德有关语言与社会
人的这一论述，同马克思的相关论述一致。在《1844年经济学哲学手稿》
中，马克思认为，语言是感性的自然界，人也是感性的自然界。语言和人
是一个不可分开的统一体。韩礼德有关语言与社会关系的论述与马克思的
相关论述也是基本一致的。1846年，马克思在致安年柯夫①都赞的信中
说："社会——不管其形式如何——究竟是什么呢？是人们交互作用的产
物。"1847年，马克思在《雇佣劳动与资本》一书中，他将这种交互作用
阐明为一种社会生产关系，而"生产关系总和起来就构成为所谓社会关
系，构成所谓社会"（马克思，1961：487）。由此可见，韩礼德和马克思
都认为语言与社会的关系是一种间接的关系，都是通过社会化的人发生联
系。韩礼德强调社会是社会化的人在履行社会角色时产生的各种关系的总
和，马克思从社会人的社会生产的角度强调社会是各种生产关系的总和。
虽然强调的侧重点不同，但都赞同社会是人们交互作用的人的世界，语言
的社会性是通过社会人才体现出来的。韩礼德和马克思关于语言与社会关
系的论述在本质上是一致的，因为在劳动过程中使用语言的过程实际上必
然涉及韩礼德所说的人的社会化问题。

（二）语言使用的功能与语境论思想

上面我们论述了语言使用是一个社会化的过程，但这个过程是沿着怎
样的路径呢？针对这一问题，马克思主义语言研究者和韩礼德均把目光投
向了语言的功能研究以及语言使用与语境的关系，以此进一步揭示语言的
社会化本质属性。

语言功能观来源于对语言的认识，语言功能观认为语言是社会言语行
为（doing），而不是乔姆斯基所说的人类的内在知识（knowing）。只要我
们考察一下心理语言学家布勒的语言功能观对巴赫金和韩礼德的影响，我
们就会发现韩礼德功能思想的来龙去脉。布勒提出一般言语事件具有三个

---

① 全名为巴维尔·瓦尼西也维奇·安年柯夫，苏联自由派作家。

功能:指称功能(referential function)、表情功能(expressive function)和意动功能(conative function)。受布勒的言语事件功能观的影响,巴赫金论述了语言的三个根本属性:指称性(referentiality)、表情性(expressivity)和指向性(addressivity)(Bakhtin,1986)。关于布勒对于系统功能语言学理论的影响,韩礼德已有明确陈述(参见 Halliday,1978;2004)。在布勒功能观的影响下,韩礼德将语言功能也概括为三种:概念功能(包括经验功能和逻辑功能)、人际功能和语篇功能。现将三人的功能观做一简要对比(见表5-1)。

表5-1　　　　布勒、巴赫金和韩礼德的功能观对比

布勒 (言语事件功能)	巴赫金 (表述特征)	韩礼德(语言功能)	
指称功能	指称性	概念功能	经验功能
			逻辑功能
表情功能 意动功能 }	表情性 指向性 }	人际功能	
		语篇功能	

　　从表5-1可以看出,虽然巴赫金没有采用"功能"这一术语,但是在概念的内涵上表述的三大特性与布勒言语事件的功能是高度一致的。只不过相对于布勒和韩礼德而言,巴赫金是从语言表述所具有的特征的角度而不是从语言所发挥的作用的角度来考虑问题的,但它们都与语言表达的意义有关。不仅如此,巴赫金还认为语言表述个性特征还决定语篇的组织结构和风格(Bakhtin,1986:84)。韩礼德也认为语言功能决定了语篇的组织结构和风格,语言的概念功能、人际功能和语篇功能分别实现了语域里的"语场"、"风格"和"语式"。由于"风格"一词颇多歧义,后来被"语旨"所取代。另外,韩礼德将布勒指称功能中表达逻辑语义关系的功能剥离开来,把它当作逻辑功能,最后将语言自身构建语篇的功能也单列出来,把它当作语篇功能。同时,韩礼德将布勒所提出的表情功能和意动功能整合成人际功能,因为这两个功能体现的都是人际之间的互动。韩礼德就这样创建了三大元功能:概念功能(经验功能和逻辑功能)、人

际功能和语篇功能。

　　除了关注语言的功能和语言的使用之外，语境研究应该是马克思主义语言研究的另一重要领域。针对语境，马克思主义语言观认为个人意识的产生离不开他所处的历史环境，语言符号系统应放在整个社会生产背景下来考量，因而语言使用的功能与语言使用的语境紧密相关。巴赫金、维果茨基、亚当·沙夫等马克思主义语言研究者都非常重视语言使用中的语境。在语言与语境的关系问题上，韩礼德指出，"语言学所关心的主要问题是对语言进行系统的研究和阐释。但在研究的过程中，我们需要一个比语言系统更大的一个框架，至少在其狭义的学术意义上如此。我的目的是从外部对一些语言问题进行研究，重点关注社会环境中的语言现象。"（韩礼德，2004/2013：224）韩礼德认为，语言学的许多问题要到语言之外寻求答案。而要研究语言的社会化路径，语境研究是突破口。

　　在语境和社会意识的关联研究中，我们可以从韩礼德所建立的语境模型中可见一斑。在韩礼德的语境模型中，韩礼德将情景语境中的种种因素高度抽象化，归纳出为数很少的，对应于具体语境又为所有语境共有的变量。他将语境变量分为三种，即"语场"（field of discourse）、"语旨"（tenor of discourse）和"语式"（mode of discourse）。这些变量分别决定他提出的概念功能、人际功能和语篇功能三大纯理功能，这三个纯理功能又分别支配着语义系统中的及物系统、语气/情态系统和主述位/信息系统。韩礼德认为，有了社会情景语境，就可以对即将使用的语言功能进行推测，然后进一步对即将使用的语义结构进行推测。这个不难理解，现实生活中有着许多这样的例证。一个白族朋友收到妈妈寄来的包裹，用白语打电话给母亲，一旁的汉族朋友说你刚才给母亲打电话是不是想说"妈妈，包裹已收到，请放心！"白族朋友很是惊讶："嘿，你也懂白语？"汉族朋友说："哪里，哪里，我猜的。"这里，我们看到了语境对于语义的推测作用。当然，推测也可以是反方向的。我们可以从语义结构推知语境。这样，语境和语义结构之间的关系如图5-3所示。

　　在社会与语境和语义的关联研究中，体现出了韩礼德的语言层次观。韩礼德认为，"就语言来讲，存在两种观点：一种是将语言看作由不同成分组合在一起的产物，即'合成观'（combinational）；另一种是将语言看作多层次系统，各层次之间是一种编码的体现关系，即'体现观'（real-

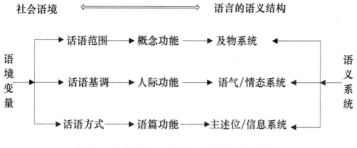

图 5 – 3　语境、功能与语义系统的关系

izational)"（Halliday，1978：42）。显然，系统功能语言学所持的观点属于后者。语境层的核心观念是表达"行为潜势"（behavioural potential），意义层要表达的核心概念是"意义潜势"（meaning potential），而词汇语法层的核心概念是语言系统的"选择潜势"（can say）。这三个层次之间存在"体现"关系。意义层由三大元功能组成，三种元功能在语言层面上通常由各自的特殊结构选择：概念功能倾向于使用组合类结构类型（constitute type），人际意义倾向于使用韵律型结构类型（prosodic type），而语篇意义倾向于使用韵律类型或波浪式结构类型（孙迎晖，2012）。就语言系统本身而言，在韩礼德看来，包括语义层、词汇语法层与语音或文字表达层。语义层和词汇语法层的关系是一种自然的关系，而词汇语法层与语音或文字层的关系是一种任意的关系（Halliday，1994/2004）；语义层和词汇语法层构成"内容"部分，语音或文字层是"表达"部分（Halliday，1994/2004）。具体来讲，语义层是行为潜势的实现层，语义层的语义通过语言编码（语言的符号编码仅仅是语义表达的手段之一，除此之外，还可以音乐、舞蹈、绘画和雕刻等符号形式编码）激发词汇语法层[1]，词汇语法层构建（construe）语义层的语义，最后再通过表达层（语音层和书写层）表达出来。艾根斯曾从通俗名称和专业术语两个方面再现了语言系统的三个层次（Eggins，1994：21）（见表 5 – 2）。表 5 – 2中的箭头所指表示的正是各层次间的实现关系。这种由一个层次到另一层次的编码和再编码过程就是一种"体现"关系。正如艾根斯所说，"体

---

① 意义除了用语言进行编码外，还可以通过其他符号系统对意义进行编码，如音乐、舞蹈、雕塑和漫画等。多模态意义理论就是基于这一认识发展起来的。

现"就是"语义在符号系统中编码"（Eggins，1994：41）。语言就是通过这个编码过程来表达意义的。"体现"这一概念，韩茹凯、卫真道（Hasan & Webster，2011）、马丁和罗斯（Martin & Rose，2003）等曾作过严谨探讨。韩茹凯形象地将"体现"关系类比为"转换器"，这个转换器将语义层的意义转换为词汇语法层，再由词汇语法层转换到表达层。这样，一层层地转换就形成了一个"体现链"（chain of realization）。正是借助这一系列的转换关系，人们一步一步地把思想传递出来，变成了能够被他人觉察、理解的语音、文字符号系统（Hasan & Webster，2011）。马丁和罗斯则把"体现"概念形象地比作电脑硬件系统对文字图像等软件系统的处理过程，是一种映射过程，这个过程也是系统符号间的再编码过程（Martin & Rose，2003）。下面就以图5-3中概念功能、人际功能和语篇功能如何通过词汇语法层如何一步步表现出来作一简要论述。

表5-2　　　　　　　语言系统的体现关系（Eggins，1994：21）

	通俗名称	专业术语
内容	意思↘	语篇—语义↘
	措辞 （单词和结构）↘	词汇—语法↘
表达	声音/字母	语音/文字

资料来源：艾根斯（S. Eggins）：《系统功能语言学导论》，英国平特出版社（Pinter Publishers）1994年版，第21页。

　　图5-3中，概念功能表达语言使用中的概念意义，概念意义的及物性系统由多个过程（process）组成，不同的过程与其及物性功能配置及词汇之间的关系是一种体现关系。一个语言过程的概念意义的表达，包括三个步骤的选择：（1）过程的选择：物质过程、言语过程、心理过程、存在过程、关系过程和行为过程；（2）及物性功能配置的选择。功能配置包括行为者（actor）、感觉者（senser）、目标（goal）、过程（process）、参与者（participants）、方式（manner）及情景成分（circumstantial elements）；（3）词组/短语序列的选择。词组或短语的类型包括名词词组、动词词组、介词词组、副词词组以及各自的下属类型。三个步骤

之间是一种体现关系，通过语码配置一层层地转换出来。即第一步的过程选择结果通过第二步的及物性功能配置转换出来；第二步的及物性功能配置又转换为具体的词语表达（Halliday，2000）。例如，如果我们想表达"约翰看见了奇幻的色彩"。我们首先要在及物性系统中明确这是一个表示感官的心理过程；其次再判定这一心理过程的功能配置：感觉者＋过程＋现象；最后确定在词汇语法层这个结构所体现的形式：有意识的人（名词词组）＋感官动词（动词词组）＋事物或事实（名词词组），由此在表达层产生句子："约翰看见了奇幻的色彩。"

图5—3中，人际功能表达人际意义，人际意义由"作为交换的小句"（clause as exchange）体现出来，人际意义包括交流信息与交流物，然后通过"给予"（giving）和"索取"（demanding）表达四种人际功能：提供、陈述、命令、提问。这些人际功能通过语气（mood）和剩余成分（residue）体现。语篇功能表达语篇意义，语篇意义与其子系统通过语法的主述位结构体现。

以上分析旨在揭示韩礼德如何借助功能和语境思想阐明语言表达的社会属性。为阐释语言的社会属性，语言使用的语境和所发挥的功能是关键。在韩礼德看来，"在不同的语境中，为了不同的目的，人们可以用多种不同的表达方式使用语言。即使是在同一语境中，为了同一目的，也会因为主体间的亲疏使用多种不同的表达。但我们不能确定一个有限的用法的集合，并为其中的每一个用法写一个语法，然而我们能确定一个有限的概括性的功能的集合"（Halliday，2006：283）。这个概括性的功能的集合就是我们熟悉的三大抽象元功能。韩礼德通过三大元功能（概念功能、人际功能和语篇功能）的概念化架构，构建了跨越社会系统和语法系统两者之间的桥梁，弥补了结构主义语言学和形式主义语言学将语言系统和语言使用割裂开来所带来的危害，并同时将三大元功能与语境三个变量（语场、语旨和语式）之间形成对接，从而形成一个整体语言研究模式。因为，元功能向上涉及语言学之外即语言使用的问题，向下涉及语言系统之内即语言系统本身的问题，这个中间层的介入填补了语言使用范畴与语言系统范畴之间的空缺。

可见，在语言社会属性的研究方面，即对语言与社会之间的关联研究中，韩礼德并没有停留在理论上的探讨，而是立足于现有的语言文法构造和表达，借助语境和功能的思想，令人信服地指出了语境和语言表达之间的关系，深化了语言社会属性研究。

(三) 语言产生和使用中的无意识性

语言与社会的紧密关系还体现在语言使用的无意识性或语言的不可言说性。语言的无意识性源于这样一个耐人寻味的事实，我们能流利表达母语，但我们多数人却并不知晓相关的语言知识。我们都是直觉地意识到这里或那里的词语选择不到位、不得体或不完整，然后下意识地或有意识地根据规范性和正确性进行补充和完善。对一段话语的评价，例如我们觉得一首诗特别上口，意蕴深厚，我们多数时候也是出于直觉判断。这一事实说明，语言的无意识性或不可言说性体现在两个方面：一是语言使用的无意识性；二是语言产生的无意识性。语言使用的无意识性来源于语言使用的工具性，语言产生的无意识性来源于心理科学的研究发现。

从心理学的研究成果看，大脑的左半球主管意识的心理活动，右半球主管无意识心理的活动，同时左半球区域存在语言中枢，因此，左半球还主管人的语言能力。心理学的研究成果正好证明韩礼德有关语言起源于意识的论断。那这一研究成果是否证明韩礼德有关语言产生于无意识的观点就是错误的呢？在韩礼德看来，语言究竟是产生于意识还是无意识？其实，在韩礼德看来，如第三章所述，语言产生于意识，同时也产生于无意识，因为正常人的语言能力是左、右半球协调活动的结果。因为没有右半球的协同合作与积极参与，人固然不会丧失他的语言能力，但正如韩礼德所述，一个人的语言使用就会磕磕绊绊 (Halliday，1985/1994)。有报告指出，做过右半球切除术的病人说起话来机械呆板、磕磕绊绊，但语言机能基本没有受到损害，而且病人能比较精确地理解字面意义，但却无法主动地探寻句中的其他意义，如联想意义、隐喻意义、引申意义等，也不可能理解语句的语调和感情色调，更不能创造性地使用语言。因为一旦人的右脑遭到损伤，右脑联系在一起的人的心理能力必然遭到破坏，这些心理能力如想象、顿悟、创造和情感体验等是以无意识方式实现的。可见，有了能产生语言的官能或生物机制，没有人格精神、顿悟、想象和情感体验等无意识社会活动，语言的产生是不可思议的，语言产生的状态更多地表现为无意识的状态。这也从一个侧面证明了韩礼德有关意识决定于生存和生活方式等马克思主义的唯物主义语言起源观。

　　语言产生于无意识，语言的使用也表现为一种无意识。语言使用的无意识的主要表现形式是语感。所谓语感，就是没有思维的直接参与，而以直觉、下意识或潜意识的方式进行的在感觉层面进行言语活动的能力。语感人人具备，即便是没有受过专门化的语言训练的人也都具备。韩礼德一贯主张，自然语言具有无意识性（Halliday，1985）。韩礼德的这一论断从另一侧面证明了语言的社会本质属性。他从语言的意义产生于语言的运用，阐述了语言范畴的不可言说性，又从语言范畴的不可言说性论证自然语言的无意识性。例如，他（Halliday，1985）认为，当我们有意识地思考有生物与无生物之间的差别时，我们总能找到一些差异的存在，但同时也意识到范畴模糊性的存在。在英语中我们能总结出第三人称代词 He/She/It 之间存在差别。He 和 She 表达有生命之物，而 It 表达无生命之物，He 指代男性，She 指代女性。但在实际的语言使用中，我们总能听到这样的句子：Don't give me the baby! I wouldn't know how to hold it. 这里 it 似乎不适合上面关于第三人称代词的范畴划分。在实际的语言使用中，我们都无法穷尽这些特殊的表达。再比如，在英语中，人们习惯将 ship（轮船）和 car（汽车）用 she 来指代，但人们似乎总能找到例外，其实大部分人并不把 ship 和 car 叫作 she，除非在某些自我意识非常强的语境下。英语性别系统很复杂，涉及的范围也很广，这一实际情况与我们对经验进行的有意识的范畴化结果并不一一对应。无论我们采取简明的，抑或是不着边际的方法，都无法对它做出界定，因为这一范畴只存在于英语的无意识语义系统中。总之，意义无意识，只有通过语言使用才会学习语言的意义。

　　语言运用为何是一种无意识的状态？因为在语言的使用过程中，人们关注的是语言意义，而不是语言形式。人总是把有限的注意力放在意义上而非语言的形式上，反之，就会影响人们对意义的表达。语言语用的无意识性也是由语言的工具属性所决定的。如同驾驶员驾驶交通工具一样，他的注意力主要放在了道路、行人和车距等上面，而非驾驶技巧和动作。再如我们使用电脑打字写文章，我们关注的是意义的表达，而非键盘敲打的指法。只要是工具，无论它是哪种工具，一旦被人们熟练掌握，使用技巧会从使用者的注意范围中消失，注意焦点只停留在工具使用的效果上。自然语言作为交际工具，在人们的交流过程中，同样不会把注意分配在词句结构上，我们凸显的是语句背后的意义如何精彩地表达。当然，一旦语言的使用出现了障碍，或是力求创意性的表达，我们的注意力又会凸显在语言结构的表达上，会费尽心力字斟句酌。所以，在实际的语言活动中，无论外部语言活动还是内部语言活动，我们的语言意识往往是在两种意识状态间不断地切换，但只要语言活动是流畅的，无意识就处于主要状态。无意识状态也就成了衡量语言能力高低的一个重要的标志或尺度。

科学研究结果表明，人脑左半球是主管语言的官能枢纽，是否能证明语言学习就是一种意识活动而不涉及无意识的活动呢？同时，是否就能证明乔姆斯基的语言习得机制假设呢？针对第一个问题，如前所述，我们的回答既是又不是。在语言学习过程中，涉及语言形式的理性反思，因此我们回答是。同时，我们说语言学习正如语言的来源一样必须涉及右半脑的参与，语言意义产生于语言的使用，因此语言的学习必须涉及语言的无意识形态。语言意义较之语言形式更重要，所以说语言学习更多地表现为无意识状态。正对第二个问题，史迪芬·平克（S. Pinker）在《语言本能》一书中试图证明这一点。但是，即便如此，它也只是儿童语言学习的一个生理基础，如果不让儿童在语境中接触语言而是机械地进行语言输入，儿童也是不会学好语言的。因为语言它不是学习的对象，而是作为生活手段在社会生活中逐渐掌握的。在这一过程中，儿童充当的是一个语言使用者而不是语言学习者的角色，可以说人的一生都在充当着这样的角色，大多数关于母语的语言知识也都是在这样的无意识状态下获得的。

语言的产生、使用和学习的无意识性证明语言并非心智的产物。语言产生和学习是语言意识和无意识的产物，但语言运用更多地处于无意识状态。语言的无意识性从一个方面说明了语言使用的社会性，而不是什么个人行为。

（四）语言使用的工具性

如上所述，语言使用的无意识性是以语言的工具性为前提，而语言社会属性的一种极其重要标志就是语言的工具性，这一观点得到许多语言学者的赞同。如王希杰说："语言是一种社会现象……语言区别于其他社会现象的专门的特点是：（1）它是作为人们交际的工具、作为人们交流思想的工具来为社会服务的；（2）它是作为人们的思维工具来为社会服务的。"（王希杰，1996：116—117）而语言的交际职能是显而易见的，每一个人都可以体会到在他和其他社会成员接触时,他都要运用语言进行交际,哪怕是极其简单的所谓的寒暄行为。正因为这个缘故,只要有社会生活的存在,只要有人们之间的接触,就要有语言。马克思主义语言研究者承认语言的交际职能。列宁说:"语言是人类最重要的交际工具。"(列宁,1972:508)斯大林对语言的交际职能也曾做过这样的陈述,他说:"语言的存在和语言的创造就是要作为人民交际的工具为整个社会服务……语言一离开这个全民立场,它就会丧失自己的本质,就会不再是人们在社会中的交际工具,就会变成某一社会集团的习惯语而退化下去,使自己必然消失。"(斯大林,1950/1985:550)

(五) 语言使用的其他社会特性

语言的社会本质属性,除了语言产生和使用的语境属性和无意识性,还体现在语言符号本身在使用过程中具有的一些社会性特征,如语言符号的评价性、历史性、对话性、异质性等。马克思主义语言学者和系统功能语言学者在对待语言符号的这些社会本质特性的认识也是一致的。在第三章中,我们已对语言符号使用的评价性、历史性和对话性做过阐述,在此我们只针对语言符号使用中的异质性、模糊性和任意性做一些陈述。

语言的杂合性 (heteroglossis) 或异质性是巴赫金针对索绪尔追求理想化的语言一致性而提出来的。巴赫金把语言的杂合性现象称为符号的生命。巴赫金说:"在历史存在的任何已知时刻,语言从上到下具有杂合性,它表示现在与过去,过去的不同时代,现在的不同社会意识集团、不同倾向、学派、团体等之间的社会意识矛盾的共存,各自有自己的体现形式。这些具有杂合性的语言以种种方法互相交叉,形成了新的社会上典型的语言。"(Bakhtin,1981:291)可见,在巴赫金看来,鉴于不同社会意识集团、不同倾向、不同学派和团体等社会群体的语言各有自己的体现形式,因而语言的杂合性是不容忽视的。众所周知,任何一种语言都是继承、借鉴和融合的产物,不受时空和人类活动影响的纯而又纯的语言基本上是没有的。看看现实生活中的语言,就知道语言的杂合性是何等显著。语言中存在的时间方言、社会方言和地区方言就能说明这一问题。在地域上,拿英语来讲,我们有加拿大式英语、美式英语、新西兰式英语、澳大利亚式英语、南非式英语、印度式英语、日本式英语和中国式英语等不一而足。由此可见,语言的异质性和杂合性是语言的一个根本属性,这也从一个侧面说明了语言的社会属性。

弗斯对语言的异质性也十分感兴趣（Martin，1992），受弗斯的影响，系统功能语言学关注语言的异质性。如针对巴赫金提出的语言异质性，系统功能语言学认为存在这样四个方面：第一，受社会生活物质条件的限制和影响，社会各阶层和文化团体的社会交往的方式也不同；第二，意识形态受社会交往的影响，社会交往形式的不同，意识形态也会不同；第三，意义受意识形态的影响，意识形态的不同走向会影响逻辑语义的表达；第四，交际是一个动态的过程，一个人使用的词语将受到另一个人的过滤（参见 Hasan，1987）。由此可见，系统功能语言学者与马克思主义理论家和语言研究者一样，都注重意识形态与语言杂合性的关联研究，认为不同的意识形态往往会通过不同的语言表达形式体现出来，即使是同一语言表达形式，具有不同意识形态的各个群体也会在语义的理解上出现不同走向，按自己的思想意识去理解。可见，语言使用中的杂合性印证了语言使用中的社会属性。

除了语言使用的杂合性，语言使用中的模糊性也受到系统功能语言学的重视。韩礼德和麦蒂森指出，"预先设定的任何系统包括语言符号系统，一般而言，都是杂乱无序的。系统功能语言学对语言的这种无序不会感觉不舒服，反而很重视语言的模糊性并有效地使用这一概念阐释语言的无序状态"（Halliday & Matthiessen，1999：557）。这里以系统功能语言学中及物系统的六大过程为例，说明韩礼德对语言系统的模糊性的认识。众所周知，系统功能语言学认为及物系统有物质过程、关系过程、行为过程、心理过程、存在过程和言语过程六大过程。六大过程的划分也不是严格意义上的语义范畴，都存在一定的阻抗（reactance），这些阻抗可以帮助探明和区分各个不同的过程类型。以 Have a happy birthday 为例。这个句子似乎可以归到心理过程、物质过程或关系过程。从心理过程强调内心感觉上讲，这个过程应归属到心理过程，因为高不高兴属一种感觉行为。我们再从各种语法阻抗手段来去伪存真。我们知道，如果用现在时的非标记性时态选择为阻抗，物质过程倾向于使用一般现在时而不是一般过去时。我们可用 What are you doing? 提问，回答是 I am having a happy birthday，但不大会说 I have a happy birthday。假使我们用另一阻抗即用一个助动词短语 do to ／ with 作一番试验，也可以得到同样的结果。我们可以问

What did she do to her hair? 回答说 She cut it。但我们不可以说 What did you do to your birthday? I had it。最后，假使要判断这个句子是不是关系过程，就阻抗手段而言，判断一下这个句子是否可以语序颠倒，因为关系过程都可以做这样的语序颠倒。显然，这个句子不能做这样的语序颠倒，不能说 A happy birthday is being had by me。但正如韩礼德所言，"阻抗也只是一种判断的手段，也不是万能的试金石。语言的模糊性是语言的本质属性之一，没有必要削足适履回避语言的这种真实性。"（Halliday & Matthiessen，1999：137）在语言交际中，要消解语言使用的模糊性，只有在真实的社会语境中得以消解。因而，语言的模糊性也从一个侧面论证了语言使用的社会属性。

前面我们从语言使用的杂合性和模糊性说明了语言使用的社会属性。语言的社会属性还可以从语言符号的任意性得到论证，承认语言符号的任意性，就等于承认语言的社会本质属性。因为要决定拿什么声音去代表什么意义不取决于声音的物理特征，而是取决于社会习惯，这就是语言符号社会性的具体表现。

对于语言符号的任意性问题，韩礼德和马克思主义语言学者都予以认同，不过在认识上存在一些差异。为了厘清这个问题，我们先回顾一下语言学家对语言符号任意性的认识。早在 19 世纪初，语言学家就注意到语言符号任意性问题，不过那时的共同取向是从语言和说话人的心理活动的关系来说明这一问题。如洪堡特认为，人们能够互相了解，不是因为他们掌握了事物的符号，也不是因为他们能够按照规定的符号正确地理解同一概念，而是因为它们（符号）在人们的感性知觉的链条和形成概念的内部机体中是同样的一些环节。因此，在称呼它们的时候就触动了精神乐器的同一弦索，结果每个人都产生了相应的，但不是统一的概念（洪堡特，2001a）。索绪尔认为语言符号的任意性体现在能指和所指的结合。这种任意性包括两个方面：一是能指和所指均可以改换；汉语中原来的 nim（您）变成了 nin（您）就是一例，听觉印象发生了改变，但概念内容没有改变。而语言中同音异义的现象似乎可以证明听觉印象没有改变，但概念内容却发生了变化。二是能指和所指的关系一旦确立，得到社会的公认之后，符号就不能随时变化。

语言符号的任意性的观点得到了马克思主义语言学者的赞同，但也有人注意到了索绪尔符号任意性观点的不足之处。加尔金娜·费多卢克就赞同索绪尔的这一观点。她引用马克思的话"物的名称，对于事物的性质，全然是外在的"（马克思，1953：88）来说明语言符号的任意性。她说："词的语音方面可以理解为固着于事物、物件、动作等，即固着于词的内容的符号。……每一个词，即音组，都是一个符号，它固着于事物，并且得到社会的承认。"（参见高明凯 1994/2011：34）这里，说加尔金娜·费多卢克赞同符号任意性是基于她把语言中的词（即她所理解的音组）和它所代表的事物之间的联系看成某种条件（即社会习惯）所决定的，承认社会的规约性，不是具有象征性的反映关系。针对索绪尔提出的语言符号的任意性，也有一些马克思主义语言研究者提出质疑。如布达哥夫（1956）认为，语言成分中的词的声音部分和它的意义部分的结合不是完全任意性的，特别是在语言的发展中，这种任意性就不存在了，因为词的声音和他的意义的组合要受到词的内部形式所决定。高名凯在《语言论》中也从"先语言"（pre-linguistic）和"后语言"（post-linguistic）的象征性来说明语言符号并非绝对的任意性。例如拟声词和比喻构词分别是"先语言"和"后语言"的象征性符号，因为前者通过声音的相似性去象征它的所指，后者在形成语言成分之后可以拿来比拟其他的意义，例如"水龙头"这个词中的词素"水"和"龙头"是有意义的，可以拿来比拟卫生器皿中水管的开关。这里，无论是布达哥夫还是高名凯都看到了语言符号任意性的局限性，但这种局限性不能否定语言符号任意性的论断。因为，布达哥夫和高名凯所说的局限性或者相对性跟索绪尔所说的任意性不在同一个层面，索绪尔强调的是声音印象和概念，依据系统功能语言学的观点，也就是语义层和表达层的关系，而布达哥夫和高名凯所举的例子属于词汇语法层。语义层和词汇语法层的关系不可等同于语义层和表达层的关系。

关于语言符号任意性问题，韩礼德借助语言层次观，做了令人信服的解答。在韩礼德看来，语义层和词汇语法层的关系是一种自然的关系并非任意的关系，语义层和表达层的关系才是任意的关系（Halliday，1985）。韩礼德在这里并没有否定语言符号的任意性，不少学者在这点上对韩礼德的观点有误解。因为否认语言符号的任意性，其实质就是否认语言的社会实践属性。这与韩礼德对语言基本观点不吻合。总之，韩礼德没有否认语言符号的任意性,也不像许多学者站在词汇语法层面举例说明语言符号的相对性,而是站在前人研究的成果的基础上依据语言层次观把语言符号的社会本质属性做了较为全面的阐释。

二 韩礼德关于语言的社会实践论

语言的社会本质属性建立在把语言当作一种社会行为,一种社会实践活动。韩礼德的语言实践观可以通过对语言与社会的关系问题的阐释上体现出来。在韩礼德看来,语言与社会的关系是一种复杂的、自然的、辩证的关系(a more complex natural dialectic)。这种复杂的、自然的、辩证的关系表现在两个方面:一方面,语言积极地表征(symbolize)社会系统或社会文化系统;另一方面,语言与社会系统是一种创造与被创造或一种构建和被构建的关系(Halliday,1978)。语言与社会系统的这种关系认识建立在把语言看作一种社会规约(social institution)和系统(system)的认识基础之上。当把语言看作一套社会规约时,语言与社会系统的关系就是一种表征的关系;但把语言看作由语义、词汇语法和语音三个语言层次构成的系统时,语言与社会系统的关系就是一种构建和被构建的关系。

(一)语言对社会的表征性

一直以来,大致有两种不同的语言观:普遍唯理论和文化规约论。普遍唯理论常把语言当作一套规则,而文化规约论则常把语言当作一套社会规约。当把语言当作一套社会规约表达时,强调的是语言的社会性和符号的象征性。但如果把语言不是当作一套规约表达而是一套规定或规则(a set of rules),其强调的内容就有所不同,如以乔姆斯基为代表的形式主义语言学,它就强调语言在大脑中的运行机制,从而从生物体内部(intra-organism)去研究语言的心理运行机制即探讨语言的深层结构如何转化为表层结构的问题,研究语言能力(language competence)和应用能力(language performance)的问题。系统功能语言学把语言当成社会规约表达,强调语言的社会符号性,因而其研究范式与结构主义和形式主义语言学不同,系统功能语言学是从生物体之间(inter-organism)研究语言,强调生物体之间语言使用的规约性,这种规约性存在语域(register)变体和方言变体,正是这两个变体表征了社会现实结构和社会(文化)系统。根据韩礼德的界定,语域是"语言的功能变体"(functional variety of language）或语义变体，是因情景语境（context of situation）的变化而产生的语言表达形式的变化（Halliday，1978）。具体的语域体现在一个个真实的语篇之中，有具体的词汇和语法特征。就方言而言，方言又可分为地理方言和社会方言。因地理因素而产生的语言变体称为地理方言，因社会因素（如年龄、性别和社会阶层等）产生的方言称为社会方言。较之地理方言，社会方言更能表征社会（文化）系统的特征。语域变化的基础是语言使用（according to use），而方言变化的基础是语言使用者（according to user）。方言和语域的区别可用一句话概括，方言是用不同的方法说同样的事物，语域是用不同的方法说不同的事物（同上）。语域由特定时间的特定行为决定，取决于语场、语旨和语式三个语境变量。社会方言由说话者的年龄、性别、籍贯和阶层等社会因素决定。因此，在韩礼德看来，"社会方言反映社会等级结构（hierarchical structure），而语域不仅反映社会等级结构，同时反映社会过程的多样性"（Halliday，1978：186）。

为什么方言变体尤其是社会方言变体能表征社会（文化）系统呢？因为社会方言变体是不同言语社团语言的本质特征，即使是在同一言语社团中，不同社会成员的语言也存在变体。拉波夫（Labov，1966）在纽约市的试验表明：即使是同一言语社团，不同成员之间因社会阶级地位的不同，言语的表达也不同。同时，即使在同一言语社团，同一语言者也会有风格表达方面的变异，即在表达的正式程度上有正式与非正式之分。韩礼德对于拉波夫把语言的社会性引入语言学的做法给予了高度的评价。他同意拉波夫的观点，认为社会方言变体的内部特点和使用方式与社会结构、不同阶级的态度和人类行为系统之间有着十分紧密的联系。把社会方言和个人方言看作这个变体的本质特征，社会方言才具有表征社会结构的功能。英国 16 世纪出现的反社会的"流浪汉"语言方言就是社会方言表征社会现实的很好的例证。同时，社会方言不会像地理方言一样，由于民族政策、现代科技的进步等因素而逐渐消失。只要社会存在，社会的等级制度的存在，社会方言就会存在。历史上，第二次世界大战结束后，随着大众传媒主导地位的凸显，人们预言地域方言会逐渐消失。事实的确如此，不少乡野方言消失了，但奇怪的是，社会方言却有增无减，社会方言的多样性正满足和反映了社会结构等级制的多样变化。当社会矛盾加剧时，社会方言就成为阶级意识和政治意识的表达手段，也是最有效的社会言语行为。当我们意识到受压迫阶级的语言类型时,是因为这个阶级的言语说话者擅长这个阶级的语言表达,并使之成为这个阶级有效地作用于社会的工具(Halliday,1978)。

社会方言和语域有着紧密的联系,并通过共同作用来表征社会(文化)系统。社会方言和语域的关联,在韩礼德(1978)看来,与劳动带来的社会阶级或社会等级的划分相关联。由于劳动对阶级或社会阶层的划分,使社会方言和语域紧密地交织在一起,特定的语域要求特定的社会方言,如贵族阶级之间的谈话就要求相对应的"标准"的社会方言表达,而捕鱼或农耕语域则要求乡村社会方言与之相匹配。社会方言和语域共同作用,换句话说,是语言使用者根据语言的使用一起表征社会结构和社会(文化)系统。总之,语言对社会(文化)系统的表征作用,是通过社会方言和语域的共同作用来实现的。

(二)语言对社会的建构性

如前所述,韩礼德认为语言的实践性表现在语言的表征性和建构性。语言的建构性,在韩礼德看来,体现在语言对社会的构建中。众所周知,语言与社会关系的问题,是哲学家和语言学家不可回避的话题。关于这个话题,常见的回答有语言反映论、语言相对论、语言决定论和语言建构论等。机械唯物主义和直观反映论的旧唯物主义即古典马克思主义者持语言反映论,萨丕尔和沃尔夫分别是语言相对论者和决定论者的代表,皮亚杰、维果茨基、古德曼(N. Goodman)、布鲁诺(J. Bruner)和费厄舒伦(J. Verschueren)等则是语言建构论者的代表。虽然韩礼德多次强调他只是一个语言学家或者说一个语法学家,但作为系统功能语言学的代表人物,他早已不自觉地在思考语言哲学所涉及的一些核心问题。对语言、意义与社会的关系问题,他在很多著述中都有涉及(Halliday,1978;2005/2013)。对语言与思维的关系,韩礼德也曾有过思考和论述。语言决定思维吗?为什么科技工业革命发生在欧洲而不是中国,中国科学技术早在汉朝时就遥遥领先欧洲,在南宋时期,纺织业已得到大规模发展。这跟语言有关系吗?针对此类问题,韩礼德认为,"这跟中英文或欧洲语法不同没有关系。……对于科技术语和分类表达,汉语表述比英语更简单,而名词词组的表达英语更有优势,在逻辑表达方面英汉语表达能力无差别。我们不能认为英语、荷兰语、德语或法语比汉语更能构建科学理论和蒸汽机,而汉语阻止或妨碍了科技思维"（Halliday，2005/2013：193—194）。那为什么科技工业革命发生在欧洲而不是中国？在韩礼德看来，无论是中国还是欧洲，科学技术都是螺旋式地发展。科技工业革命发生在欧洲而不是在中国，其主要原因在于中国的科学技术缺乏传承和延续性。显然，这个问题已超出我们的讨论，暂且搁置。韩礼德借此强调的是语言决定不了思维。"语言知识只是具有充当科学思维和理论推理的工具潜势"（Halliday，2005/2013：193）。因为有些意识形态以语言形式体现，有些则不是（如音乐、舞蹈、美术、仪式、服装、图表等），而有些意识根本就没有任何形态可言，但这些意识形态也会影响人们的思维活动（Halliday，2005/2013）。由此看来，韩礼德对语言和思维关系的这一见解跟马克思在《1844年经济学哲学手稿》中阐明的"语言是思维的要素"的论点一致。

鉴于此，在语言与社会的关系问题上，韩礼德绝不是一个语言决定论者，但也不是一个语言反映论者，而是具有西方马克思主义语言学研究取向，在语言与社会的关系问题上，韩礼德是一个坚定的建构主义者。

社会建构主义是西方马克思主义语言学的取向。它的基本观点是，世界上并不存在一个独立于语言和人类思维活动之外而预先单独存在的真实的世界。所谓"世界"，其实是由大脑通过语言符号系统的象征性活动而构建起来的产物（成晓光，2005）。语言的意义来自社会建构。意义不是独立于认识主体即人之外的一种客观存在，而是人在认识外部世界的活动中的主动建构。这种建构发生在与他人交往互动的环境中，是社会互动的结果。建构主义的这种哲学意义观也是一种哲学认识论。持这种哲学认识论的语言学家们认为，语言意义在本质上具有模糊性和不确定性，意义只有在动态的语言使用过程中才能把握（Goodman，1984；Bruner，1986）。系统功能语言学研究的是使用中的语言，认为语言的意义是由语境决定的，从而或多或少否定了科学主义认为的带有本质主义倾向的所谓稳定的意义观。系统功能语言学认为意义是不稳定的，也是不清晰的，语言的意义要从使用中的言语或文本中寻找和建构，如同德里达所言，文本之外别无他物。

1. 语言社会建构的语言哲学基础

语言对社会建构的语言哲学基础正是建立在意义的不确定性和语言使

用者的主观能动性。然而，语言哲学家对意义模糊性的认识也是经历了一个漫长的过程。西方语言哲学对意义的研究理论有指称论（theory of reference）和图像论等理论。在指称论中，密尔（J. S. Mill，1806—1873）的原始指称论（primitive reference）认为，名称的意义就是名称所代表的事物。例如，"纽约"这个名称代表某一个城市。同时，他也注意到两个摹状词可能同指一个事物，如"美国的第一大学"和"美国最大的城市"都指同一城市"纽约"，但具有不同的意义（Mill，1910/1967）。于是，他又提出了概念的内涵和外延的理论。但密尔的指称论还是遇到了它解决不了的问题。如真正同一陈述句（truth identity statements）的意义问题、没有指称的语句的意义如何确定的问题、否定存在句的意义问题。后来，弗雷格（F. L. G. Frege，1848—1925）、罗素（B. Russell，1872—1970）和维特根斯坦都对密尔的原始指称论进行了修改和补充。弗雷格为消解传统指称论，在词语与对象之间增加了"含义"（sense）这一中介，认为它们不是直接相连的，语言符号是通过含义指向对象的，提出了有名的"含义理论"。他指出，含义具有识别性特征的声音或标记，通过它来选择一个对象。语言的意义就是某个特定对象在某个特定时间的特定含义（Frege，1891/1977）。这样，在 The morning star is the evening star 这个句子里，虽然两个摹状词"the morning star"和"evening star"共享一个指称，却具有不同的含义。因为事物本身不是词语的意义，特定指称的特定含义产生意义，这里的 morning star 和 evening star 具有特定指称因而也具有特定的含义。对于没有指称的摹状词意义问题，弗雷格认为，没有指称不等于没有意义。The present king of France 没有指称，不等于没有意义。它有意义，这个意义在自然语言中叫作"后备零指称"（fall-back reference zero）。对于意义在否定存在句中的问题，弗雷格提出的方案是将"存在"概念做了进一步的划分，一种是实体存在，一种是概念存在。实体存在用名称指称，概念存在用概念指称。概念虽然是一种不完整的存在，但仍有肯定和否定之分。罗素的修订方案是提出语法指称论和逻辑指称论。语法指称论着重于语法关系的论证。罗素（Russell，1903）认为，从语法上看，名词的意义就是它所指的事物，其他词性的意义则是事物属性或语法关系。逻辑指称论则强调指称的逻辑关系。早期维特根斯坦的图像理论，关注的是语言或思想与实体存在之间的关系。他认为，句子或它们的精神对应物是事实的图像。后期维特根斯坦转而批判指称论。他指出，语词和指称之间存在不确定性，不能说语词的意义就是它们的指称，应从语言的使用中寻找语言的意义（Wittgenstein，1953）。后期维特根斯坦的语义观极大地推进了对语言意义模糊性的研究和语用意义研究，例如肯普森（Kempson，1977）、戴维森（Davidson，1986）、伍铁平（2000）和何自然（1990）等对意义的模糊性和语用意义进行了深入的研究。

建构主义产生的另一个语言哲学基础便是人们对语言使用中主观性的认识。这种主观性表现在语言中的使用是一种主观的选择，意义产生于语言的使用。为什么语言的使用是主观的选择呢？语言哲学中的建构观认为，人类的主观性是以语言为基础的，语言是我们意识和思维时使用的工具。本沃尼斯特（Benveniste，1971）断言，人类是在用语言构建自我的意识和概念从而建构成自我主体（subject）的。因语言的本质是主观的，我们构建的自我主体也是主观的。本沃尼斯特对语言中主观意识的构建有较为深刻的认识。他（Benveniste，1971）认为，语言的主观性是由语言形式中的"人称"代词的使用来体现的。从这个意义上说，语言的客观性几乎是不可能的。要想客观，就得摆脱语言。可是没有了语言，人类也就无法进行认识活动和其他一些思维活动。因此，在本沃尼斯特看来，语言的主观性的根源在于语言的使用。因为在很多情况下，说话者并不直接使用人称代词，但这并不意味着说话者的立场就是客观的。语言本身还具有许多其他形式手段，如超切分音位特征（音调、音长、音响和重音等）来标识说话者的主观意图（同上）。句法手段的使用就是设置个人视角。如：

（1）The vase was broken by the cat.

（2）The cat broke the vase.

这里，主动式和被动式的唯一功能就是标识说话人的主观意图。因此，语言的使用就是标识个人的说话立场（stance marking）。

受维果茨基、古德曼、布鲁诺和费厄舒伦等社会建构主义者的思想影响，韩礼德有关语言的使用即选择的观点深深地打上了建构主义思想的痕迹。首先，韩礼德把语言看作一种可供选择的用于表达意义的源泉。人们要表达思想，必须从可供选择的语义资源中做出选择，这种选择依据语言的使用，而语言的使用离不开语境。语境的三大要素，即语场、语旨和语式,决定语义的选择从而实现语言使用的三大元功能（metafunctions）,即经验功能、人际功能和语篇功能。由此可见,系统功能语言学的意义观与社会建构主义的语义观一致,都认为语言的意义来源于语言的使用,因而语言的意义具有不确定性和语言使用的主体性。语言意义的不确定性体现在语法范畴的不确定性,认为在语法中,不存在轮廓鲜明的范畴,从而使这些范畴构成一个连续统（continuum）。韩礼德和麦蒂森（Halliday & Matthiessen,1999）概括了语言意义的不确定性,这些不确定的意义类型包括重叠（overlaps）、歧义（ambiquity）、混合（blends）、互补（complementarities）、可能性（probability）以及中和（neutralizations）等六个方面。其次,语言在使用时之所以要选择,是因为语言具有变异性（variability）、商讨性（negotiability）和顺应性（adaptability）。语言的变异性为选择的可能性提供了条件;商讨性指言语交际富有动态性,话语交际的进行是动态的或流动的,不是按照形式和功能的对应关系,不是一成不变的,交际意义的确定是交际双方协商的结果。以否定为例,按自然辩证法中的否定之否定就是肯定的观点审视语言是行不通的,否定之否定究竟是肯定还是否定取决于会话双方的协商。话语的协商性是由选择的不确定性所决定的。说话者的选择有不确定性,听话者的诠释也有了更多的空间。顺应性指的是为满足交际双方的需要,达成交际的效果,语言使用者从可供选择的不同语言项目中做出灵活适当的选择。韩礼德的这种基于语境的语用思想,跟欧陆学派中日常语言学派的语用观一致。如欧陆学派的奥斯汀（Austin,1962）和塞尔（Searle,1969）的言语行为理论、格莱斯（Grice,1998）的会话分析理论、利奇（Leech,1983）的礼貌原则等。这些学者的观点都体现了社会建构主义的观点:语言意义就是语言使用者的主动选择与建构,这种选择与建构离不开语言使用的环境,意义的建构是语言使用者在语言使用环境中互动的结果。

分析表明,语言的建构性的哲学基础建立在意义的不确定性、模糊性以及语言使用者的主观能动性。韩礼德有关语言的使用即选择的观点与建构主义的语义观一致,具有共同的语言哲学基础。

2. 韩礼德的语言建构思想

早期分析哲学家将语言视为先天的（apriori）、自成一体的对象,认为语言既可以帮助我们认识世界,同时也阻碍了我们对世界的认识。对于这种语言观，韩礼德持否定态度，赞同实用主义的观点，主张将语言的使用看作一种实践活动。这种语言观没有将语言与世界分离，语言既是敞开世界的方式，同时又是通过实践活动构建世界的方式，实践可以使我们通过语言的此岸到达世界的彼岸。因为，在韩礼德看来，"语言的根本性质之一就在于帮助人类建构一幅有关现实的心理图画，从而使人类认识自身的外部经验和内部经验" (Halliday, 1985: 101)。语言不再被看作被动地反映现实，而是通过意义能动地构建社会现实和社会关系。"语言不是被动地反映或回应事先存在的现实。语言构建现实；或者说，作为人类的我们用语言构建现实。我们通过行动和反思的纯理功能的相互影响、相互作用达到目的：语言既促发人际关系又构建人类经验；因此，说话主体、多面人物和我们所称之为社会的等级和权利结构都是由语言创造的。阶级、性别和诸如此类的意识形态通过语言的意义潜势而得到建立和维系，同时也受到挑战" (Matthiessen & Halliday, 2009: 151)。

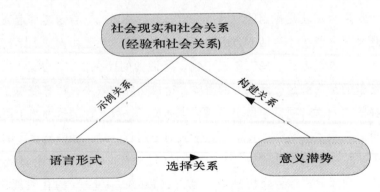

图 5-4 语言、意义和现实的关系

针对语言如何通过意义构建现实，韩礼德并没有停留在理论的探讨上。他和麦蒂逊 (Halliday & Matthiessen) 在《通过意义识解经验》一书中结合具体的语言事实作了详细的阐释。需要说明的是韩礼德在该书中并没有使用"社会现实"这一术语，而是使用"经验"这一术语。在他看来，"经验就是人们用语言手段构建的现实" (Experience is the reality that we construe for ourselves by means of language) (Halliday & Matthiessen, 1999: 3)。那么，语言究竟如何通过意义构建社会现实和社会关系？意义又是什么？在韩礼德和麦蒂逊看来，意义是人类意识和环境的相互影响和作用而产生的结果，是通过人与人之间的协商而建构出来的。意义既不存在于现实中，也不存在于头脑里，意义存在于辩论和协商的行为中，意义是人类认知的共享。在韩礼德意义理论中，意义包括概念意义、人际意义和语篇意义。在意义构建社会现实和社会关系的过程中，具体来讲，概念意义构建社会现实或者说社会经验；人际意义通过主体之间的交互行为，经由协商和角色分配等手段构建社会关系；概念意义和人际意义通过语篇形式来构建，语篇形式是概念意义和人际意义构建社会现实和社会关系的桥梁（Halliday & Matthiessen，1999）（见图 5 - 4 中箭头符号部分的关系示意）。在《通过意义识解经验》一书中，韩礼德和麦蒂森认为概念意义是通过词汇语法层的概念基块加以呈现，人际意义是通过人际基块加以呈现，而语篇意义是通过语篇基块加以呈现（Halliday & Matthiessen，1999）。换言之，概念基块构建经验意义、人际基块构建人际意义而语篇基块构建语篇意义。在系统功能语言学中，韩礼德和麦蒂森在《通过意义识解经验》一书中对概念基块如何构建经验意义进行了详细的阐释，而人际基块和语篇基块对人际意义和语篇意义的构建则是由马丁通过评价理论和语类研究加以完成的。在此，我们借助韩礼德关于概念基块对经验的建构为例来说明语言是如何构建经验现象的。在韩礼德看来，任何可识解为人类经验的东西都可称为现象。经验现象可识解为"成分"、"图形"、"序列"。这三者之间形成一种包括和被包括的关系。"图形"由"成分"构成，"序列"由"图形"构成。"成分"是"图形"的组成部分，在"图形"中各个"成分"起着不同的作用，而"图形"通过相互依赖关系构成"序列"。一个"序列"包含一系列相关的"图形"，"序列"中的"图形"之间存在时间、因果等各种关系。如果一个"序列"有两个"图形"，那么其中一个"图形"扩展或投射另一个"图形"。"图形"呈现经验，由"过程"、"参与者"和有关的"环境成分"构成。现实世界中有各种各样的"过程"，但这些"过程"需要由符号来识解。"图形"分为"做事图形"、"发生图形"、"感知图形"、"说话图形"，以及"存在与拥有图形"。"图形"由"成分"构成，"成分"体现各种"图形"角色。这些"成分"包括一个核心过程，一个至三个"过程参与者"以及一个到七个以上的"环境成分"，在语法上由小句及物性成分来呈现。动词词组体现过程，名词词组体现参与者，副词词组或介词词组体现环境成分。此外，"图形"还有另一种成分，叫作连接词语。连接词语识解图形之间扩展的逻辑语义关系，由连词词组体现。因此，针对"自行车与小汽车停放位置关系"这一经验现象，可将这一概念基块识解为"序列"（sequence）、"图形"（figure）、"成分"（element）等三个语义范畴，这些语义范畴再由词汇语法层体现，即 My bike is in front of the car 或 My bike is behind the car 从而完成识解。其中，My bike is in front of the car 或 My bike is behind the car 是由一个"图形"组成的一个"序列"，"图形"又由"过程"、"参与者"和有关的"环境成分"构成。在这里，"图形"选择的是"存在图形"，"成分"包括一个"过程"、"两个参与者"和"一个环境成分"。"过程"由系动词担任，两个参与者由 my bike 和 the car 两个名词词组充当，"环境成分"由介词词组 in front of 担任。

为明确经验构建过程，韩礼德提出了四个指导原则：①从语法着手探讨语义环境，而非从一些既定的认知概念模式着手；②意义在语法中得以建构，通过语法予以外显；③意义具有生成性（semogenic）；④意义与语法具有体现关系。这些原则旨在说明，认知应被看作意义而不是思维；现实是不可知的，只是被语言建构的才能称为现实。因此，经验建构的过程就是把经验转化为意义的过程，而语言是最基本的动力系统。在韩礼德创建的系统功能语言学体系中，意义是第一位的，因此意义建构就是一种意义上的交流，语言只不过是意义外化的资源而已。这种资源包括语义系统与词汇语法系统两个层面，前者是外层，是经验转化为意义的接口；后者是内层，负责策划转化方式。韩礼德指出，传统上经验通常视为知识（knowledge）构成，其组成部分之间存在模块关系，并以"概念分类"、"图式"、"角本"等术语得以体现；然而，我们更应该将经验视为意义（meaning），即语言建构之物（Halliday & Matthiessen, 1999）。换言之，我们将人类经验的建构视为意义的建构。既然语言不仅在记忆存贮经验、交换经验方面，也在建构经验方面起着重要作用，语言必然是解释经验建构的基础。韩礼德认为，将经验视为意义，不是视为知识，这样经验就可在语言范畴下得以建构。一旦经验被意义建构，这种建构就是一种合作，尽管存在冲突，但更多的是协商（Halliday & Matthiessen, 1999：2）。因为经验并非客观现实，而是语言视野下的现实，从而将经验纳入语言范畴进行建构。可见，在韩礼德系统功能语言学中，意义无疑成为建构的主要手段。

上面我们分析了韩礼德对于语言意义如何构建社会现实和社会关系。在语言、意义与社会现实和社会关系三维关系中，还有必要理顺语言和意义的关系。在语言和意义的关系问题上，韩礼德承认在抽象意义上能指与所指或形式与内容之间存在任意性的关系，但同时指出在实际的语言使用过程中能指与所指之间不再呈现为抽象意义上的那种一对一的关系，而是体现为"一对多"或"多对一"的关系（朱永生、严世清，2001：145）。韩礼德认为意义是一种潜势，可以用不同的语言形式体现，在任何语言层面（包括音位系统、词汇系统和语法系统）上的选择都是有意义的选择。语言形式和意义之间是一种选择的关系，选择的参数是社会现实（即语境）和人际之间的社会关系（见图5－4）。

在三维关系图中，还有一对关系值得探讨，即语言形式与社会现实和社会关系之间的关系问题。在这个问题上，韩礼德赞同沃尔夫的语言相对论的思想，强调语言结构对人类经验的影响，但他并不完全接受沃尔夫的观点，韩礼德（Halliday，1978；1996）认为与其说是语言形式影响或控制了人类的思维方式，毋宁说是人际关系或社会结构决定了人类认识世界的方式，因为语言结构的选择最终取决于说话人所处的社会语境或者他所想维系的社会关系。因此，语言形式和社会现实和社会关系之间体现为一种示例的关系，如同气候与天气之间的示例关系一样（Halliday & Matthiessen，1999）（见图5－4）。

为了阐明语言与社会之间的建构关系，除了讨论正常语言使用的同时，韩礼德还对"反社会"（anti-society）成员（如监狱里的囚犯和黑社会团伙）使用的"反语言"（anti-language）进行过研究。他发现，尽管正常语言与"反语言"对预先现存的社会体系采取截然相反的态度，但都是各自所维护的社会结构的产物。讲话者通过使用语言或"反语言"反映客观的社会现实，与此同时又力图重构一个主观的社会体系。

可见，韩礼德对语言和社会关系之间的关系阐释，不同于马克思主义的语言反映论和决定论，而是持一种建构论和相对论的观点，具有新马克思主义语言观导向。需要说明的是，作为语言学家，韩礼德在对语言与社会的关系问题上，更多关注意义而不是思维。因此，对语言、意义和社会之间的关系阐释得更为明晰、透彻，明确指出了语言、社会和意义三者之间的关系：语言与社会现实和社会关系之间是一种示例的构建关系；语言借助意义构建社会现实和社会关系；而语言和意义潜势之间是一种选择的关系。为什么在韩礼德看来，在语言与社会现实的关系中不讨论思维的问题呢？尽管在语言与思维的关系问题上，他也有过一些论述。因为在韩礼德看来，我们不需要心智参与语言与现实的关系表达，语言产生于神经生物学和社会现实的界面（interface），我们不需要一个关于心智的语言理论（Halliday & Matthiessen，1999）。关于心智问题，韩礼德认为，世界原初是以物质的形态存在，生物系统产生于物质系统，社会意义产生于生物系统。在讨论大脑如何协商参与意义的构建时，我们不需要涉及心智问题。心智的讨论不利于理解神经生物学和社会意义学。与其研究心智，不如研究我们的大脑是如何演化成今天这样能处理复杂的语言符号以及其他模态的意义系统。因为，在韩礼德看来，认知语言学家声称他们也研究语言的功能，也研究大脑的运行机制，但一旦涉及心智是如何参与大脑的协商问题，认知语言学并没有结合神经生物学来阐释，最后又必然走向唯心主义的道路上来回答心智的来源问题（Halliday，2005/2013）。

语言与社会之间之所以是一种构建与被构建的关系，关键在于韩礼德把语言作为具有层次的系统来看待，并且认为层次间具有实现的机制（interstratal realization）。实现机制的功能强大，词汇语法层向上可以和语篇语义层甚至意识形态相关联，向下同表达层相关联（详见上文实践机制或转换机制的论述）。韩礼德关于语言与社会之间的建构关系与韩礼德的语境理论模型是相辅相成的。韩礼德非常善于抽象思维和理论构建（Kilpert，2003：189）。在韩礼德语境理论模型中，他把语言和社会放在一起思考，也就是说在他的语境框架中把语言和社会语境放在一起考察语言，而不是孤立地看待语言问题。韩茹凯曾指出，"语言描写最大的困难就在于要同时以社会的和符号的视角同时审视语言，而这就是系统功能语言学者梦寐以求的目标"（Hasan，1999：52—53）。在这一点上韩礼德和韩茹凯首跨一步，然后由马丁完善了这一理论框架。韩礼德意识到把语言系统和语言使用这一语言二重性概念化的唯一办法就是引进元功能的概念思想。这一举措看似简单，但具有重大的理论意义和实践意义。从理论上讲，这样一来，语言符号系统和语言使用在语法层面找到了结合点，从而抓住了语言内在形式与外在语境使用之间的联系，语境的三个变量和三大元功能就形成一种无缝对接，如前所述，在三大语境变量和三大元功能之间形成一种实现的关系（realization relationship），而三大元功能又同时以一定的词汇语法手段体现出来。这样看来，韩礼德的语境理论弥补了以索绪尔为代表的结构主义语言学在内部语言和外部语言，以及后来以乔姆斯基为代表的形式主义语言学在语言符号系统和语言使用之间无法跨越的鸿沟。如此一来，我们也就有了一些隐喻化的表达，如语言是社会行为；语言形式是社会行为的隐喻陈述。从实践上讲，以语境三大变量为依据，以三大元功能实现的词汇语法手段为抓手，把语言形式分析和语言的使用有效结合，就可以进行语篇分析了。这就是为什么韩礼德说在系统功能语言学内不需要语用学，换句话说，在系统功能语言学框架内不需要语用学的存在，只有在形式主义和结构语言学框架下，语用学才有存在的价值和空间。

以上分析表明，韩礼德的建构思想建立在语言是一个有层次的系统的语言观。建构的思想反映了语言是一种实践行为的思想。韩礼德不仅从实践的角度论述了语言意义对社会现实和社会关系的建构，同时还从实践的角度对语言形式和意义之间的选择关系以及语言形式和经验之间的示例关系做了阐释。这些论述都体现在《通过语言识解经验——基于语言研究认知》一书中。因此，《通过语言识解经验——基于语言研究认知》可以看作系统功能语言学基于意义对语言结构行为的语言哲学命题的思考。对语言、意义和社会现实之间的关系，从本学派的立场给予了回答，揭示了人类是如何借助语言形式通过意义的建构完成对客观世界的认识路径。这种回答相对于其他语言流派或语言哲学流派来讲，更具体、更直白，不抽象，变抽象的讨论为实在的语言分析，有理、有据，更有力地给予了详实的解答。

第四节　小结

本章在回顾语言本质观的相关论述的基础上，从社会实践论域阐明了韩礼德的马克思主义语言本质观。韩礼德的这一语言本质观，是基于语言与社会的关系的考察和对语言符号本身的本质特征的考察上得出的结论。

它不同于以海德格尔为代表的语言本体论之语言本质观，因为海德格尔主要着眼于带有一定抽象性特征的思想之域的语言，根本不是人言之言，而是带有玄奥特征的道说之言；韩礼德的语言社会本质观也不同于洪堡特的语言世界观之说，也不同于其他的诸如符号论、工具论和言语行为方式论。韩礼德的马克思主义语言本质观，正如马克思主义语言本质观一样，它强调语言的社会本质属性和语言的社会实践性。

针对语言的社会属性，我们从语言使用的社会化过程、语言使用的功能与语境论、语言产生与使用的无意识性以及语言使用的其他社会特征论证了韩礼德有关语言的社会本质属性。针对语言的实践性，我们从语言的表征性和建构性两方面加以论述。分析表明，韩礼德的语言本质观体现了马克思主义语言本质观，是对马克思主义语言本质观的继承和发展。韩礼德的语言本质观传承了马克思主义语言本质观的基本观点和内涵，即强调语言的社会本质属性和社会实践性。同时，韩礼德的语言本质观又是对马克思主义语言本质观的发展。这种发展表现在韩礼德立足于语言的具体分析上，在论证上更为翔实和丰富。例如，在人的社会化问题上，韩礼德借助个案分析深化了个体的社会化过程研究；又如在语言与社会的关联问题研究上，韩礼德通过语境理论的抽象化理论架构，把社会因素抽象化为三个要素：语场、语旨和语式，并使其分别与概念功能、人际功能和语篇功能相关联，再通过这三大功能去分别支配语义系统中的及物系统、语气/情态系统和主述位/信息系统，从而构建起一个完整的语境研究模型。再比如，在语言与社会的关系问题上，韩礼德不仅赞同马克思主义的语言反映论，更是站在语言的使用和人的主动建构的立场，持一种建构的思想，并以概念基块对概念意义的构建为例，解读语言对经验的构建。这种建构主义思想建立在对语言使用的不确定性和语言使用者的主观性的语言哲学认识之上。它强调语言本质的社会属性，世界和意义的生成是语言构建的结果，是语言使用者在特定语境中互动、协商和顺应的结果。这与属于大功能学派下的认知语言学对现实—思维—语言的关系认识不同，认知强调的是语言使用者的体验认知机制。认知语言学与乔姆斯基的转换生成语法的共同点在于都强调语言使用者即生物体内部对语言的认知机制的探讨，不同点在于认知语言学否定语言的天赋性，而系统功能语言学不仅否定语言的天赋性，更多地强调语言的社会性，语言使用者在语言使用过程中的互动、意义协商和顺应。这与欧陆学派的研究传统一致,与西方新马克思主义的建构主义一脉相承。

　　总之,韩礼德的语言本质观强调语言的社会本质属性和语言使用中的实践性,体现了马克思主义的语言本质观,并立足于具体语言的研究,充实和完善了马克思主义语言本质观的相关论述,具有新马克思主义语言研究取向。

第 六 章

语言研究的方法论：韩礼德的
实践辩证法研究取向

第一节 引言

　　语言研究的方法论受语言本质观的认识论影响，韩礼德的语言本质观
与马克思主义的语言本质观一致，因而在研究方法上自然也会从语言的社
会实践中去找答案，而不是像形式主义语言学以假设出发，借助逻辑推理
从形式化的手段研究语言，同时也有别于结构主义语言学二元对立的研究
方法。韩礼德有关语言研究的思想和方法表现在两个方面：一是总体性研
究思想，总体性研究思想和方法体现在很多方面，无法找到一个合适的分
类标准，我们权且分为研究视角的总体性思想和互补性的总体性思想；二
是理论与实践相结合的实践观。概括起来，就是一种注重实践性和总体性
的实践辩证法思想，与巴赫金和弗雷德里克·詹明信在批判索绪尔的二元
对立（非此即彼）的研究思想一致，同时与新马克思主义开山鼻祖——
奥地利哲学家格奥尔格·卢卡奇（G. Lukács，1885—1971）的辩证法思
想吻合。"辩证法的实质在格奥尔格·卢卡奇看来，就是总体性原则思
想"（许坤平，2012：40）。"卢卡奇总体性问题的阐释基本上符合马克思
的思想"（孙伯镂，1998：75）。卢卡奇这种总体性辩证法思想与恩格斯
在《反杜林论》所阐释的普遍用于自然科学的辩证法不同。尽管自然辩
证法被马克思主义者奉为圭臬，受到马克思主义者的青睐，为后来"传
统马克思主义者"所接受，并逐渐演变扩展到进行社会科学研究的主要
方法，如波兰马克思主义哲学家沙夫就认为，马克思主义辩证法思想是一

种"对立统一"的思想，对立双方彼此相斥，却又互为补充，由此形成特定系统的统一体（Schaff，1975）。至此，我们也不难理解国内一些学者为何从对立统一的角度去解读韩礼德的辩证法思想。值得注意的是，我们在此无意过问恩格斯自然辩证法的来由，也无意阐释为何恩格斯的自然辩证法成了传统马克思主义进行社会科学研究的辩证法思想。我们在此关注的是何为马克思主义的实践辩证法以及其思想内核。在具体讨论韩礼德的实践辩证法思想之前，有必要探讨一下实践辩证法的发展历程，以便更准确地理解和把握韩礼德的新马克思主义辩证法研究思想。

第二节　　实践辩证法的发展历程和基本内涵

辩证思想是人类认识世界的一种思维方式，与形而上学的思维方式相矛盾和对立。辩证法对真理的表述式是"既是……又不是……"而形而上学的思维范式却是绝对不相容的对立，表述式为"是就是，不是就不是；除此之外，都是鬼话"。[①] 辩证法思想起源于古希腊时期的论辩之术。因而，苏格拉底以及智者派将辩证法看作一门艺术。辩证法从最初的论辩之术发展到实践辩证法，经历了同朴素唯物主义、唯心主义、形而上学和神学结合的发展历程。在古希腊时期，赫拉克利特以朴素的形式提出对立统一的思想。他的朴素辩证法思想阐述了事物的生成、转化、和谐、同一和相对的辩证关系，即对立面的统一关系、对立面的转化关系、对立面的和谐关系和事物之间的相对关系。赫拉克利特被列宁评价为辩证法思想的奠基人之一。他的这些思想对那个时代和后继者都产生了很大影响。辩证法不仅与朴素唯物主义结合，在中世纪的经院哲学中还与神学相结合。这种结合用于维护神学或批判神学。11 世纪法国基督教神学家贝伦伽尔（T. Berengar，1010—1088）首先将辩证法用于神学讨论。他在《论圣餐》一书中将辩证法运用于关于圣餐性质的讨论，否定了圣餐的酒和面包是耶稣基督的血和肉体变化而来的实质转化说。11 世纪罗马天主教经院哲学家和神学家安瑟伦（P. Anselmus，1033—1109）使用辩证推理证明上帝存在。贝伦伽尔和安瑟伦是将辩证法和神学结合，将辩证法用于神学的维

---

① 《马克思恩格斯文集》第 9 卷，人民出版社 2009 年版，第 24 页。

护，而这一时期的另一位哲学家和神学家阿伯拉尔（P. Abelard，1079—1142）却将辩证法用于批判神学，针对安瑟伦的"先信仰而后理性"之说，提出信仰应建立在理性基础之上。辩证法和唯心主义的结合在哲学辩证法史上占有重要的地位和价值。例如唯心主义者柏拉图在《斐多篇》里，运用逻辑推演阐述了对立面的关系问题，指出对立的东西不是绝对分裂，对立面的关系是互相联系、互相结合的关系。亚里士多德研究分析了辩证思维的主要形式以及这些范畴的流动性或流变性，如个别与普通这两个范畴，它们在一定条件下是流动的，不是一成不变的。亚里士多德的辩证法思想游离于唯物主义和唯心主义之间，不仅讲对立面的联系、转化，又讲对立面间的割裂。在亚里士多德的哲学体系中，形式逻辑与形而上学的联系尤为紧密，以至于形式逻辑"非此即彼"的形式，如矛盾律和排中律，成为形而上学思维方式的表现。受笛卡儿、斯宾诺莎、洛克、莱布尼茨等人的形而上学思想影响，在康德哲学里，他割裂有限和无限，脱离有限性去追求无限性。因为，在康德看来，世界不具有矛盾性，不承认一切真实之物都有矛盾性存在，矛盾仅仅来自心灵的本性。黑格尔研究了这些人的思想并对其进行批判，指出世界是一个不断运动、变化和发展的过程，而矛盾是这个发展过程的内在源泉与根本动力。同时，他还指出由有限到无限的飞跃是思维的特点，有限和无限是可以相互转化的。黑格尔辩证法提出了发展的辩证观，矛盾运动是其向前发展的动力，但却将辩证法发展的最终归宿归结为绝对精神，在其哲学体系中树立起"思想本身推演出思想形式"的概念辩证法。可以说黑格尔哲学体系是建立在唯心主义基础上的，是唯心思辨的方法。黑格尔运用这种唯心思维和存在的同一论辩证法思想，批判、反驳了康德的二元论与不可知论。黑格尔概念辩证法在整个欧洲哲学都产生了深刻影响，马克思也不例外。但马克思批判吸收了黑格尔唯心辩证法和费尔巴哈人本论唯物主义的合理内核，创建了实践辩证法。马克思看到了黑格尔辩证法唯心的一面，同时也看到了费尔巴哈人本论唯物主义中割裂人与人类历史的一面。黑格尔认为思维过程是现实事物的造物主，而马克思则指出，观念的东西只不过是移入人的头脑并且在人的头脑中改造过的物质的东西而已。此外，针对费尔巴哈割裂人和人类历史的唯物主义思想，马克思指出真正现实的个体是从事实践活动的人，生产劳动是实践的基本形式，也是整个感性自然界和人类社会存在的基础。这样，马克思运用实践的观点代替了黑格尔绝对精神，并发展为辩证法新的载体，这是马克思在辩证法发展史上具有划时代的贡献。

马克思的实践辩证法也称历史辩证法或主体—客体辩证法，这三者指同一个东西（孙伯鍨，1998：76）。它不同于恩格斯基于三大规律（即对立统一规律、质量互变规律和否定之否定规律）为核心而创立的自然辩证法思想，尽管自然辩证法被马克思主义者奉为圭臬，受到马克思主义者的青睐。那么，如何理解马克思的实践辩证法思想就成了东西方学者研究的焦点。例如，我国学者许坤平、孙伯鍨和新马克思主义创始人之一——卢卡奇等都对马克思的实践辩证法进行了深入研究，得出的结论基本一致。如前所述，卢卡奇认为马克思的实践辩证法思想是一种总体性辩证法思想，许坤平和孙伯鍨认为卢卡奇的见解是符合马克思实践辩证法思想的（许坤平，2012；孙伯鍨，1998）。

在《历史与阶级意识》（*History and Class Consciousness*）一书中，卢卡奇阐述了自己对马克思辩证法的理解，认为马克思实践辩证法是革命的辩证法，而不是恩格斯所谓的自然辩证法。他说："构成马克思主义和资产阶级思想之间的决定性区别的，不是历史解释中经济功能的首要性，而是总体性的观点，总体性的范畴，总体对于局部的遍及一切的优越性，是马克思取之于黑格尔，而又才焕发地把它变成一门全新科学基础的实质方法。"（Lukács，2000：27）因此，在卢卡奇看来，同经验主义、自然主义、实证主义的认识方法不同，马克思实践辩证法的实质是一种基于实践的总体性的认知方法，它要求从总体上来把握对象世界，取缔那种只囿于直接自在的经验事实，反对抽象理性主义的认识方法，反对片面地、孤立地和静止地将对象加以直观和反思的做法。我们知道，抽象理性主义的认识论常将形式与内容、主体和客体、局部和整体、自由和必然以及现象与本质等僵硬对立，只有辩证的总体性认识方法才能打破这些二元对立。在实践中要确立总体性原则，就要坚持从总体到部分的认识路线，要坚持总体优先于局部并将部分放在总体中加以认识，而不是相反。卢卡奇援引了马克思研究商品时采用的方法来论证这一点。他说："孤立地考察商品的问题，或仅仅把它视为经济学的核心问题，都是不允许的。而必须把它视为囊括一切方面的整个资本主义社会核心的结构问题。"（卢卡奇等，1983：276）。此外，卢卡奇强调，对象和事物的本质只有根据它们在总体中的地位和作用而加以把握。他引证马克思的话说："黑人就是黑人。只有在一定的关系下，他才成为奴隶。纺纱机是纺棉花的机器。只有在一定的关系下，它才成为资本。"（马克思，1961：486）在这里，要想了解纺纱机成为资本的事实就得把它放到整个资本关系中才能把握其实质，事物的性质同时也会随着社会关系的变化而变化。"我们关于事物的知识是通过把握事物在总体中的作用而增加的，脱离了商品经济关系的总体，货币就不是资本，而黄金也不是货币。所以，只有辩证的总体观才能使我们把握现实"（见孙伯镂，1998：77）。

以上分析表明，总体性的观点实际上就是普遍联系的观点，较之孤立的、静止的认识论具有很大的优越性。总体性原则强调总体优先，这种先总体后局部的认识路径有助于揭示事物的内在联系和内在本质。卢卡奇这种总体性辩证法思想与恩格斯在《反杜林论》中所阐释的普遍用于自然科学的辩证法不同。恩格斯的自然辩证法思想把所有客观事实当成矛盾，并对这些矛盾着的事实进行分析、归纳，从中发现规律性的东西。卢卡奇基于总体性原则思想的辩证法，与恩格斯的矛盾分析法不同的方法论，他将辩证法的本质归结为总体性原则，在总体优先的原则指导下我们才能考察和认识事物的本质以及内部相互联系着的事物。故此，对卢卡奇来说，辩证法本质上不能理解为在自然和社会中都适用的矛盾分析法，而是只限于社会领域作整体研究的方法。

马克思总体性的辩证观也不是无本之木，无源之水。"总体性"这一概念源远流长，从古希腊哲学开始便与辩证法思想纠结在一起，如柏拉图认为"总体"是一种特殊的存在，既不含某一部分，也不等于所有部分的集合即整体大于部分之和（柏拉图，1999：185—190）。洪堡特也在《论比较语言研究》中阐述了总体语言研究思想。洪堡特在该书中倡导要将动态与静态、深度与广度、微观与宏观、思辨与历史相结合的视角研究语言（洪堡特，2001b）。到了德国古典哲学时期，总体性思想得到了前所未有的重视和发展。如费希特和黑格尔是这一时期的杰出代表，费希特的同一哲学和黑格尔的辩证法将总体性思想发展到了巅峰。马克思的辩证法思想本身就受到黑格尔的深刻影响，而卢卡奇就顺着黑格尔总体哲学思想脉络来解释马克思的辩证法，强调了马克思辩证法的总体性认识特征。鉴于此，卢卡奇对马克思辩证法的阐释符合马克思辩证法思想。

　　分析表明，实践辩证法经历了与朴素唯物主义、神学、唯心主义、形而上学和唯物主义相结合的发展历程。马克思的辩证法以实践为载体，以总体优先原则来把握事物和现象的实质。恩格斯的自然辩证法思想被传统马克思主义者广泛接受并无限扩展到社会科学的研究领域。事实证明，这种做法不符合马克思辩证法思想。在社会科学研究领域，我们应遵循马克思辩证法思想，就语言研究而言，马克思主义的实践辩证法就是要我们立足于从语言的社会实践研究语言，而不是像形式主义语言学从假设出发，借助逻辑推理从形式化的手段研究语言，同时也有别于结构主义语言学二元对立的辩证研究方法，要以总体优先原则来研究语言。

第三节　韩礼德的实践辩证法思想

　　韩礼德的语言研究思想和方法，学界曾做过一些积极的探索。例如黄国文（2009）就韩礼德的整合研究思想做过研究；柴同文（2013）梳理过韩礼德语言研究中的互补思想；常晨光和廖海青（2010）分析过韩礼德有关理论联系实际的辩证思想。这些学者的分析和研究对于研究韩礼德的语言研究方法论很有裨益，但这些学者所揭示的方法如整合的方法、互补的方法等只是韩礼德用于语言研究众多方法中的某一种，仍不能从方法论上全面概括韩礼德的语言研究思想和方法。如前所述，近年来，韩礼德本人及其他系统功能语言研究者曾多次提到韩礼德是用马克思主义的语言研究思想和研究方法研究语言的（Halliday 2015；Martin 2013），具有新马克思主义语言研究取向（Martin 2000），而鉴别一个理论流派的正统性的唯一方法就是其方法论（Lukács 2000）。鉴于此，我们应采用新的视角去审视韩礼德的语言研究方法论问题。否则，我们对韩礼德的语言研究方法论在认识上就会存在一定的片面性，甚至是误解。例如，一些学者虽然已认识到韩礼德的辩证法的语言研究思想，但这种认识大多是基于传统马克思主义，即基于恩格斯所创立的自然辩证法的角度去注解韩礼德的辩证法思想。事实证明，这种注解方式是行不通的，因为对立统一的自然辩证法思想无法阐释韩礼德有关语言研究方法的实践原则、总体性原则和相容互补等思想。那如何理解韩礼德的方法论问题？韩礼德有没有辩证法思想？是一种什么样的辩证法思想？这三个问题正是本章研究的主题。要回答第一个问题，就得先回答后面两个问题。

遵循先易后难的原则，先回答韩礼德有没有辩证法思想。这个问题似乎不值得回答，答案显而易见。学界不乏对此问题的研讨，而且韩礼德曾在 1994 年《系统功能语言学入门》第二版前言中说："辩证法思想贯穿整本书的研究。"（Halliday，1994/2004：viii）故此，我们在此不再赘述。现在回答第二个问题，韩礼德的这种辩证法思想是否体现了马克思的实践辩证法思想。要解答这个问题，就得从他是否重视实践、是否在语言研究中遵从总体性的研究原则出发来加以考量。首先，韩礼德是注重语言实践的，不仅如此，他还强调语言理论应服务于语言实践。韩礼德的这一做法曾受到过洛夫（N. Love）的批评，他指责韩礼德并不具备与乔姆斯基相抗衡的魅力，不像乔姆斯基一样针对语言研究中的挑战在语言研究中不断提出假设，不断地验证假设（Love，1992）。不过，针对这样的质问，韩礼德有着独到的见解。他（1994/2004）认为，语言学研究的挑战不在于能提出什么假设，而是要为实践服务，解决实际问题。可见，韩礼德的语言研究思想在这一点上，与马克思主义语言研究观一样，是反对形式主义的语言研究观的。其次，韩礼德在语言研究中所使用的辩证法思想不同于索绪尔在基于语言符号的差别、对立的认识基础之上的二元论式的辩证思想，也不同于恩格斯的自然辩证法思想，韩礼德的辩证法思想体现了总体性原则。"纵观系统功能语言学的研究思想，其总体性辩证研究思想已得到大家的认可，总体性研究思想是系统功能语言学的特征"（Caffarel，Martin & Matthiessen，2004：17—18）。下面我们就从实践辩证法的语言实践观和总体性的语言研究观，以及韩礼德在语言研究中所使用的其他路径和方法来阐释韩礼德的语言研究方法论，即实践辩证法的语言研究方法论。

一 语言研究的总体性思想

系统功能语言学将语言视为多层级系统和意义资源，必将把总体性思想放在首位，这种总体性思考方式在考察语言具体事实时，将从整体性、互补性的角度审视语言。同时，在语言理论的构建时将结合实践来完善理论。"总体性思想体现在把语言放到语言文化背景中考量，语篇置于语言系统内部来考察，结构置于系统，词汇根据精密度阶置于语法系统中考察。这些考察研究的方面都充分体现了系统功能语言学的总体性的研究方法"（Caffarel，Martin & Matthiessen，2004：656）。

韩礼德总体性辩证法思想的来源是多方面的。总体来讲，主要原因来自这几个方面：一是系统功能语言学因承袭了人类学和文化学的研究传统，因而韩礼德在语言研究中体现了总体性的原则。二是他为了发展马克思主义语言学，从苏联语言学家那里了解了一些马克思主义语言学的研究理论和方法，尤其是巴赫金的语言观以及语言研究思想和研究方法给了他很大的影响（何远秀、董保华，2015）。三是受早年所受的汉语语言学训练和中国文化的影响，尤其是来源于汉学中音韵学的影响。音韵学中语素／音节／子音三位一体的观念在汉语学界根深蒂固。四是来自中国的阴阳学理论，我们可以从 1999 年出版的专著《通过意义识解经验——基于语言研究认知》中有关语言能指和所指关系的阐释，看到这一理论的应用诠释。

如何概括归纳韩礼德的总体性研究思想和方法？如前所述，洪堡特指出过总体性研究语言的路径，提倡要从动态与静态、深度与广度、微观与宏观、思辨与历史相结合的视角研究语言。如果从洪堡特所提倡的语言研究的几个维度审视韩礼德的总体性研究思想，可以发现静态的研究体现在韩礼德对语言功能句法的描写，动态研究则体现在韩礼德对语言进化语义论的研究；微观和深度研究体现在韩礼德对个体语义发生论的研究，而宏观和广度研究则体现在韩礼德提倡对多种语言类型的描写。在此，我们不打算采用洪堡特所提出的几个维度来总结概括韩礼德的总体性辩证法思想，因为洪堡特所提出的总体性维度不足以概括韩礼德的总体性辩证法思想，韩礼德的总体性思想更全面和深入。我们拟从研究视角的总体性、相容互补性的总体性等方面来归纳韩礼德的总体性研究思想。

（一）研究视角的总体性思想

从韩礼德的社会学和文化学研究传统看，他探讨语言的方法是多维的、多层次的，不但从语言使用入手看意义是怎样表达的，同时又把语言使用与环境、情景结合起来。因此，韩礼德审视语言的视角体现出总体性，主要体现在三位研究视角、渐变群研究视角、概然率研究视角、关系轴研究视角以及整合性研究视角等方面。

在韩礼德的总体性研究视角中，三位研究视角占有重要的一席之地，他曾多次谈论过这一研究视角。韩礼德认为，"研究语言应该把语言当作一个整体，从三维立体的视角研究语言，即从上位、下位和本位三个维度研究语言（from above, from below and from roundabout）"。① （Halliday, 2009: 79）这种三维立体研究与语言的三个层次（语义层、词汇语法层和音系层）相对应。从语义层研究即从上位研究，主要研究词汇语法范畴如何实现意义表达；从词汇语法层研究即从本位研究，关注词汇语法主体及其与其他语法范畴的关系；从音系层即从下位研究，研究词汇语法范畴如何在形态和语音层得以体现。韩礼德和麦蒂森（Halliday & Matthiessen, 2009: 144—145）认为，"传统语法学家研究语法是从'下位'研究语言，这是一种简便易行的方法。我们会问这样的问题：'在日语小句中，wa 是什么意思？'首先确定一个形式，而后询问这个形式的意义。但在功能语法学中，我们相对而言更先考虑从'上位'看这个问题，我们会问诸如'日语小句是如何构建信息流的？'这样的问题"。在系统功能语法家看来，这种三位一体的研究视角是必须的，也是可行的。韩礼德将这种研究视角广泛用于语法体系研究，下面再略举几例加以说明。

首先，以小句研究为例。他认为小句研究可从小句之上即从小句复合体来研究，可从小句之下即从词组和短语层面加以研究，还可从小句本身和小句周围即从小句之旁和小句之外来研究（Halliday, 1994/2004）。其次，以低概率事件的极性表达为例。低概率事件的极性表达可以用肯定也可以用否定的表达形式，如例（1）和例（2）。如何判断这类低概率事件的极性特征，韩礼德认为可以从上位、中位和下位来考察（Halliday, 2008）。如果我们从本位看，有两种方法考察这两个句子表达的极性特征。一是通过加助动词 do 来检测。我们可以说 Mangoes do occasionally ripen here，但我们不能说 Mangoes do seldom ripen here；二是通过添加附加疑问句来检测。例（1）通过添加附加疑问句后，变成 Mangoes occasionally ripen here, don't they? 而例（2）变成 Mangoes seldom ripen here, do

---

① 一些学者常将这几个术语翻译为"自上而下"、"自其周围"和"自下而上"。本书作者认为这三个术语的译文似乎有些不妥。因为"自上而下"、"自其周围"和"自下而上"有一个运动的过程，表达一种研究路径，而只要我们稍作分析，韩礼德在这里想表达的意思是从三个维度来考察一个语言现象，表达一种研究的角度，因而本书作者译为"上位"、"中位"和"下位"。

they? 这样，这种低概率事件的极性特征就可以得到判断。如果从上位看，极性特征还可以从语篇语境中得到显现。我们可以通过补充一定的语篇使不同的极性特征得到判断，见例（3）和例（4）。另外，如果我们从下位的视角去判断，即从低频词的语义成分去判断。

（1）Mangoes occasionally ripen here.

（2）Mangoes seldom ripen here.

（3）Mangoes occasionally ripen here, when the summer gets really hot.

（4）Mangoes seldom ripen here, the summers aren't hot enough.

　　渐变群的研究方法也体现了韩礼德总体性的研究方法。我们知道，语言具有离散性（discreteness）和连续性（continuum）。不少语言哲学家看到了语言的离散性，却没有看到语言的连续性。如早在两千多年前，亚里士多德洞察到语言的离散性。他认为，语言是一种分离的数量，而不是连续的数量。分离性可举数目为例，如二和三相加就等于五，二和三两个数是分离存在的，不具有共同的边界。亚里士多德强调，语言作为有声语言，语声一经发出，就停不下、捉不住，每一音节都是独立的个体，与其他音节总是分开存在，没有一条共同的边界把音节与音节连接起来（亚里士多德，1959/2003）。可见，亚里士多德注意到了语言的离散性，可没有注意到语言的连续性。线、面、时间和空间等都是连续的数量，构成不间断的整体，即一个连续体，其中的每一部分与相邻部分必然共有一个边界。就拿音节来说，在英语里面，凡是以元音开头的可数名词，前面如果带有一个不定冠词 an 的话，要跟后面的音节连读，这是一个大家共识的读音规则。所以，连续性也是语言的一个特性。在系统功能语法中，精密度阶是一个重要的语法范畴，许多语法现象可以在精密度阶上形成一个连续体。因此，语言的连续性在系统功能语法中受到重视并得到广泛研究。例如，在韩礼德看来，"语法"（grammar）和"词汇"（lexis）是一个连续体的两端。从语法角度来看，词汇是最精密的语法，而从词汇角度来看，语法则是最概括（最不精密）的词汇（Halliday, 2008）。

　　韩礼德的总体性研究视角还表现在有关概然率的相关研究中。他把语言学界定为人文科学，认为语言学研究的标准应不同于自然科学，语言学上并没有绝对划一的判断标准，在这一点上韩礼德同惠特尼的观点相同。惠特尼曾说:"语言学是一门历史科学，因此它的证据是历史的，它的验

证方法也是历史的。语言学上不存在绝对的证明（absolute demonstra-
tion），而只存在或然性（probability），其正确性的相对程度就像我们在其
他历史研究中所遇到的一样。没有什么严格的规则，可以让我们得出始终
正确的结论。"（Whitney，1875/1979：312）因此，"或然性"或"概率"
等概念受到系统功能语言学的重视。

关系轴的研究视角也是韩礼德总体性研究视角的一个重要内容。
这里的关系轴指的是线性横组合轴和系统的纵聚合轴。关于语言的线
性特征，古罗马时期的奥古斯丁以及索绪尔等都有所论述。奥古斯丁
和索绪尔都认为语言与时间不可分，话语只能在时间中展开。奥古斯
丁在《忏悔录》中将语言比喻作一个容器，语言就在其中展延，脱离
或超越时间而存在的活的语言是无法想象的，哪怕是一种死语言，或
看似静止不动的语言，可是当我们逐字逐句阅读他的文字记录时，也
一样在时间中进行（奥古斯丁，1961/1989：11 §22）。索绪尔在
《普通语言学教程》中谈到语言的两大属性，其中语言的线性特征便
是其中之一。索绪尔（Saussure，1959/1966）认为，语言符号在使用
中，不论是发出还是接受，总是按时间顺序一一呈现。语言符号是听
觉的，也是时间的，它的线性特征与视觉符号相对比时越发明显。语
言的这个特征与语言的横向组合（syntagmatic）关系密切相关，因为
语言单位内部成分之间的横组合关系是以线性方式呈现出来的。韩礼
德不仅注意到语言的线性特征，还注意到了语言的空间维度，即系统
的纵聚合关系。"所有层次都有两种轴组织模式：纵聚合模式（即系
统网络）和横组合模式（即功能的结构构型）"（Matthiessen & Halli-
day，2009：149）。我们以三大纯理功能为例，说明语言如何在横组
合和纵聚合关系轴上得到阐释。从系统轴即纵聚合关系轴上看，语气
系统（人际功能）及物系统（概念功能）和主位系统（语篇功能）
同现于小句的整体系统网络。从结构轴即横组合关系轴上看，三大纯
理功能也同现于小句结构中三个层阶。在韩礼德看来，任何语言现象
都可以在关系轴上加以研究，即结合时间和空间维度加以阐述（见图
6-1）。

	My brother	is	building a house nearby.	
语气系统	主语	限定成分		
	语气		剩余部分	
及物系统	动作者	过程	目标	环境成分
语篇系统	主位		述位	

图 6 - 1 小句关系轴示意

系统功能语言学总体性研究视角还体现在意义的整合研究方面以及跨学科的整合研究视角。系统功能语言学基于语言使用的三大元功能,即概念功能、人际功能和语篇功能,将意义高度抽象概括为三种意义,即概念意义、人际意义和语篇意义,它们相互作用并有机地联系在一起。在措辞上,三种意义在小句中分别以不同的结构得以体现。例如,概念意义是通过"过程 + 参与者"的结构体现,人际意义是通过"语气 + 剩余成分"的结构体现,而语篇意义是通过"主位 + 述位"的推进模式加以体现。"过程"、"参与者"、"语气"等成分在词汇语法层面上又由不同的词或词组体现(黄国文,2009)(见图6—1)。从语言作为一个系统的角度看,概念功能、人际功能和语篇功能都各有自己的系统,系统中又有子系统。在具体的小句意义分析过程中,应从这三个元功能分析小句的意义。这三种元功能涉及了语言使用者的情感因素、概念表达和语境因素,因而这种方法也是一种总体性的研究视角。

韩礼德总体性研究视角在语言研究中还体现在多维多学科的整合。具体体现在:(1)整合物理学的研究成果,如投射。"投射"本是几何术语,指"一物体遮住灯光,它的影子就是该物体的投影"(方德值、陈奕培,1983:98—99)。韩礼德吸取了几何学上这一概念,同时借鉴利奇(G. N. Leech)和肖特(M. H. Short)所区分的言语表达(speech representation)和思想表达(thought representation)概念,将投射区分为语言投射和思想投射（Halliday，1994）；（2）整合数学上的研究成果，如递归现象（recursion），"在语言学上用来指通过重复手段来延长句子的机制"（何伟，2002：64）。在系统功能语法中，韩礼德将这种递归现象归纳为线性（linear）递归和嵌入（embedded）递归两种。线性递归现象指语言中同一级阶单位之间的联结，联结单位之间的关系是并列的关系，嵌入递归现象指语言中同一级阶或不同级阶单位之间的连接，连接单位之间的关系是主从的关系。（3）跨学科整合，如类型学与拓扑学的整合研究视角。这种研究视角是基于对语言学的整体性认知。类型学是基于线性的思考，拓扑学是基于对语言的空间维度的思考。线性思考是为了考察人类语言的殊性，而空间维度的思考是为了考察人类语言的共性。针对人类语言的共性和殊性研究，洪堡特早就提出过一套整合的研究路子。一种路子是"横向"，旨在研究通贯所有语言的同类成分，目的是探讨人类语言的共性；另一种路子是"纵向的"，旨在深究不同语言的不同成分。"横向的研究之所以可能，是因为一切民族都有相同的说话需要的语言能力；纵向的研究之所以可能，是因为每一个民族具有独特的个性"（洪堡特，2001a：18）。但洪堡特只是提出了一个研究人类语言共性和殊性的路子，至于如何实现这种共性和殊性研究的统一，并没有提出一个可行的方案。韩礼德却提出了一个可操作的途径。他提出的语言类型学研究针对的就是人类不同语言的研究，而拓扑学的研究视角针对的是人类语言的共性思考。韩礼德结合类型学和拓扑学研究语言，其目的就是想构建一个庞大的纵深研究网络，以实现对人类语言的共性和殊性研究，这一理想的实现还有待大家的共同努力。

（二）相容互补的总体性思想

除总体性研究视角外，韩礼德的总体性研究思想还体现在对语言的相容互补哲理性探索。这一思想的成熟标志是 2008 年《语言的并协与互补》一书的出版。虽然在这一专著中，韩礼德首次系统地归纳总结出语言中的互补现象，但互补性的观点一直存在于韩礼德的语言研究中。韩礼德曾在多部著述中涉及过语言的互补现象（参见 Halliday，1978，1993/2007）。韩礼德指出："语言在构建（construe）经验的过程中经常采用互补的方式，及产生于两个相互矛盾但都是'真实的'视角的模式。"（Halliday，1997/2007：58）如 like-please、believe-convince、fear-frighten

这些成对词以对立的角度构建相同的人类经验，这些成对的词彼此构成互补的关系。韩礼德认为互补思想是一种对待事物的方法和原则，它不是一种"非此即彼"而是一种"亦此亦彼"的思维方式（Complementary is the principle of having things both ways of thinking in terms of "both and" rather than "either /or"）（Halliday，2009：80）。互补性思想显然有别于二元论思想。众所周知，由于二元论思想影响，索绪尔只看到了语言的矛盾现象，看不到或故意忽略这些语言矛盾现象背后的互补关系，因而在系统功能语言学出现之前，对语言的这些现象都采取割裂，分而待之的办法。如对语法和词汇的研究，分别有词汇学和句法学；对语言系统和语篇的研究，分别有理论语言学和话语分析；对口语和书面语则有书面语语法和口语语法，而且常常以研究书面语语法为主。在研究语言的某些具体现象时，虽然有必要将它们分开来研究的必要，但这些矛盾双方在语言功能上不能加以分开。因此，只有系统功能语言学在互补哲学理念观照下，将这些矛盾的双方统一起来整体地加以研究。

韩礼德的互补统一思想，也不是无本之木，无水之源。跟 20 世纪自然科学和哲学认识论的转变分不开。韩礼德互补统一思想受到波兰量子物理学家尼尔斯·玻尔（N. H. D. Bohr，1885—1962）基于玻粒二象性提出的互补思想的影响（Halliday，2008）。1927 年 9 月，玻尔提出了光的波粒二象互补原理。他认为，微观客体的"粒子性"和"波动性"，具有既互相排斥又互为补充的特性，这种波粒二象互补原理被用来解释量子现象的基本特征。玻尔的波粒二象互补原理是基于德国科学家玻恩关于微观粒子的波函数是一种概率波的理论和 W. K. 海森伯（W. K. Heisenberg）的测不准原理而提出来的。他的这一互补原理逐步发展成了他的互补哲学。在他看来，因果性概念已经不能适应科学发展的需要，必须用互补性概念这一更加宽广的思维构架来阐释我们的经验。因此，在他看来，互补性是因果性的合理补充。他用这种观点论述了物理科学、生物科学等学科中的无数难题。自然科学的研究成果和哲学方法论的转变，无疑会给社会科学带来极大的影响。在他晚年，玻尔同样用这种观点阐释了社会科学和哲学中的许多问题，对西方学术界影响深远，尤其是对哥本哈根学派语言学流派产生了重大影响。至此，韩礼德受到玻尔互补思想的影响就不难理解了。

正是受到玻尔互补哲学理念的影响，韩礼德认为语言现象也不是非此即彼的关系，而是一种亦此亦彼的关系。例如，时间概念既可以表征为时态（tense）也可以表征为体态（aspect），时态和体态使时间概念更能得到全面考察；经验过程既是及物过程（transitive）也可以是作格（ergative）过程，语用及物和作格分析才能全面、科学认识概念功能。因此，韩礼德指出，互补性是"语言系统的一个根本属性"（a fundamental property）。（Halliday，2008：33）韩礼德的互补性思想体现在两个方面：一是研究视角的互补性；二是语言系统内部的互补性。下文将从这两个方面论述韩礼德的互补性思想。

1. 研究视角的互补性

在韩礼德看来，语言研究视角大致可分为生物体之间的研究范式和生物体内部研究范式两种。这两种研究范式是不可分的，体现在两个方面：一是个体拥有与他人进行言语交际的潜势，说明个体拥有内在的大脑运行机制；二是大脑拥有储存和使用语言进行有效交际的潜势，说明个体拥有与他人交际的语言行为潜势。因而，这两种研究方法在韩礼德看来是互补的，都有助于揭示语言的本质（Halliday，1975/2007）。生物体之间的语言学研究方法把生物体当作整体，重视生物体的社会行为和环境的互动，从外部研究语言，具有这种视角的语言观实际上就是语言的功能观。这种研究方法要回答的问题是人们如何在具体的语境中选择恰当的言语行为，这种研究范式跟社会语言学走得很近。生物体内部的语言学研究方法顾名思义从生物体内部研究语言，重视大脑的内部结构等生物属性，跟心理语言学的研究紧密联系。生物体之间的研究方法把语言当作社会行为，揭示人们通过学会如何使用才能掌握语言；生物体内部的语言研究方法把语言当作知识，通过研究大脑的语言运行机制，试图揭示生物个体如何使用语言、理解语言和学习语言。因而，在韩礼德看来，这两种研究方法相辅相成，互为补充。

系统功能语言学秉承的是柏拉图的人类学研究传统，它的社会学研究视角把语言当作社会资源，那就须从外部来确定语言的语义系统，而不仅仅是语言系统内部的形式问题，因而系统功能语言学是从生物体之间来研究语言的（Halliday，1994/2004）。我们知道，一个小孩的语言学习过程就是一个社会化的过程，在这个社会化的过程中，通过人与人之间的交往, 同时也习得该社团的价值观念和行为方式。因而, 把语言看作生物体之间的现象来研究就是很自然的事情。从生物体之间研究语言, 必然强调语言使用的语境、对话性和交换性。这可以分别从系统功能语言学的语境理论、三大元功能的人际功能和小句的交换功能得到说明。语境理论的核心思想是: 一种语言基本上根植于说该语言的民族的文化和社会生活的习俗, 不参照这些广泛的语境难以正确理解语言。人际功能的核心概念是指: 语言是和其他人交往的社会言语行为, 人们使用语言的目的之一是保持、维护或建立某种人际关系, 主体间的世界在人际关系的互动过程中得以保持和维护。总之, 系统功能语言学从生物体之间研究语言, 语言在具体语境中的应用以及主体间的交换对话性成了系统功能语言学研究的重点。

从生物体内部研究语言的代表流派, 主要指以乔姆斯基为代表的转换生成语法流派。乔姆斯基接受了索绪尔的观点, 抛弃言语、外部、历时等研究对象, 力主以语言、内部、共时、形式的维度研究语言, 即从共时角度分析语言系统内部要素的关系和规律 (王寅, 2013)。转换生成语法流派因承袭的是哲学和逻辑学的研究传统, 在乔姆斯基的逻辑句法学中, 他为了达到高度的形式化和理想化, 自然语言研究在他那里成了人造句法学, 被简化得面目全非。这种理论的心理真实性一旦消失, 转换理论顿时黯然无光。这正是转换生成理论面临的窘境, 只好通过神经语言学去证实LAD 的理论假设。这种研究视角显然不同于系统功能语言学的研究视角。如前所述, 系统功能语言学主张从生物体之间的角度研究语言, 将语境、人际互动纳入语言研究的考量范围, 因而将言语、外部、历史等因素纳入研究领域, 从动、静、内部和外部等立体化的角度研究语言。

分析表明, 生物体外部的研究传统承袭的是人类学的语言研究传统, 着眼于生物体之间的研究, 亦即社会学的研究传统。生物体内部的研究传统承袭的是以哲学和逻辑学为本的研究传统, 着眼于生物体内部, 亦即心理学的研究路径。从生物体内部和生物体外部研究方法对语言研究各有侧重, 应以互补的观点接纳, 这才有利于语言学的健康发展。韩礼德以互补包容的心态接纳这两种研究路径, 尽管遭受到了在 20 世纪 60 年代以乔姆斯基为首的文化体制上的麦卡锡主义的迫害。他的这种互补性包容心态得益于他的人种学、文化学的语言研究传统。此外, 韩礼德的互补思想认识还得益于他对语言本质的认识。韩礼德认为语言和个性一样，是由先天和后天（nature and nurture）两方面的因素构成，先天因素是生物学的天赋和遗传，后天因素是学习和教育的过程。研究先天的普遍原则就是转换生成语法的任务，而后天成因则成了系统功能语言学想要探究的话题。这样，生物体内部和外部的互补显得十分必要。20 世纪 60 年代，把语言当作知识从生物体内部研究语言的范式很盛行。到 20 世纪 70 年代，人们开始从生物体之间研究语言，这可以看作这两种方法的一个平衡。时至今日，这两种方法仍是语言研究的主要途径，韩礼德关于这两种研究范式的互补观点也越来越受到语言学家的采纳，如系统功能语言学也研究语言的进化机制和运行机制，转换生成语法也重视语境在语言使用中的作用。

此外，研究视点的互补性还体现在意义研究和语言本体研究等方面。例如有关意义的论述，韩礼德和麦蒂逊（Halliday & Matthiessen，1999：69）主张采用类型学和拓扑学相结合的互补研究视角研究意义系统，因为类型学关注线性的意义系统，而拓扑学关注意义的空间维度，二者对意义的研究是一种互补的关系。而对于语言本体研究尤其是语法研究应采用动态式（dynamic）视角和概要式（synoptic）互补视角的观点。韩礼德认为概要视角和动态视角不是两种现象的不同类别，不是两件事，而是看待现象的两种方法：概要视角用于看待现象的实体，动态视角用于看待现象的发生。两者不是互相矛盾的，是互补的，在价值上没有差异。

2. 语言系统的互补性

韩礼德除了主张用互补的观点审视语言和语言的意义研究，还进一步把这种互补性的思想贯穿到整个语言系统的研究。他将语言系统的及物与作格、创造与转换、肯定与否定、情态与意态、已知信息与未知信息、析取与合取、一致式与隐喻式、中动和非中动、内部与外部等方面的互补性做了详细的阐释（参见柴同文，2013）。在《语言的并协与互补》一书中，韩礼德将语言中的互补关系高度抽象概括为三种：第一种基于精密度阶的焦点（focus）互补，如词汇和语法之间的互补；第二种是示例化（instantiation）向度之上的互补，如语言系统和语篇之间的互补；第三种是存在形态或状态之间的互补，如书面语和口语之间的互补（Haliday，2008）。现将这三种互补关系做些探讨。

（1）词汇和语法的互补

结构主义语言学重视语言成分的结构，注重语言的横组合关系，把词汇当作砖，语法当作堆砌砖块的规则，这就是所谓的"砖块与泥浆"理论（bricks & mortar view of language）。同时，把词汇和语法分开，视作两个不同层次的范畴，分别把词汇和语法当作词汇学和句法学研究的范畴。系统功能语言学重视纵聚合的关系，把语言当作意义生成的系统，从而把词汇和语法看作意义生成的一个整体，分属于意义生成过程中的两个因素，是一个现象的两种不同存在形式，就像前面所讲的光的波粒二象现象。因此，在韩礼德的语言层次观里，词汇语法以一个整体同处于一个层次，分别处于一个连续统的两级，同时也是一个现象的两个方面。按光的波粒二象原理，词汇相当于光的粒子状态，是最精细的呈现方式，而语法则正如光的波的状态，是最模糊的呈现方式。对于语法系统的抽象性和词汇表达的具象性，韩礼德还打了一个精当的类比。他说，假如我们要考察一个地形复杂的区域，我们就需要地图和图片。地图用于涵盖和描述三大元功能。地图的概念功能是指对地貌的概括，人际功能指地域的边界，语篇功能指交通状况和方言的分布情况。对于局部细节如楼房、花园及人物的状况，就只能借助图片来描绘（Halliday，2008：73）。在这里图片的作用就等同于词汇的作用，地图的作用就等同于语法的作用。

词汇语法的互补性体现在它们共同构建和解构语义。为了说明词汇语法共同构建和解构语义，韩礼德举了这样一个例子。如：Judge takes no cap in mid-sentence。句中词汇 judge、cap 和 sentence 均有两层意思。judge 既指在法律机构从事法官职业的人员，也可指 judge 这个词本身。cap 也具有两层含义：一是指代 capital letter 的缩写即"大写字母"；二是指"帽子"。对于"帽子"，还有这样一个惯例。在英国还没有废除死刑的年代，当法官要宣布死刑时总带着黑色的帽子。同样，sentence 也有两个意思：一指"句子"；二指"死刑"。这样，"法官"、"帽子"和"死刑"构成一种搭配，"单词 judge"、"大写字母"和"句子"三者之间也形成一种搭配。这样，这个句子的歧义就产生了。但要消除歧义，也得依靠词汇语法的共同作用。我们知道，当单词 cap 表示"大写字母"这个意义的时候，单词前面不能带指示代词或定冠词，而 judge 这个词表示单词本身的时候也不能用指示代词或定冠词与之搭配。因此，我们回头再看这个句子的时候，歧义自然就消解了。当然，我们还可以依靠语境知识来帮助消除歧义。但我们这里想说明的是，在消除歧义方面，词汇语法本身也起着互补的作用。

词汇语法的互补性还体现在二者共同构建语言的复杂性。任何语言现象都可以用词汇的或语法的观察视角加以描述。从词汇的角度观察，它是一种具体的、开放的方法。这种方法因为表达具体，因而信息量少，但灵活性较大。而语法化的观察视角则是一种抽象的封闭的观察法。信息量大，灵活性则不足。这两种方法各有利弊，互为补充。我们在此以否定表达为例。对于否定，人们既可以借助否定句法加以呈现（见例5），也可以借助词汇手段（见例6）。

①He didn't come to see her off on time.

②He failed to see her off on time.

词汇语法在构建语言复杂性方面的互补性给语言学家的启示：研究语言可以从词汇一端也可以从语法一端加以研究。我们知道，韩礼德和约翰·辛克莱尔（J. Sinclair）分别从语法和词汇两端研究语言。英国伯明翰大学辛克莱尔从词汇一端出发，通过建立大型语料库研究词汇的使用和搭配，对语料库语言学的发展起到了巨大的推动作用。这样通过研究词汇和词汇搭配的研究方法被看作精细语法，研究者主要是词汇学家，从词汇角度研究，把语法看作抽象的词汇搭配。韩礼德从句法入手，探明了语言与意识形态的关联。韩礼德和约翰·辛克莱尔的两种不同的语言研究方法都对语言研究做出了很大的贡献。

词汇语法在构建经验方面具有一定互补性和倾向性。有些经验适合用词汇手段来表述，如实体、过程和性质；有些经验适合用语法手段来描述，如指称（deixis）、语气（mood）、情态（modality）和归一度（polarity）；有些概念在一种语言中倾向于采用词汇的手段来描述，而在另一种语言里倾向于用语法手段来描述。比如时态意义，在汉语中多通过词汇来表达，在英语中则常诉诸语法手段来表达。随着时间的推移和语言的演化，有些概念在词汇语法的连续体上产生了移动，比如语法化现象（grammaticalization）（王品，2010）。可见，词汇语法在构建经验方面具有一定的互补性和倾向性，这种互补性和倾向性在一定程度上解释了语言的共性和殊性特征。

（2）语言系统和语篇的互补

语言系统和语篇的关系相当于索绪尔所说的语言和言语的关系（Halliday，2008：13）。索绪尔对二者的依存关系做过详细论述，但对于二者的这种依存关系性质并没有明确界定。这方面的工作韩礼德做出了应有的贡献。韩礼德认为，语言系统是语篇的潜势，是一个有无限多的可能性的系统网；而语篇则是这个整体潜在性中挑选的过程和结果，是系统的一个个示例。因此，韩礼德认为，系统和语篇的互补关系是一种示例的互补关系（Halliday，2008）。韩礼德认为，"语言系统和语篇的示例关系正如气候与天气的关系一样"。（Halliday，2008：126）某个地区的气候是长期的、相对稳定的一个系统，而天气是短期的，构成这一气候的具体实例。气候由天气体现，但反过来也可预测某一具体的天气。同理，语言系统为语篇提供了一个意义潜势，人们在生成具体语篇时，在这个系统中进行或然的选择。而一个个具体的语言运用实例，都或多或少地对整个意义潜势的系统产生一定的影响，从而改变或维持选择的或然率。语言系统和语篇的这种互补性同时也阐释了语言系统变化的深层动因。

语言系统和语篇的这种示例关系，体现了一种互补的辩证关系。麦蒂森和韩礼德对语篇和系统之间的这种互补的辩证关系有一段详细的说明：语篇之所以有意义是因为它是系统潜势的实例。同理，系统的概念之所以有效则是因为它在语篇中被实例化，每个实例都使潜势得以存活，实例一方面强化系统，同时又挑战和改变系统（Matthiessen & Halliday，2009）。语言系统是各个生物体不断存储的结果，具有稳定性，同时也具有动态性。语言系统和语篇的互补性还进一步体现在语言理解和语言产生的关系问题上。语篇产生话语并构成语言系统，而理解却离不开语言系统，因为语言系统是生成语篇的基础。

我们还可以从观察角度和距离来理解语言系统和语篇的互补性。系统是观察者在远处观察到的语言的宏观现象，而语篇是观察者在近处看到的语言的微观现象。宏观系统是微观语篇的意义潜势（meaning potential），而微观语篇是宏观系统的具体示例，这种具有互补关系的潜势和示例构成了一个连续体。

语言系统和语篇的这种示例互补辩证关系给语法描写和语篇分析以重要启示。传统上人们把语言系统的语法描写和语篇分析看成两种截然不同的工作。韩礼德认为，这两项任务实际上没有冲突，只不过两者关注的是同一现象的两个不同的侧面。语法描写关注语言系统，语篇分析关注具体语篇。韩礼德指出，不管是语法学家还是语篇分析家，都应该同时考虑这两个侧面。具体来讲，对语法学家来讲，无论如何关注系统，都要以具体语篇为例来说明问题；对语篇分析家来说，不管多注重文本书，也不可能不考虑整个语言系统的运作（参见王品，2010）。韩礼德指出，对一个语言学家来说，只描述语言系统而不考虑语篇是徒劳无益的；只描述语篇而不将其与语言系统联系起来也是站不住脚的（Halliday，1985）。

（3）书面语与口语的互补性

书面语和口语的互补性体现在表达形式的不同。这两种形式在组织意义方面的策略以及表述语言的复杂性的能力方面均有所不同，因而产生互补性。我们可以借用韩礼德所倡导的三位视角审视书面语和口语的互补性。

从上位看，即从意义生成的手段和表现形式看，书面语的表达手段较之口语表达可资利用的手段和形式相对匮乏。如从表现手段看，口语可以借助身势语、语气和声调等手段，虽然书面语具有一些口语所不具备的手段如标点符号系统的使用；从表达形式上，书面语的表达形式落后于口语，口语更赋有创造性，书面语更趋于稳定。例如中国汉朝时已有诗人想把书面诗词和口语表达结合，但诗词在音韵上有太多的局限性，无法办到。宋朝时，人们又创造了几近口语表达的"词"，想拉近书面语和口语表达的距离，因为宋朝时口语又发生了变化，书面语始终赶不上口语表达的变化。

从本位看，即从书面语和口语的结构上看，书面语和口语在语言结构表达复杂性和存在的形态上存在互补。首先，从语言结构表达的复杂性讲，口语结构复杂，词汇密度小，语义联结明晰，就像舞蹈，舞步结构复杂，但松散而不紧实；书面语结构简单、信息量大、充斥大量的长词和名词化短语，语义关联模糊。其次，从书面语和口语存在的形态上看，二者之间也存在互补。韩礼德曾用几组事物的存在状态来类比书面语和口语的区别。他用液体类比口语，结晶体类比书面语；用舞蹈类比口语，雕像类比书面语；用河流类比口语，用冰川类比书面语（Halliday，2008：158）。口语和书面语的形态互补洞悉彼此的形态转换。对于口语和书面语的形态转换，韩礼德也用了一组同样的类比。他认为，"口语是以时间维度展开语篇，书面语以空间维度展开语篇。口语以气流的物质形态呈现，书面语以晶体状态呈现。当口语转化成书面语时，就像一个舞者被塑造成铜像或石像一样。同样，书面语也能转化成口语，就像冰川奔涌而出的河流，从固体融化成流动的液体"（Halliday，2008：165）。

从下位看，即从交流层面看口语和书面语的互补性。在韩礼德看来，书面语是从属的，派生的，具有更高的抽象性。书面语表达通过语义的再次融合而成，在概念意义和人际意义方面更趋稳定。口语中的话语在书面语中被再次抽象化。在人际意义上，书面语拉大了人际距离，人际的真实交流变成了一种模拟交流（Halliday，2008）。

上面我们借用韩礼德的三位观察视角，梳理了书面语和口语之间的互补关系。书面语和口语之间互补的关系，是一个事物两种存在状态之间的互补。

分析表明，语言系统存在三大类互补关系，即词汇与语法的互补、作为系统的语言与作为语篇的语言的互补、口语与书面语的互补。在每一大类内部还存在许多次类互补关系，如在词汇语法这一类别之内，还存在许许多多的次类互补，已有学者做过较为详细的讨论（见柴同文，2013）。这里，韩礼德互补的辩证思想显然不同于结构主义语言学和形式主义语言学基于二元论的矛盾对立辩证思想，体现了总体性原则。

二　理论与实践结合的语言实践观

前面分析了韩礼德语言研究视角的总体性思想和相容互补的总体性思想，韩礼德的语言研究思想还体现了理论与实践相结合的实践观。马克思的辩证法是实践辩证法，实践辩证法最终目的是在实践中实现与理论的统一（孙伯鍨，1998）。马克思的实践辩证法认为，理论来源于实践，实践有助于理论的完善，理论与实践的统一是马克思主义的实践辩证法的重要组成部分。马克思的实践辩证法思想同样适用于语言研究。系统功能语言学旨在发展马克思主义语言学，走的正是这样一种理论联系实践的辩证发展的研究之路。韩礼德曾多次论及语言理论联系实际的理论建设的重要性。他是赞同理论与实践的同一性原则的。早在 20 世纪 60 年代，韩礼德等就指出，"应用本身是重要的反馈渠道，理论就是根据在应用的过程中得到的启发不断被重新审视"（Halliday，1961：139）。"对于任何科学理论，最基本的概念（层次、纯理功能、体现、例示、精密阶和级阶之类的概念）都不是经验所能证实的，它们形成了一个抽象的框架或模式，这种模式在使用中得到修正和发展"　（Matthiessen & Halliday，2009：143）。韩礼德等主张语法描写应结合实地调研和现代科技技术，运用语料库加以研究，并认为"描述语法得出的大部分概括性的结论只有在一定的概率范围内才有效"（同上：143）。韩礼德的理论建设思想和语言学家哈里斯（R. Harris）和瑟伯特等人的观点一致。哈里斯认为，语言学应该是为了解人类自身和为非专业语言治疗服务（Harris，1997）。他强调了语言的社会服务功能。瑟伯特认为，"任何有助于我们了解人类自身和社会过程实质的东西都有价值。我希望我们能构建一个为人类服务的、进步的和前瞻性的语言学学科"（Thibault，2013：626）。语言理论应服务于社会实践的思想在系统功能语言学的理论建设中贯穿得非常彻底。在《系统功能语言学导论》（第二版）中，韩礼德列举了语言学应服务于社会的 21 项任务。目前，系统功能语言学的应用领域十分广泛，不但用于临床医学、心理学和辅助言语治疗，还用于计算机软件开发，利用语言系统和语言功能结合原理有效地进行语篇生成，Penman 和 Wokbench 就是很好的例证。除此之外，还可用于检测法律证词的证伪，但应用最广泛的还数语言教学。在澳大利亚南部，系统功能语言学理论已广泛用于指导课程学习。虽然不少人指责说不能把还处于摇篮中的不成熟完备的理论应用于实践，但正如马丁所言，"对于坚持理论与实践辩证结合的理论来说，我们不能等到理论已僵化的时候才去尝试它"（Martin，1997：415）。马丁认为，实践不是理论研究的分支，但对理论的完善和成熟至关重要，实践反作用于理论研究（Martin，1992）。系统功能语言学的这些思想与马克思主义的理论与实践相结合的原则吻合。马克思主义者强调理论应从实践中来，并为实践服务。

　　一直以来，系统功能语言学理论就是在实践应用中不断得到发展和完善的，将具体的实践运用验证理论的应用价值，同时也丰富和完善理论。正是在理论联系实践这一理论建设思想指导下，系统功能语言学构建了四个阶段的理论发展模式：第一阶段，在特定的理论框架范围内对语篇进行分析；第二阶段，在一定数量的语篇分析的基础上，在特定的理论框架内对语言进行描述；第三阶段，根据已有的描述，从类型学角度对语言进行类型划分；第四阶段，建构理论模式（Matthiessen，2006）。系统功能语言学四个阶段理论发展模式本身充分体现了系统功能语言学理论和实践的辩证发展关系。韩礼德的这种语言理论建设思想较之其他语言学流派的理论建设具有很大的先进性，因为正如马丁所说，并不是很多语言学派都敢于将其理论放在实践中去检验并根据实际运用的需要有目的地进行重新建构（引自 Webster，2011）。韩礼德有关理论与实践结合的实践观主要来源于以下两个方面。

一方面，源于马克思主义理念对他语言观的影响。"马克思主义的理念对我的语言学研究，无论是宏观还是微观方面，都对我的研究工作提供指导。宏观上，我总是认为理论应该服务实践，运用于解决研究中的实际问题和某个实践领域。我最终理解并发展命名成'适用语言学'用以概括这个理念"（Halliday，2015：97）。理论联系实际的理念一直根深蒂固地深藏在韩礼德一身的语言理论建设和语言研究活动中。早在 1964 年发表的一篇论文"句法学及其消费者"（*Syntax and the Consumer*）中就阐述过语言研究应注重理论联系实际的思想。他在文中称一个语言学理论的构建取决于人们理论建设的目的，即用这个理论来干什么。这在当时让许多语言学家震惊，因为当时的语言学家跟其他科学家一样，认为构建理论是为了追求真理，或认为理论的发展是基于理论自身发展的需要，而不是为什么实践服务或解决现实问题。但韩礼德始终坚持认为理论建设是基于现实的目的或政治的"操控"，当出现现实问题或某种政治动机要去解决实际问题时才是理论发展的最佳时机。韩礼德这种理论联系实际的思想从未动摇过，在 1983 年的多伦多国际语言学大会上，韩礼德声称要把系统功能语言学理论构建成为一种忠于意识形态的社会行为理论。

另一方面，源于韩礼德自身的语言实践研究活动。早在 20 世纪 60 年代，他曾研究过乔姆斯基的转换生成语法，但他很快发现乔姆斯基的理论根本解决不了语言应用中的实际问题，同时从汉语研究中他发现研究语言离不开研究意义，离开意义研究是行不通的。他把这种注重语义研究的方法和传统带到了英语语言研究。当时他一边从事教学工作一边从事语言研究，从解决教学中的实际问题结合研究兴趣创立了系统功能语言学理论。此外，理论联系实际的研究方法，还来源于欧陆的语言研究传统。正如韩礼德所言，"我们的工作方法并不是一种革命性的工作，这种马克思主义的语言观根植于欧洲的传统语言研究土壤"（参见 Martin，2013：163）。

　　理论与实践相结合的理论发展思想和语言研究之路，较之传统的语言理论建设思想和语言研究方法，具有不可比拟的优越性，它克服了理论语言学和应用语言学互相割裂所带来的一些弊端，因为理论语言学家往往不能兼顾处理社会中的实际语言问题，应用语言学家则力不从心，不能很好地根据应用发展他们需要的理论。系统功能语言学从阶与范畴语法、功能语法、系统语法和系统功能语法发展到适用语言学，证明了理论联系实践的理论建设和语言研究方法的优越性越来越趋于彰显。在此，我们不妨追踪一下系统功能语言学理论发展的路径和广泛的应用领域即从理论来源于实践并服务于实践两方面阐明韩礼德如何结合理论与实践推动系统功能语言学的发展，同时验证韩礼德在理论建设和语言研究方法上的先进性。

　　（一）理论来源于实践

　　系统功能语言学经历了阶与范畴语法、功能语法、系统语法到适用语言学等四个理论发展阶段，这四个发展阶段验证了韩礼德关于语言理论应来源于实践的观点。第一，阶与范畴语法发展阶段。20 世纪 50 年代至 60 年代初，韩礼德基于对现代汉语的研究提出阶与范畴语法理论。在 1956 年发表的一篇题为"现代汉语的语法范畴"一文代表着韩礼德的语言理论研究的发端。在文中通过对汉语语法范畴的分析，韩礼德提出了分析语言单位关系的分析框架以及新旧信息分布和"概然率"等概念。1961 年，韩礼德发表了"语法理论的范畴"，代表了韩礼德早期阶与范畴语法的形成。韩礼德（Halliday，1961）认为，语言学理论应该包含一个有相关范畴组成的体系，体系中的范畴应该能解释语言材料。在这篇论文中，韩礼德对 1956 年的论点做了一些修正，提出了四个语法范畴（即单位、结构、类别和系统）和三个阶（即级阶、说明阶、精密度阶）。在这个修正模式中，"系统"已是一个独立的范畴，不再从属于"类别"；"成分"范畴也变成了"结构"。这个语法分析框架的修订体现了弗斯的语言观。弗斯接受了索绪尔关于横组合和纵聚合的观点，但更强调纵聚合关系上的系统的研究。韩礼德的这篇文章很好地融合了弗斯关于"结构"和"系统"的观点，奠定了整体性的语法分析框架。尤其是韩礼德对"系统"语法范畴的确立，对后来的系统语法的形成奠定了基础。尽管"阶与范畴语法"作为一个理论还存在不少问题，但它问世不久便被广泛地运用于文体分析、语篇分析和语法分析中（Butler，1985：193—197）。在语法分析中，司各特等人撰写的《英语语法》（*English Grammar*）（1968）和辛克莱尔的《英语口语语法教程》（*A Course in Spoken English：Grammar*）（1972）便是很好的说明。第二，系统语法发展阶段。1966年韩礼德发表了《深层语法扎记》，宣告阶与范畴语法已被系统语法所取代，系统语法正式建立。在这部书中，"系统"是一个重要的语法范畴。"系统"与"系统"构成系统网络，一个系统网络中有"并存"和"依赖"的关系。系统网络被看作代表着语言中深层的纵聚合关系。韩礼德运用"顺序"（order）和"序列"（sequence）这组概念对语言的深层结构和表层结构做了重新的解释。他指出，特定单位中结构成分之间的"顺序"关系与横组合关系中表层说明之间的"序列"关系是不一样的，前者比后者更抽象（Halliday，1966）。例如，在John plays bastetball every day一句中，四个成分的"顺序"关系是SPCA；无论我们说（a）John plays bastetball every day，（b）Every day John plays bastetball，还是（c）Bastetball John plays every day，四个成分之间的关系是一样的：John是主语（Subject），plays是谓语（Predicator），bastetball是补语（Complement），every day是状语（Adjunct）。但是，从表层的"序列"关系上看，句（a）是（SP-CA），句（b）是（ASPC），而句（c）是（CSPA）（参见黄国文，2000）。系统语法一经诞生，便被应用于英语语法书的编写（如Muir，1972）。第三，功能语法或系统功能语法发展阶段。韩礼德在20世纪60年代后期通过研究和观察儿童从出生到两岁半期间的语言发展过程，注意到语言的功能部分。他发现儿童在9个月时开始发展自己的语言系统，拥有一个五个成分的意义系统，到15个月时这个意义系统的成分就增加到五十个，分别表达工具功能、控制功能、互动功能、个人功能和想象功能。这个阶段儿童的语言只有音位层和语义层两个层面，没有词汇语法层，韩礼德称之为"原始语言"阶段。在这个阶段儿童语言只能同时表达一种意义。在第15个月时儿童出现了两种语义系统的交叉，说明儿童已经开始不再自己创造语言，而是使用他在周围所听见的语言来表达意义了。这标志着儿童语言的发展进入了第二阶段——向成人语言的过渡阶段。在这一阶段，儿童掌握了使用多重意义和扮演多重角色的能力，语言的表意功能更加抽象化和复杂化。正是在经过这种实地调研之后，韩礼德在 1968 年第一次提出了系统语法中的四种功能，即经验功能、逻辑功能、人际功能和话语功能。在 1970 年的另一篇文章中，对上述四个术语进行了改动。经验功能和逻辑功能合并为概念功能，话语功能被当作了语篇功能，这便是概念功能、人际功能和语篇功能三大元功能的由来。1985 年，韩礼德《功能语法导论》的问世，标志着功能语法或系统功能语法的成熟。至此，世界上很多学者致力于用系统功能语言学理论来进行计算语言学研究和世界其他语言的描写。受到关注的应用研究有三个：一是用系统网络和系统结构通过语篇生成器生成句子（Matthiessen & Bateman，1991）；二是福赛特（R. Fawcett）等开展的 CMMUNAL 项目，三是奥唐纳（O'Donnell，1994）利用系统功能语法设计的用于分析和生成句子的工作台（WorkBench）。四是适用语言学发展阶段。韩礼德对"适用语言学"（appliable linguistics）的含义作过这样的阐释："所谓'适用语言学'，就是指能适用于帮助众多在工作中需要以这种或那种方式与语言打交道的人们的语言学理论。"（Halliday，2008：ii）在这里，我们看到韩礼德强调把理论看作解决实际问题的资源，旨在建立一个连贯的适用语言学理论。

系统功能语言学经历了半个多世纪的发展历程，从最初的阶与范畴语法发展到系统语法，再从系统语法发展到功能语法再进而发展到适用语言学的理论形态，无一不体现了韩礼德理论应来源于实践的理论建设思想，而系统功能语言学广泛的实际应用，则从另一方面证明韩礼德有关理论应服务于实践的思想。

（二）理论为实践服务

语言学大抵分为理论语言学和应用语言学两大流派，系统功能语言学在二者之间保持中立，因为系统功能语言学从建立之初就是以解决语言问题为导向的普通语言学理论，用于解决人们在实际语言使用和研究中所提出的实际问题，用韩礼德的话说："我们要根据语言的使用来研究语言。"（Halliday，1970/2007：174）目前系统功能语言学在理论上已发展成一套成熟完善的理论体系，在应用上也十分广泛，韩礼德的社会符号理论、语境理论、纯功能理论、多层次系统观、隐喻理论等，不但用于各种语言的功能描写，还应用到各个实用领域，比如在教育教学、翻译研究、批评话语分析、积极话语分析、临床话语分析、文体学、语言类型学、语料库语言学、人工智能、计算语言学和法律语言等方面的应用。多模态研究是系统功能语言学理论的另一重要领域。韩礼德认为，社会文化的各个方面共同构成社会现实的意义集合，而语言只是众多意义制造资源之中的一种，这是多模态研究的理论根源（Halliday，1978）。不仅如此，在莱姆基（Lemke，2002）、克雷斯和梵·莱文（Kress & van Leeuwen，1996）以及噢哈罗伦（O'Halloran，2008）等多模态研究论著中，系统功能语言学的纯理功能思想和多层系统观等理论发挥了强大的理论支持和实践指导作用。除了广泛的应用研究领域外，还纷纷建立了一些应用研究机构。如我国每两年一届召开的语篇分析会议和 2005 年 8 月香港城市大学宣告成立"韩礼德语言研究智能应用中心"（The Halliday Centre for Inteligent Application of Language Students，HCLS）的建立都充分说明韩礼德理论应用的广泛性和普适性。

正因为系统功能语言学属于介于理论语言学与应用语言学之间的适用语言学理论，韩礼德常遭到其他语言学家的批评与责难。如洛夫（Love，1992）曾批评韩礼德并不具备与乔姆斯基相抗衡的魅力，指责他没有直面语言学上的挑战，同时指出乔姆斯基针对语言研究中的挑战在语言研究中不断提出假设，不断地验证假设。韩礼德对这样的质问有着独到的见解。他认为，语言学研究的挑战不在于能提出什么假设，而是要为实践服务，解决实际问题（Halliday，1994/2004）。哈里斯虽对语言学研究提出了不少批评，但在语言学理论应为解决实际问题服务和语言研究应注意整体性研究方面与韩礼德的观点却非常的一致（Joseph，1997）。

可见，无论从系统功能语言学的创建目的还是从理论服务的对象，均可看到韩礼德理论应服务于实践的思想。为了更好地理解韩礼德理论应服务于实践的思想，在此我们以语类教学法和语篇分析为例证加以说明。

语类教学法是为了克服语法教学法和语境教学法无法克服的教学问题而提出来的。语法教学法强调语法教学和学习的重要性，忽视语境在语言学习过程中的作用。于是，语境教学法便应运而生，语法教学法逐渐失去吸引力，其结果是教师对学生语言应用的评判流于空泛和主观，加之学校模拟的语言环境毕竟不真实，显然语境教学法也面临着不少困境。鉴于此，基于系统功能语言学的语类理论的语类教学法就诞生了。主要任务是向教师和学生介绍各种语类，并设计相应的教学法将这些语类知识应用于课堂教学，使不同家境背景的学生享有均等的教育机会，以实现教育公平和社会平等（朱永生、王振华，2013）。从语言学的发展角度来看，语类教学法对教育语境下的语篇进行词汇语法和语篇语义分析可以看作对系统功能语言学理论的检测与考验，对系统功能语言学理论建设起到积极作用。同时，语言教学应用充分论证了系统到语篇的实现关系和由词汇语法到语篇语义乃至从语域到语类的体现关系。

语篇分析是系统功能语言学理论应用的重要领域。在系统功能语言学的经典著作《功能语法导论》的第一版和第二版中，韩礼德明确指出，《功能语法导论》的写作目的是为语篇分析提供一个理论框架，是为语篇分析的实践服务的。在该书的第 3 版（韩礼德和麦蒂森合著）中，韩礼德再次指出，"该书的目的是尽可能描述和解释现代英语的意义建构资源；当我们在决定把语法的哪些部分应该包括进来，并考虑把理论阐述做到什么程度时，我们心中想的是那些要用语言知识来分析语篇的人"（参见黄国文，2010：1）。

运用系统功能语言学理论进行批评话语分析和积极话语分析可以看作系统功能语言学理论服务于实践的有力例证。批评话语分析者从"批判"、"揭露"和"否定"的立场揭示话语和权力以及意识形态的联系，目的在于消除不平等现象，促使社会改革，或者解体某种社会体制，主要代表人物有费尔克拉夫和范戴克等人。目前，在批评话语分析之上发展起来的积极话语分析以"友善"、"宽松"和"和谐"的态度，将"否定"和"肯定"相结合，侧重"肯定"，其目的具有建构性，引导社会向更美好的方向发展，主要代表人物有马丁。批评话语分析和积极话语分析都是从语言系统本身的研究转向语言应用研究，再结合社会问题展开分析，批评话语分析从权力分配与意识形态的关系出发，为穷人说话，为老百姓说话，积极话语分析为促进和谐社会发展，在一定程度上看体现了语言学者的一种社会责任感和使命感。

以上我们从理论来源于实践并服务于实践两方面论述了韩礼德理论联系实际的辩证研究方法。这种辩证的研究方法在系统功能语言学界得到了传承和发展。"悉尼学派"语篇体裁理论以及基于人际意义发展起来的评价系统都是以语篇分析的实践为基础。理论联系实际的语言实践研究观在方法论上具有优越性。例如在应用领域，系统功能语言学所取得的成绩是形式主义语言学根本无法企及的。另外，形式学派的研究兴趣主要在如何通过现实语言现象来揭示"普遍语法"，所以他们往往忽略了现实语言语法自身的系统性。迄今为止，我们没有见到过利用乔氏学说写的关于任何语言的系统语法。从乔氏主流语言学对我国国人的影响来看，用著名学者石毓智的话说："在中国还没有流淌就干涸了。我们不能简单地把这种现象归因于乔氏的学说太科学了、太抽象了，因此国人理解不了。其实，我们中国人是很善于接受、消化、创造高深而抽象的科学的……国人接受舶来品是有前提的：一是该学科是真正符合科学精神的，二是该学科具有应用价值。乔氏学说在中国遭到的冷遇与这两点都不无关系。"（2005：3）

分析表明，系统功能语言学的理论建构模式和广泛的实践应用充分体现了韩礼德的马克思主义语言实践研究观，正如韩礼德所言，系统功能语言学最能体现马克思主义原理的地方就是理论来源于实践并服务于实践（Halliday，2015）。

第四节　其他语言研究路径和方法

系统功能语言学的研究路径是多维的、整合的，而不是单向的、分离的（黄国文，2009）。除了总体性研究视角，韩礼德还从发生学、目的论和演绎逻辑推理等方面研究语言。关于科学研究的方法问题，欧内斯特·内格尔（E. Nagel）在《科学的结构》（1979）中总结了四种方法论：演绎模型、或然性说明、功能说明或目的论说明、发生学说明。形式学派所追求的只是第一种解释。众所周知，语言是一个复杂的现象，其中规律的类型具有多样化的特征，因此解释的方式也不能简单划一。且不管形式学派对语言规则用演绎的方法去解释语言规律到底有多少是可靠的，但它忽略了其余三种解释，这就大大限制了自己的研究视野（参见石毓智，2005）。系统功能语言学不仅用演绎推理模型研究语言，更注重从或然性、目的性和发生学的角度研究语言。首先，在韩礼德看来，语言是一个开放的自治系统，很多语言规律属于统计性质，它们是通过大量的使用而表现出来的，所以韩礼德倡导用数理统计的办法解释语言的使用规律，倡导把语言实例按照入列条件纳入相应的系统，然后通过语料库统计概然率，再根据本族语者的直觉来判断语言实例的合法性；其次，语言是一种交际工具用于表达一定的交际功能，所以韩礼德注重从功能和交际这两个方面来说明语言使用的目的。此外，语言总是不断发展变化的，是一个动态的演化系统，不断有新结构的出现，所以韩礼德还主张用发生学的视角研究语言。如名词化和语法化理论就是从发生学的角度来说明语法结构规律的。

研究表明，语言从整体上讲不仅仅具有演绎规律，更多地表现为统计性的、功能性的或者发生学性质的规律。因此，韩礼德除了运用逻辑演绎的方式研究语言外，更多的是从或然性、目的性和发生学的研究方法研究语言。从某种角度上再一次证明韩礼德语言研究的方法是多维的、立体的和动态的。

第五节　小结

辩证思想是人类认识世界的一种思维方式，也是语言学家常用的研究方法。辩证法从古希腊时期的论辩之术发展到马克思的实践辩证法，经历了同朴素唯物主义、唯心主义、形而上学和神学结合的发展历程。马克思主义实践辩证法的实质是一种基于实践的总体性的研究方法，它要求基于实践把对象作为总体来把握，从客观对象的内在联系把握对象的实质。

韩礼德将语言视作多层级的意义系统或意义资源，总体性研究思想是他语言研究思想和方法的首要特征，主要体现在研究视角的总体性原则和相容互补的总体性原则。总体性研究视角主要包括三位研究视角、渐变群研究视角、概然率研究视角、关系轴研究视角以及整合性研究视角等方面；相容互补是韩礼德总体性辩证研究方法中重要的研究思想。互补的哲学理念来自光的波粒二象原理，这种原理同样适合语言现象的阐释。韩礼德的互补哲学思想主要体现在研究视角的互补以及语言系统内的语言现象的互补。

韩礼德的研究思想和方法还体现了理论联系实际的语言实践观。从系统功能语言学的四个发展阶段即从阶与范畴语法到系统语法、由系统语法到功能语法、由功能语法到适用语言学，无不是基于实践发展和完善起来的，不仅如此，系统功能语言学的理论还被广泛应用于实践，为跟语言打交道的人们解决语言使用中的实际问题。系统功能语言学广泛的应用便是有力的例证。

研究表明，韩礼德在语言中所体现出的总体性原则和实践原则，无不体现了马克思主义实践辩证法的理念，更确切地说，体现了卢卡奇所理解的马克思主义总体性辩证法思想。如前所述，卢卡奇是西方马克思主义的创始人，鉴于此，从研究语言的方法论上，韩礼德的语言研究思想体现了新马克思主义的语言研究取向。

韩礼德的这种总体性辩证法思想有别于恩格斯基于三大自然规律所创立的自然辩证法，同时更有别于索绪尔基于语言符号的差别、对立的认识论基础之上的二元论式对立统一的辩证法。二元论式对立统一的辩证思维强调语言的差别性和矛盾性，曾一度对结构主义和形式主义语言学研究产生过巨大而深刻的影响，对语言研究做出过不少功绩，但随着时代的发展也遭到人们的批评，如罗伊·哈里斯（R. Harris）就曾对传统语言学研究中的二分法（如语言和言语、语言能力和语言应用、系统和使用、历时和共时以及集体言语社团和个人说话者等二分法）给予了深刻的批判。他指出，"反对语言研究中的二分法，不是要走向另一个极端，也不是强调对二分中的任何一方都具有同样重要的作用，而是对双方的重新整合研究"（Harris，1997：235）。系统功能语言学正是把结构主义和形式主义语言学被舍弃的东西重新拾回并加以整合进行总体性研究。这种总体性研究思想较之二元论思想有着很大的优势。第一，规避了乔姆斯基于语言系统和语言使用而提出的语言能力和语言应用二分的做法。在系统功能语言学者看来，语言是一个非自治的系统，并作为人类社会的一部分不断演化，语言系统本身不是什么神秘的东西。它离不开社会语境，离开社会语境的语言是没有的。语言系统和使用是交织在一起的。第二，反对在语言与言语之间、形式与意义之间、语言的内在研究和外在研究之间、历时与共时之间以及能力和表现之间所做的划分，把语言与言语之间、形式与意义之间、语言的内在研究和外在研究之间、历时与共时之间以及能力和表现之间看作互补的关系而并非相互排斥。韩礼德希望构造一个概括语言与言语、形式与意义、共时与历时的语言系统，采用内在研究和外在研究相结合、动态研究和综合研究相结合的视角模式。他指出，"缺乏动态的研究视角就不可能正确审视语言系统的变化。同样，缺乏综合的研究视角，也不可能正确审视社会言语社团各成员主体间语言资源无意识的言语事实"（Halliday & Martin，2003：49）。韩礼德抛弃传统语言学研究中二分法的做法源于他对语言模糊性、语言使用的概率性和系统网络等语言本质属性的看法，这些语言属性的认识归根到底跟系统功能语言学的社会学视角分不开，因为系统功能语言学要研究的是作为社会符号的语言，即人们在社会交往中是怎样使用语言的。

　　总之，韩礼德研究语言的整体性思想、互补性思想以及理论联系实际的思想，体现了一种开放、包容的总体性辩证法的哲学思想，这种思想与马克思主义的实践辩证法一致，与新马克思主义的语言研究取向一致，为探究、认识语言的本质提供了较好的路径。在门派林立，新颖语言理论层出不穷的现代语境下，韩礼德的观点显然可取，有助于促进语言学的研究和发展。

第七章

研究发现及展望

第一节　研究发现和结论

　　马克思和恩格斯秉承其基于哲学批评论述语言的一贯做法，针对笛卡儿、黑格尔等人的二元对立世界观，指出考察语言的起源和发展、语言的本质属性和语言的研究方法应结合人类历史的发展，尤其是人类的实践活动，进而形成其独特的历史唯物主义和辩证唯物主义相结合的实践唯物主义语言哲学观。后来的马克思主义语言研究者无不是在这一指导原则下从事语言研究，比如，巴赫金、亚当·沙夫、詹明信、维果茨基、马尔科维奇、梅德韦杰夫、欧内斯特·查尔斯·琼斯、路易·皮埃尔·阿尔都塞、乔恩·埃尔斯特、米歇尔·福柯、皮埃尔·布迪厄以及尤尔根·哈贝马斯，等等。

　　与结构主义和形式主义的静止、孤立和片面的语言观不同，马克思主义语言观强调语言研究的动态性和整体性。马克思主义语言观的这种语言研究新范式，对深谙结构主义和形式主义语言研究种种弊端的韩礼德而言，无疑极具吸引力。正是如此，韩礼德选择马克思主义的语言研究思想和方法来研究语言，并把发展马克思主义语言学作为自己研究的初衷和奋斗的终极目标。本书通过探寻韩礼德的马克思主义语言观形成之路，围绕语言哲学关注的几个核心命题，论证韩礼德的新马克思主义语言研究取向。具体来讲，从语言起源和发展梳理韩礼德的历史唯物论语言研究取向；从语言的社会本质属性和社会实践性考察韩礼德的语言本质观研究取向；从语言的研究思想和方法剖析韩礼德的实践辩证法语言研究取向。研究表明，韩礼德的语言观体现了马克思主义的语言观导向，确切地说体现了新马克思主义的语言研究取向，与马克思主义语言观呈现交集，这种交集既是一种传承，更是一种发展。

一 韩礼德对马克思主义语言观的传承

韩礼德具有新马克思主义的导向，新马克思主义语言研究取向不是对马克思主义语言观的全盘否定，其语言观更多的是对马克思主义语言观的传承。这种传承主要体现在两个方面。

第一，研究学理上的传承。首先，两者具有相同的立论基础。马克思主义语言研究者和系统功能语言学研究者都秉承起源于两千多年前的人类学和文化学的研究传统，把语言视为资源而非规则。同时，马克思主义语言研究者和韩礼德都批判承袭了索绪尔将语言视为符号系统的观点并赋予系统以新的解释。其次，两者具有相同的研究对象和研究路径。与结构主义和形式主义语言学不同，马克思主义语言研究者和系统功能语言研究者都把社会生活中活的语言当作研究对象。在研究路径上，不把语言当成封闭的自治的语言形式系统，而是视为开放的非自治的系统，注重语言的互动性，强调人在语言使用过程中的能动性；与此同时，将语言研究的疆域延展至社会文化之中，从而把语言视为一个社会符号系统。人们通过这个系统自我社会化、交流意义，并借此建立和维持社会机构和社会系统。语言也因此既可用于表达社会现实、反映社会现实，又可创造社会现实。最后，两者具有相同的研究思想和方法。韩礼德研究视角的总体性思想、相容互补的总体性思想以及理论与实践相结合的思想体现了马克思的实践辩证法的精髓，是对马克思实践辩证法的传承。

第二，马克思主义实践唯物主义语言观的传承。通过剖析韩礼德有关语言起源、语言发展、语言的社会本质属性、语言的研究方法，揭示出韩礼德的社会语言学研究视角具有马克思主义的实践唯物主义语言哲学观的特征和研究取向。具体来讲，马克思主义语言观和韩礼德的语言观都从人类历史发展的实践出发，认为语言起源于具有自我意识的高级意识，起源于人们之间交际互动产生的交际需要。韩礼德有关语言起源和发展的观点，正是马克思主义的历史唯物主义思想的真实写照。针对语言的本质观，韩礼德有关语言的社会性和实践性的阐释体现了马克思主义的语言本质观，而有关语言的研究思想和方法则展示了韩礼德的马克思主义实践辩证法思想。凡此种种，无不体现出韩礼德的语言观对马克思主义实践唯物主义语言观的传承。

二　韩礼德对马克思主义语言观的发展

作为一位语言学家，韩礼德的语言研究取向是通过对语言的具体研究所折射出来的，因此他对马克思主义语言研究思想的发展也体现在具体的语言理论阐释中。作为一位杰出的语言学家，韩礼德对语言的认识在某些方面比马克思主义语言研究者更深入，体现了新马克思主义的语言研究取向，主要体现在三个方面。

第一，从语义发生学角度看，马克思主义语言研究者结合人类历史发展和达尔文进化论思想，从种系发生和个体发生两个维度研究了语言的发生和发展，韩礼德则从个案入手，吸收新马克思主义语言研究成果，借助神经达尔文主义、贝尔法则以及语篇生成规则从个体发生、种系发生和语篇发生三个维度全面论述了语言的发生和发展，并基于这三个维度间的内在联系揭示了语言演化的内在原因。不仅如此，韩礼德还通过大脑的认知能力对语言演化的运行机制进行了阐释。可见，韩礼德的语义发生论无疑是对马克思主义语言起源和发展相关论述的有力补充。

第二，从语言与社会的关系看，传统马克思主义语言学者强调语言对社会的反映，而韩礼德秉承了西方马克思主义的建构思想和语言层次观，从具体的语言分析入手，令人信服地阐释了语言对社会的建构主义思想。马克思主义语言研究者强调意识形态的重要性，却缺乏语义构建的相关论述。韩礼德借助语境理论从概念基块如何构建经验意义入手，对语义资源如何构建主客观世界做出了有力的探索，在语言与社会之间的关联研究方面做出了贡献。

第三，从语言研究的具体视角和研究方法看，韩礼德对马克思主义语言研究思想和方法也有一定的发展。这些发展，首先，体现在巴赫金的一些超语言学思想在系统功能语言学中得到了更为详尽的具体陈述，如语言的评价性、对话性和历史性等超语言学观在系统功能语言学里得到更为广泛的阐释。其次，马克思主义语言学者如巴赫金和维果茨基等人的语言功能观，在系统功能语言学中也得到了发展。这种发展体现在韩礼德不仅是就语言的功能谈论功能，而是结合语境理论阐述了语言与社会文化之间的衔接机制，为语言对社会经验的构建从整体上搭建了一个语境模型。此外，在具体的研究方法上，韩礼德基于总体性原则、相容互补的原则以及理论与实践相结合的原则，提出了一套可操作性强的语言研究方法。

总之，从语言哲学关注的几个话题来审视，韩礼德的语言研究思想和方法体现了马克思主义语言研究的思想和方法，是对马克思主义语言研究观的传承的发展。从研究路劲和方法看，韩礼德吸收了西方马克思主义的语言研究成果，具有西方马克思主义或新马克思主义的语言研究取向。

第二节　　研究启示、不足及展望

一　研究启示

本书通过探寻韩礼德的马克思主义语言研究之路，揭示了韩礼德的马克思主义语言研究取向。通过研究，我们得到以下几点启示。

第一，任何一个语言学流派的产生和发展，都有其深厚的学理渊源，其背后都投射出相应的语言研究取向。韩礼德的求学经历和研究动机，促使其选择马克思主义语言学的研究之路。韩礼德对语言的根本看法和根本观点，反映了马克思主义实践唯物主义的语言哲学观。

第二，马克思主义语言研究思想在当今语言学派精彩纷呈的现实中仍占有一席之地。系统功能语言学自 20 世纪中叶直至现在仍在不断发展就充分证明了这一点。这固然跟国内系统功能语言学界的努力付出不无关系，但也许跟我国马克思主义的语言研究思想有某种契合有关。因此，我们不能丢弃马克思主义的语言研究思想和方法，西方马克思主义的语言研究思想也应该得到国内学界的关注和研究。

第三，系统功能语言学经历了阶与范畴语法、系统语法、功能语法和适用语言学等四个发展阶段，是马克思主义理论联系实际的理论建设的结果。系统功能语言学的这一理论建设思想，必将推动系统功能语言学的理论建设并在更大、更广范围内为语言实践服务。

二　研究不足

本书在马克思主义实践唯物主义语言观的基础上，通过梳理韩礼德对语言哲学几个核心命题的解读，探讨他的马克思主义语言研究思想和研究取向。在研究过程中，主要还存在几点不足。首先，韩礼德从事语言研究已达半个多世纪，其研究著述十分丰富，本书仅仅针对韩礼德的语言起源观研究取向、语言本质观的研究取向和方法论研究取向做了一些探讨，研究的领域在广度上可能存在一定的局限性。其次，因我国对西方马克思主义理论尤其是语言研究理论介绍不足，也是制约本书深入开展的一个重要因素。研究之不足的方面，也正是本书后续研究努力的方向。

三　研究展望

目前，我国语言学界重应用研究轻理论研究尤其是基础理论研究的状况，仍没有多大改观。自从系统功能语言学自 20 世纪 80 年代被介绍引进到我国以来，也一直存在这种状况。只有为数不多的几位学者，如胡壮麟、朱永生、严世清、黄国文等，就系统功能语言学作过一些基础理论研究。从语言哲学的角度探讨系统功能语言学研究思想的学者就更少，而这方面的研究在我国尤其显得有价值。本书只从语言哲学关注的几个核心话题出发，探讨了韩礼德的新马克思主义语言研究取向。鉴于此，我们应该花大力气深度挖掘马克思主义语言理论，以期建立一个完整的马克思主义语言研究体系，并基于该研究体系指导我国的语言学研究。毋庸置疑，在各种语言学流派争奇斗艳的今天，加强马克思主义语言哲学的研究必将对我国语言学的研究和发展注入新的动力。前苏联在马克思主义语言理论的指导和影响下，语言研究取得举世瞩目的成就便是有力的佐证。

韩礼德秉承马克思主义语言学的基本思想，在语言研究中融入历史观、唯物观、社会实践观和辩证观，为系统功能语言学的发展奠定了坚实的基石。这也在一定程度上回答了系统功能语言学为何在过去三十多年中能在中国语言学界得到很好的传播、验证与发展。马克思主义语言观并没有过时，仍在世界范围内无形地影响着一代又一代语言学家的研究思想和研究方法。韩礼德的马克思主义语言观导向已引起不少学者的关注，但这方面的研究尚显不足，加强系统功能语言学的马克思主义导向研究必将进一步拓宽系统功能语言学的研究路径，消解系统功能语言学内部在一些观念上的分歧和误解，还原系统功能语言学在理论根基上的本来面目，加深对系统功能语言学哲理性的认知。

参考文献

Anderson, W. L. , & N. C. Stageberg. (1962). *Introductory Reading on Language*. New York: Holt, Rinehart and Winston Inc.

Austin, J. L. (1962). *How to Do Things with Words*. Oxford: Oxford University Press.

Bakhtin, M. M. (1981). *The Dialogic Imagination* (C. E. M. Holquist, Trans.) . Austin: University of Texas Press.

Bakhtin, M. M. (1986). *Speech Genres and Other Late Essays* (Y. Mcgee, Trans.). Austin: University of Texas Press.

Bauer, L. (1983). *English Word-formation*. Cambridge: Cambridge University Press.

Benveniste, E. (1971). Subjectivity in language. In M. F. M. C. Gables (ed.), *Problems in General Linguistics*. Florence: University of Miami Press.

Bloomfield, L. (1933/2002). *Language*. Beijing: Foreign Language Teaching and Research Press.

Bourdieu, P. , & J. B. Thompson. (1991). *Language and Symbolic Power*. Massachusetts: Harvard University Press.

Bruner, J. (1986). *Actual Minds, Possible Words*. Cambridge: Harvard University Press.

Burnet, J. (1974). *Of the Origin and Progress of Language*. New York: AMS Press.

Butler, C. S. (1985). *Systemic Linguistics: Theory and Application*. London: Batsford.

Caffarel, A., J. R. Martin, & C. M. I. M. Matthiessen (eds.). (2004). *Language Typology: A Functional Perspective.* Amsterdam: John Benjamins.

Chomsky, N. (1966). *Cartesian Linguistics: A Chapter in the History of Rationalist Thought.* New York: Harper & Row.

Davidson, D. (1986). A nice derangement of epitaphs. In E. Lepore (ed.), *Truth and Interpretation: Perspectives on the Philosophy of Donald Davidson.* Oxford: Basil Blackwell.

Edelman, G. M. (2004). *Wider Than the Sky: The Phenomenal Gift of Consciousness.* New Haven: Yale University Press.

Edelman, G. M., & G. Tononi. (2000). *A Universe of Consciousness.* New York: Basic Books.

Eggins, S. (1994). *An Introduction to Systemic Functional Linguistics.* London: Pinter Publishers.

Eggins, S. (2004). Making Australia through words: A review of J. M. Arthur's the default country: A lexical cartography of twentieth-century Australia. *Australian Humanities Review*, 31 (2), 36 – 45.

Firth, J. R. (1957). *Papers in Linguistics* (1934—1951). London: Oxford University Press.

Firth, J. R. (1964). *The Tongues of Men, and Speech.* London: Oxford University Press.

Fowler, R. (1991). *Language in the News: Discourse and Ideology in the Press.* London/New York: Routledge.

Frege, G. (1891/1977). On sense and reference. In P. G. M. Black (ed.), *Translations from the Philosophical Writtings of Gottlob Frege.* Oxford: Basil Blackwell Publisher.

Goodman, N. (1984). *Of Mind and other Matters.* Cambridge: Harvard University Press.

Grice, H. P. (1998). Logic and conversation (B. Mou, Trans.). In A. P. Martinich (ed.), *The Philosophy of Language* (pp. 296 – 316). Beijing: Commercial Press.

Halliday, M. A. K. (1956). Grammatical categories in modern Chinese.

Transactions of the Philological Society, 55（1）, 177 – 224.

Halliday, M. A. K. （1961）. Categories of the theory of grammar. *Word*, *17* （3）, 241 – 292.

Halliday, M. A. K. （1966）. Some notes on "deep" grammar. *Journal of Linguistics*, *2*, 110 – 118.

Halliday, M. A. K. （1970/2007）. Language structure and language functions. In J. J. Webster（ed.）, *Collected Works of M. A. K. Halliday*, Vol. 1: *On Grammar*（pp. 173 – 195）. Beijing: Peking University Press.

Halliday, M. A. K. （1971/2007）. Language in a social perspective. In J. J Webster（ed.）, *Collected Works of M. A. K. Halliday*, Vol. 10: *Language and Society*（pp. 43 – 64）. Beijing: Peking University Press.

Halliday, M. A. K. （1974/2007）. Language and social man. In J. J. Webster （ed.）, *Collected Works of M. A. K. Halliday*, Vol. 10: *Language and Society*（pp. 65 – 130）. Beijing: Peking University Press.

Halliday, M. A. K. （1975）. The context of linguistics. In J. J. Webster （ed.）, *Collected Works of M. A. K. Halliday*, Vol. 3: *On Language and Linguistics*（pp. 74 – 91）. Beijing: Peking University Press.

Halliday, M. A. K. （1975/2004）. Learning how to mean. In J. J. Webster （ed.）, *Collected Works of M. A. K. Halliday*, Vol. 4: *The Language of early Childhood*（pp. 28 – 59）. London/New York: Continuum.

Halliday, M. A. K. （1975/2007）. Into the adult language. In J. J. Webster （ed.）, *Collected Works of M. A. K. Halliday*, Vol. 4: *The Language of Early Childhood*（pp. 157 – 195）. Beijing: Peking University Press.

Halliday, M. A. K. （1978）. *Language as Social Semiotic: The Social Interpretation of Language and Meaning*. London: Edward Arnold.

Halliday, M. A. K. （1978/2007）. An interpretation of the functional relationship between language and social structure. In J. J. Webster（ed.）, *Collected Works of M. A. K. Halliday*, Vol. 10: *Language and Society*（pp. 251 – 264）. Beijing: Peking University Press.

Halliday, M. A. K. （1985）. *Language, Context and Text: Aspects of Language as a Socio-semantic Perspective*. Victoria: Deakin University Press.

Halliday, M. A. K. (1985/2007). Systemic background. In J. J. Webster (ed.), *Collected Works of M. A. K. Halliday*, Vol. 3: *On Language and Linguistics* (pp. 180 – 184). Beijing: Peking University Press.

Halliday, M. A. K. (1992). How do you mean? In M. L. R. Davies (ed.), *Systemic Linguistics: Recent Theory and Practice*. London: Pinter Publishers.

Halliday, M. A. K. (1992/2007). Systemic grammar and the concept of a "science of language". In J. J. Webster (ed.), *Collected Works of M. A. K. Halliday*, Vol. 3: *On Language and Linguistics* (pp. 199 – 212). Beijing: Peking University Press.

Halliday, M. A. K. (1993/2007). Language in a changing world. In J. J. Webster (ed.), *Collected Works of M. A. K. Halliday*, Vol. 3: *On Language and Linguistics* (pp. 213 – 231). Beijing: Peking University Press.

Halliday, M. A. K. (1994/2004). *An Introduction to Functional Grammar (3nd edition)*. London: Edward Arnold.

Halliday, M. A. K. (1995/2004). Language and the reshaping of human experience. In J. J. Webster (ed.), *Collected Works of M. A. K. Halliday*, Vol. 5: *The Language and Science* (pp. 7 – 23). London/New York: Continuum.

Halliday, M. A. K. (1995/2007). On language in relation to the evolution of human consciousness. In J. J. Webster (ed.), *Collected Works of M. A. K. Halliday*, Vol. 3: *On Language and Linguistics* (pp. 390 – 432). Beijing: Peking University Press.

Halliday, M. A. K. (1996). On grammar and grammatics. In R. Hasan, C. Cloran & D. G. Butt (eds.), *Functional Descriptions: Theory in Practice* (pp. 1 – 38). Amsterdam: Benjamins.

Halliday, M. A. K. (1997/2007). Linguistics as metaphor. In J. J. Webster (ed.), *Collected Works of M. A. K. Halliday*, Vol. 3: *On Language and Linguistics* (pp. 248 – 270). Beijing: Peking University Press.

Halliday, M. A. K. (1998). On the grammar of pain. *Functions of Language*, 5, 1 – 32.

Halliday, M. A. K. (1999/2004). The grammatical construction of scientific knowledge: the framing of the English clause. In J. J. Webster（ed.）, *Collected Works of M. A. K. Halliday*, Vol. 5: *The Language of Science*（pp. 102 – 134）. London/New York: Continuum.

Halliday, M. A. K.（2000）. Grammar and daily life. In D. G. Lockwood, P. H. Fries & J. E. Copeland（eds.）, *Functional Approaches to Language, Culture and Cognition*, *Current Issues in Linguistic Theory*（pp. 221 – 237）. Amsterdam: Benjamins.

Halliday, M. A. K.（2001/2007）. Is the grammar neutral? Is the grammarian neutral? In J. J. Webster（ed.）, *Collected Works of M. A. K. Halliday*, Vol. 3: *On Language and Linguistics*（pp. 271 – 294）. Beijing: Peking University Press.

Halliday, M. A. K.（2004）. Introduction: how big is a language? On the power of language. In J. J. Webster（ed.）, *Collected Works of M. A. K. Halliday*, Vol. 5: *The Language of Science*（pp. 11 – 24）. London/New York: Continuum.

Halliday, M. A. K.（2004/2013）. On grammar as the driving force from primary to higher-order consciousness. In J. J. Webster（ed.）, *Collected Works of M. A. K. Halliday*, Vol. 11: *Halliday in the 21st Century*（pp. 159 – 191）. London: Bloomsbury.

Halliday, M. A. K.（2005/2013）. On matter and meaning: The two realms of human experiences. In J. J. Webster（ed.）, *Collected Works of M. A. K. Halliday*, Vol. 11: *Halliday in the 21st Century*（pp. 191 – 215）. London: Bloomsbury.

Halliday, M. A. K.（2008）. *Complementaries in Language*. Beijing: Commercial Press.

Halliday, M. A. K.（2009）. Systemic theory. In J. L. Mey（ed.）, *Concise Ensyclopedia of Pragmaitics*（2nd ed.）. Oxford: Elsevier.

Halliday, M. A. K.（2013）. *Halliday in the 21st Century*（Vol. 11）. London: A&C Black.

Halliday, M. A. K.（2015）. The Influence of Marxism. In J. J. Webster（ed.）, *The Bloomsbury Companion to M. A. K. Halliday*. London/New York:

Bloomsbury Academic.

Halliday M. A. K. , & C. M. I. M. Matthiessen （1999）. *Construing Experience Through meaning: A Language-based Approach to Cognition.* London/New Yor: Cassell.

Halliday, M. A. K. , & C. M. I. M. Matthiessen. （2009）. *Systemic Functional Grammar: A First Step into the Theory* （H. Guowen & W. Hongyang, Trans.). Beijing: Higher Education Press.

Halliday, M. A. K. , & R. Hasan. （1985）. *Language, Text and Context.* Victoria: Derkin University.

Halliday, M. A. K. , & J. R. Martin. （2003）. *Writing Science: Literacy and Discursive Power.* London: Falmer Press.

Harris, R. （1997）. From an integrational point of view. In G. Wolf & N. Love （eds. ）, *Linguistics Inside Out: Roy Harris and His Critics* （pp. 227 – 310）. Amsterdam: Benjamins.

Hasan, R. （1987）. Language in the processes of socialism: Home and school. In L. L. Gerot （ed. ）, *Language and Socialism: Home and School* （pp. 36 – 96）. Sydney: Macquarie University.

Hasan, R. （1999）. The disempowerment game: Bourdieu and language in literacy. *Linguistics and Education*, 10 （1）, 25 – 87.

Hasan, R. , & Webster, J. J. （2011）. *Language and Education: Learning and Teaching in Society.* London: Equinox.

Herder, J. G. （1772）. Abhandlung über den Ursprung der Sprache. In B. Suphan （ed. ）, *Johann Gottfried Herder: Sämtliche Werke* （pp. 1877 – 1913）. Berlin: Weidmansche Buchhandlung.

Hjelmslev, L. （1961）. *Prolegomena to a Theory of Language* （F. J. White-field, Trans.). Madison: The University of Wisconsin.

James, P. （2004）. *Stuart Hall.* London: Routedge.

Jesperson, O. （1965）. *The Philosophy of Grammar.* Chicago: Unibersity of Chicago Press.

Jesperson, O. （1984）. *Analytic Syntax.* Chicago: The University of Chicago.

Joseph, J. E. （1997）. The language myth: Or Roy Harris' red herrings. In

G. Wolf & N. Love (eds.), *Linguistics Inside Out: Roy Harris and His Crit-ics* (*pp.* 9 – 41). Amsterdam: Benjamins.

Kempson, R. (1977). *Semantic Theory.* Cambridge: Cambridge University Press.

Kilpert, D. (2003). Getting the full picture: A reflection on the work of M. A. K. Halliday. *Language Sciences*, 25 (2), 159 – 209.

Kress, G. R., & T. Van Leeuwen. (1996). *Reading Images: The Grammar of Visual Design.* London: Psychology Press.

Labov, W. (1966). *The Social Stratification of English in New York City.* Washington, D. C.: Center for Applied Linguistics.

Lamb, S. M. (1966). *Outline of Stratificational Grammar.* Washington: Georgetown University Press.

Lecercle, J. J. (2006). *A Marxist Philosophy of Language* (G. Elliott, Trans.). Leiden: Koninklijke Brill NV.

Leech, G. N. (1983). *Principles of Pragmatics* (No. 30). London: Taylor & Francis.

Lemke, J. L. (2002). Travels in hypermodality. *Visual Communication*, 1 (3), 299 – 325.

Love, N. (1992). Review of R. Hasan & J. R. Martin (eds.) *Language De-velopment: Learning Language, Learning Culture. Word*, 43 (1), 117 – 123.

Lucretius, T., & Bennett, C. E. (1946). On the Nature of Things. New York: Walter J. Black, Incorporated.

Lukács, G. (2000). *A Defence of History and Class Consciousness: Tailism and the Dialectic.* Cambridge: MIT press.

Markovic, M. (1923/1984). *Dialectical Theory of Meaning* (D. R. J. Cod-dington, Trans.). Holland: D. Reidel Publishing Company.

Martin, J. R. (1992). *English Text: System and Structure.* Philadelphia/Am-sterdam: John Benjamins.

Martin, J. R. (1997). Linguistics and the consumer: The practice of theo-ry. *Linguistics and Education*, 9 (4), 441 – 448.

Martin, J. R. (2000). Grammar meets genre: reflections on the Sydney School. *Arts: The Journal of the Sydney University Arts Association*, 22, 47 – 95.

Martin, J. R. (2009). Genre and language learning: A social semiotic perspective. *Linguistics and Education*, 20 (1), 10 – 21.

Martin, J. R. (2013). *Interviews with M. A. K. Halliday: LanguageTurned Back on Himself.* London/New Yor: Bloomsbury Academic.

Martin, J. R., & D. Rose. (2003). *Working with Discourse: Meaning Beyond the Clause.* London: Bloomsbury.

Matthiessen, C. M. I. M. (1995). *Lexicogrammatical Cartography: English Systems.* Tokyo: International Language Sciences Publisher.

Matthiessen, C. M. I. M. (2006). Frequency profiles of some basic grammatical systems: An interim report. In S. H. G. Thompson (ed.), *System and Corpus: Exploring Connections.* London: Equinox.

Matthiessen, C. M. I. M., & J. A. Bateman. (1991). *Text Generation and Systemic-functional Linguistics: Experiences from English and Japanese.* London: Pinter Publishers.

Matthiessen, C. M. I. M., & M. A. K. Halliday. (2009). *Systemic Functional Grammar: A First Step into the Theory.* Beijing: Higher Education Press

Mill, J. S. (1910/1967). *A System of Logic: Ratiocinative and Inductive.* London: Longman.

Mininni, G. (2006/2008). Marxist theories of language. In K. Brown (ed.), *Encyclopedia of Language and Linguistics* (2nd Edition) (pp. 526 – 530). Shanghai: Shanghai Foreign Language Education Press.

Muir, J. (1972). *A Modern Approach to English Grammar: An Introduction to Systemic Grammar.* London: Batsford.

Nagel, E. (1979). *The Structure of Science: Problems in the Logic of Scientific Explanation.* London: Routledge.

O' Donnell, M. (1994). *Sentence Analysis and Generation: A Systemic Perspective* (Doctoral dissertation). University of Sydney.

O' Halloran, K. (2008). *Mathematical Discourse: Language, Symbolism and Visual Images.* London: A & C Black.

O' Neil, S. (2006/2008). Voloshinov, Valentin Nickolaevich (1884/5). In K. Brown (ed.), *Encyclopedia of Language and Linguistics* (Vol. 7, 2nd Edition) (pp. 481 – 482). Shanghai: Shanghai Foreign Language Education Press.

Ricoeur, P. , & Japiassu, H. (1983). *Interpretation of Ideologias.* Francisco Alves.

Rose, D. (2006). A systemic functional approach to language evolution. *Cambridge Archaeological Journal*, 16, 73 – 96.

Russell, B. (1903). *Principles of Mathematics.* Cambridge: Cambridge University Press.

Sapir, E. (1921/2002). *Language: An Introduction to the Study of Speech.* Beijing: Foreign Language Teaching and Research Press.

Saussure, F. de (1959/1966). *Course in General Linguistics* (W. Baskin, Trans.). London/New York: Mcgraw-Hill Paperbacks.

Schaff, A. (1975). *Sprachphilosophie, Erkenntnistheorie Des Marxismus* (*Humanism, Philosophy of Language and Theory of Knowledge*). Vienna: Europaverlag.

Schlegel, F. (1808). *Uber Die Sprache Und Die Weisheit Der Indier: Ein Beitrag Zur Begründung Der Alterthumskunde.* Heidelberg: Bei Mohr und Zimmer.

Schleicher, A. (1873). *Die Darwinsche Theorie Und Die Sprachwissenschaft.* Weimar: Hermann Böhlau.

Searle, J. R. (1969). *Speech Acts.* Cambredge: Cambridge University Press.

Stankiewicz, E. (1987). The Major Movements of Jakobson's Linguistics. In R. Jakobson, N. S. Trubetzkoy and V. V. Majakovskij (eds.), *Language, poetry, and poetics.* Berlin/New York/Amsterdam: Mouton.

Thibault, P. J. (2013). *Rereading Saussure: The Dynamics of Signs in Social Life.* London/New York: Routledge.

Thompson, G. (1998). Resonance in text. *Amsterdam Studies in the Theory and History of Linguistic Science Series*, 4, 29 – 46.

Thompson, G. , & H. Collins. （2001）. Interview with M. A. K. Halliday, Cardiff, July 1998. *DELTA：Documenta？？o de Estudos Em LingütStica Teóricae Aplicada*, 17 （1）, 131 – 153.

van Dijk, T. A. （1988）. *News as Discourse*. Hillside, N. J. ：Erlbaum.

Vendryès, J. （1925）. *Language* （P. Radin, Trans. ）. Kegan London：Paul, Trench and Trubner Co. , Ltd.

Volosinov/Bakhtin, V. N. （1929/1973）. *Marxism and the Philosophy of Language* （L. Matejka and IR Titunik, Trans. ）. New York：Seminar Press.

Webster, J. J. （2011）. *Towards a Marxist Linguistics*. Guangzhou：School of Foreign Languages, Sun Yat-sen University.

Whitney, W. D. （1875/1979）. *The Life and Growth of Language：An Outline of Linguistic Science*. New York：Dover Publication.

Wittgenstein, L. （1953）. *Philosophical Investigations*. Oxford：Blackwell.

［古罗马］奥古斯丁：《忏悔录》，马士良译，商务印书馆 1961 年版、1989 年版。

［苏联］巴赫金：《巴赫金全集》，钱中文译，河北教育出版社 1998 年版。

［古希腊］柏拉图：《巴门尼德斯篇》，陈康译，商务印书馆 1999 年版。

［苏联］布达戈夫：《语言学概论》，时代出版社 1956 年版。

岑麒祥：《语言学史概要》，北京大学出版社 1988 年版。

柴同文：《系统功能语言学理论中的互补思想》，《外国语义》2013 年第 2 期。

常晨光、廖海青：《系统功能语言学理论与实践的辩证关系——适用语言学探索》，《外语与外语教学》2010 年第 5 期。

常晨光：《系统功能语言学的社会符号视角》，《当代外语研究》2012 年第 3 期。

陈海英：《认知语言哲学观与马克思主义哲学观》，《理论月刊》2009 年第 11 期。

陈吉荣：《从马克思到哈贝马斯——格赖斯合作准则语言哲学思想的发展路径》，《外国语文》2013 年第 3 期。

陈庆汉：《马克思论语言的本质特征及其意义》，《河南大学学报》（社会科学版）2003 年第 6 期。

陈望道：《修辞学发凡》，新文艺出版社 1954 年版。

陈原：《语言与社会生活》，生活·读书·新知三联书店 1999 年版。

成晓光：《社会建构主义的语言哲学基础》，《外语与外语教学》2005 年
　　第 1 期。

杜世洪：《关于语言源于"音乐习得机制"的哲学思考》，《外语学刊》
　　2009 年第 1 期。

杜世洪：《实用主义语言哲学思想探析——皮尔士的意义理论》，《外语学
　　刊》2014 年第 3 期。

杜世洪、秦中书：《马克思主义语言哲学研究——马尔科维奇的意义辩证
　　论探析》，《西安外国语大学学报》2015 年第 1 期。

恩格斯：《劳动在从猿到人转变过程中的作用》，人民出版社 1953 年版。

恩格斯：《卡尔·马克思政治经济学批判》，中共中央马克思恩格斯列宁
　　斯大林著作编译局编译，《马克思恩格斯全集》（第 13 卷），人民出版
　　社 1998 年版。

恩格斯：《路德维希·费尔巴哈和德国古典哲学的终结》，中共中央马克
　　思、恩格斯、列宁、斯大林著作编译局编译，《马克思恩格斯全集》
　　（第 21 卷），人民出版社 2003 年版。

方德值、陈奕培：《投身几何》，高等教育出版社 1983 年版。

高丽佳、戴卫平：《刍议乔姆斯基和韩礼德的语言观》，《广西社会科学》
　　2008 年第 3 期。

高名凯：《语言论》，商务印书馆 1994 年版、2011 年版。

桂诗春：《语言起源问题新探——〈祖先的声音〉评介》，《当代语言学》
　　1993 年第 1 期。

［德］海德格尔：《存在与时间》，生活·读书·新知三联书店 2000 年版。

韩东晖：《马克思的语言观与现代西方哲学"语言的转向"》，《教学与研
　　究》1997 年第 11 期。

韩礼德：《系统理论的背景》，姚小平编著《韩礼德语言学文集》，湖南教
　　育出版社 2006 年版。

韩礼德、何远秀、杨炳钧：《系统功能语言学的马克思主义取向——韩礼
　　德专题访谈录》，《当代外语研究》2015 年第 7 期。

何伟：《递归、嵌入与功能句法再分析》,《外语学刊》2002 年第 3 期。

何远秀、董保华：《系统功能语言学中的超语言学观》,《东北师范大学学报》（哲学社会科学版）2015 年第 3 期。

何远秀、杨炳钧：《韩礼德的马克思主义语言观与方法论》,《东南学术》2014 年第 5 期。

何自然：《浅论语用含糊》,《外国语》1990 年第 1 期。

[德] 洪堡特：《论人类语言结构的差异及其对人类精神发展的影响》, 姚小平译, 商务印书馆 1999 年版。

[德] 洪堡特：《洪堡特语言结构的差异及其对人类精神发展的影响》, 姚小平编, 湖南教育出版社 2001 年版。

洪堡特：《洪堡特语言哲学文集》, 姚小平编译, 湖南教育出版社 2001 年版。

胡安奇、曾蕾：《系统功能语言学的马克思主义语言哲学性研究》,《海南大学学报》（人文社会科学版）2014 年第 2 期。

胡壮麟、姜望琪：《语言学高级教程》, 北京大学出版社 2002 年版。

胡壮麟、朱永生、张德禄等：《系统功能语言学概论》, 北京大学出版社 2005 年版。

胡壮麟、朱永生、张德禄：《系统功能语法概论》, 湖南教育出版社 1989 年版。

胡壮麟：《韩礼德的语言观》,《外语教学与研究》1984 年第 1 期。

胡壮麟：《巴赫金与社会符号学》,《北京大学学报》（哲学社会科学版）1994 年第 2 期。

胡壮麟：《谈语言学研究的跨学科倾向》,《外语教学与研究》2007 年第 6 期。

胡壮麟、朱永生、张德禄等：《系统功能语言学概论》, 北京大学出版社 2008 年版。

胡壮麟：《系统功能语言学家的超学科研究》,《外语与外语教学》2013 年第 3 期。

华立群、殷猛：《实践唯物主义语言观研究述评》,《湖南社会科学》2012 年第 6 期。

黄大荣：《马克思与语言学问题》,《贵阳师院学报》（社会科学版）1983

年第 1 期。

黄弗同：《试论马克思主义在语言学中的指导作用》，武汉大学：湖北省
　纪念马克思逝世一百周年学术讨论会，1993 年。

黄国文：《导读》，卫真道编，《论语法》，北京大学出版社 2007 年版。

黄国文：《系统功能语言学研究中的整合》，《中国外语》2009 年第 1 期。

黄国文：《语篇分析与系统功能语言学理论的建构》，《外语与外语教学》
　2010 年第 5 期。

姜宏、赵爱国：《功能语法理论和系统功能语言学的生成背景及学理传
　承》，《外语与外语教学》2014 年第 2 期。

蒋鑫：《马克思、恩格斯语言观与维特根斯坦语言哲学比较研究》，昆明
　理工大学 2009 年硕士学位论文。

［法］孔狄亚克：《人类知识起源论》，洪洁求、洪丕柱译，商务印书馆
　1997 年版。

李葆嘉：《中国语言文化史》，江苏教育出版社 2003 年版。

李卜克内西：《回忆马克思恩格斯》，人民出版社 1973 年版。

李洪儒：《意见命题意向谓词与命题的搭配——语言哲学系列探索之六》，
　《外语学刊》2007 年第 4 期。

李曙光：《超语言学与系统功能语言学：相容还是分离》，《外语与外语教
　学》2008 年第 4 期。

李振麟：《在马克思主义语言学照耀下的外语教学改革》，《复旦学报》
　（社会科学版）1959 年第 10 期。

李忠华：《韩礼德的马克思主义语言观》，《山东外语教学》2013 年第
　6 期。

［苏联］列宁：《论民族自决权》，中共中央马克思恩格斯列宁斯大林著作
　编译局编译，《列宁选集》（第 2 卷），人民出版社 1972 年版。

林同齐、王华山：《英语句子的基本矛盾及其运动形式——用辩证唯物主
　义指导英语语法研究的初步尝试》，《教学研究》1978 年第 1 期。

凌建候：《从哲学—语言学看巴赫金与马克思主义的关系》，《北京大学学
　报》2002 年第 2 期。

刘刚纪：《论新马克思主义的探讨》，《武汉大学学报》（社会科学版）
　1989 年第 2 期。

［匈］卢卡奇、弗洛姆、马尔库塞、列斐伏尔、阿尔都塞：《西方学者论》，复旦大学哲学系现代西方哲学研究室编译，《一八四四年经济学—哲学手稿》，复旦大学出版社 1983 年版。

［匈］卢卡奇、塞尔登编、拉曼：《艺术与客观真理》，刘象愚等译，《马克思主义文艺理论研究》2000 年第 4 期。

［法］卢梭：《论人类不平等的起源和基础》，李常山译，商务印书馆 1996 年版。

［法］卢梭：《论语言的起源》，王涛译，上海人民出版社 2003 年版。

［英］罗素：《人类的知识——其范围与限度》，张金言译，商务印书馆 2003 年版。

罗选民：《传统与革新：语言学家罗曼·雅各布逊——纪念罗曼·雅各布逊诞辰 100 周年》，《湘潭师范学院学报》（社会科学版）1997 年第 1 期。

［英］洛克：《人类理解论》，关文运译，商务印书馆 1991 年版。

吕叔湘：《苏联语言学家的工作和成就》，《科学通报》1953 年第 9 期。

［德］马克思、恩格斯：《马克思恩格斯选集》（第 3 卷），人民出版社 1972 年版。

［德］马克思、恩格斯：《德意志意识形态》，中共中央马克思恩格斯列宁斯大林著作编译局编译，《马克思恩格斯选集》（第 1 卷），人民出版社 1995 年版。

［德］马克思、恩格斯：《1844 年经济学哲学手稿》，中共中央马克思恩格斯列宁斯大林著作编译局译，人民出版社 2002 年版。

［德］马克思：《资本论》（第 1 卷），人民出版社 1953 年版。

［德］马克思：《雇佣劳动与资本》，人民出版社 1961 年版。

［德］马克思：《摩尔根〈古代社会〉一书摘要》，中共中央马克思恩格斯列宁斯大林著作编译局编译，《马克思恩格斯全集》（第 45 卷），人民出版社 1985 年版。

［德］马克思：《资本论》（第 1 卷），中共中央马克思恩格斯列宁斯大林著作编译局编译，《马克思恩格斯全集》（第 44 卷），人民出版社 2001 年版。

［德］马克思：《政治经济学批判》，中共中央马克思恩格斯列宁斯大林著

作编译局编译，《马克思恩格斯全集》（第46卷），人民出版社2003
年版。

［英］莫尔：《乌托邦》，戴镏玲译，商务印书馆1997年版。

牟春、解建峰：《分殊世界，共同关切——现象学和马克思主义对话的广
阔视野》，《当代国外马克思主义评论》2011年第9期。

戚雨村编：《现代语言学的特点和发展趋势》，上海外语教育出版社2001
年版。

钱伟量：《语言与实践——实践唯物主义的语言哲学导论》，社会科学文
献出版社2003年版。

求知：《语言学的阶级性问题——对"试论马克思主义语言学阶级性和党
性"一文的商榷》，《学术月刊》1961年第3期。

邵华：《当代西方哲学的语言转向与马克思主义哲学的实践转向——马克
思主义的实践语言哲学观》，《安徽文学：理论新探》2007年第1期。

沈家煊：《"语法化"研究综观》，《外语教学与研究》1994年第4期。

石毓智：《乔姆斯基语言学的哲学基础及其缺陷——兼论语言能力的合成
观》，《外国语》2005年第3期。

［苏联］斯大林：《马克思主义和语言学问题》，中共中央马克思恩格斯列
宁斯大林著作编译局编译，《斯大林文集（1934—1952）》，人民出版社
1950年版、1985年版。

［苏联］斯大林：《社会民主党怎样理解民族问题》，中共中央马克思恩格
斯列宁斯大林著作编译局编译，《斯大林全集》（第1卷），人民出版社
1953年版。

宋振华：《马克思恩格斯和语言学》，吉林人民出版社2002年版。

孙伯锵：《关于总体性的方法论问题：评卢卡奇（早期）对马克思历史辩
证法的理解》，《江苏社会科学》1998年第4期。

童珊：《马克思主义语言哲学与西方现代语言哲学比较——以巴赫金与索
绪尔为例》，《毛泽东邓小平理论研究》2009年第5期。

王大为：《马克思、恩格斯关于语言哲学中几个问题的论述》，《内蒙古工
业大学学报》（社会科学版）2002年第1期。

王德峰：《交往是实践活动的基本形式——对马克思交往概念的思考》，
《复旦学报》（社会科学版）1996年第2期。

王凤阳：《序》，《马克思恩格斯和语言学》（宋振华著），吉林人民出版社 2002 年版。

王健平：《语言哲学》，中共中央党校出版社 2003 年版。

王品：《系统功能语言学的互补思想——M. A. K. Halliday 新著 Complementarities in Language 述介》，《外国语》2010 年第 2 期。

王希杰：《修辞学通论》，南京大学出版社 1996 年版。

王寅：《体验哲学和认知语言学为语言哲学之延续——二十九论语言的体认性》，《中国外语》2013 年第 1 期。

王振华、张庆彬：《系统功能语言学的演变：小句之外——J. R. 马丁教授访谈录》，《当代外语研究》2013 年第 10 期。

王宗炎：《语言问题探索》，上海外语教育出版社 1985 年版。

［德］维特根斯坦：《哲学研究》，陈嘉映译，上海世纪出版集团 2001 年版。

卫志强：《当代跨学科语言学》，北京语言学院出版社 1992 年版。

吴文：《语言进化的本质初探》，《西安外国语大学学报》2013 年第 2 期。

吴晓明：《马克思对主体哲学的批判与当代哲学的语言学转向》，《复旦学报》（社会科学版）2006 年第 3 期。

伍铁平：《语言与思维关系新探》，上海教育出版社 1990 年版。

伍铁平：《马克思恩格斯有关语言学的论述和对当代语言研究的意义》，《湖北大学学报》（哲学社会科学版）1995 年第 6 期。

伍铁平：《模糊语言学》，上海外语教育出版社 2000 年版。

熊寅谷：《重读 马克思主义和语言学问题》，《贵州大学学报》（社会科学版）1991 年第 1 期。

徐崇温：《西方马克思主义》，天津人民出版社 1982 年版。

徐盛桓：《语言学研究呼唤理论思维》，《中国外语》2013 年第 1 期。

徐志民：《欧美语言学简史》（修订本），学林出版社 2005 年版。

许坤平：《卢卡奇的马克思主义辩证法观及与恩格斯的分歧比较》，《中共济南市委党校学报》2012 年第 1 期。

［俄］雅各布森：《雅柯布森文集》，钱军译，姚小平编，商务印书馆 2012 年版。

［古希腊］亚里士多德：《范畴篇》，《解释篇》，方书春译，商务印书馆

1959 年版、2003 年版。

严世清：《论韩礼德的语言哲学思想》，《外语研究》2002 年第 2 期。

严世清：《语法隐喻理论的发展及其理论意义》，《外国语》2003 年第 3 期。

严世清：《意义进化论理论溯源》，《外语教学与研究》2012 年第 1 期。

杨升初：《马克思语言理论与我国语言学的发展》，《湘潭大学学报》（哲学社会科学版）1983 年第 2 期。

姚小平：《中国的语言起源神话》，《外语教学与研究》1994 年第 2 期。

姚小平：《洪堡特——人文研究和语言研究》，外语教学与研究出版社 1998 年版。

［丹麦］叶斯帕森：《语言——它的本质、发展和起源》，路特雷奇出版社 1922 年版。

［丹麦］叶斯帕森：《语法哲学》，何勇、夏宁生、司辉等译，语文出版社 1988 年版。

于全有：《语言底蕴的哲学追索》，吉林大学 2008 年博士学位论文。

于全有：《语言本质理论的哲学重建》，中国社会科学出版社 2011 年版。

张冰：《巴赫金》，《马克思主义与语言哲学》，《文化与诗学》2012 年第 2 期。

张积家：《语言认知新论——一种相对论的探讨》，广东高等教育出版社 2010 年版。

张其学：《后殖民主义语境中的东方社会：兼论马克思东方社会理论的比较》，中国社会科学出版社 2008 年版。

张瑜：《言语行为理论与当代马克思主义文论建设》，《学理论》2009 年第 15 期。

赵爱国：《20 世纪俄罗斯语言学遗产：理论、方法及流派》，北京大学出版社 2012 年版。

赵振铎：《语言是没有阶级性的》，《四川大学学报》（哲学社会科学版）1978 年第 3 期。

周建人：《思想科学初探》，《光明日报》（6 月 13 日），光明日报出版社 1979 年版。

周频：《从"三元关系"解析语言学与哲学的相互影响》，《外语学刊》

2010 年第 4 期。

周祖谟:《学习斯大林的语言学说改进我们的语文教学——纪念斯大林逝世一周年》,《语文学习》1954 年第 3 期。

朱荣英:《马克思主义当代语义的虚假营造与"三化合一"走势——整体把握马克思主义中国化、时代化、大众化的实践整合及其未来趋向》,《河南大学学报》(社会科学版)2010 年第 6 期。

朱永生、王振华编:《马丁学术思想研究》,北京大学出版社 2013 年版。

朱永生、严世清:《系统功能语言学多维思考》,上海外语教育出版社 2001 年版。

朱永生、严世清:《系统功能语言学再思考》,复旦大学出版社 2011 年版。

朱永生:《名词化、动词化与语法隐喻》,《外语教学与研究》2006 年第 2 期。

朱永生:《语篇中的意识形态与语言学家的社会责任——论马丁的相关理论及其应用》,《当代外语研究》2010 年第 10 期。

附　录

一　卫真道对韩礼德和韩茹凯的采访录音转写

转写说明：本稿是依据卫真道（J. J. Webster）于 2013 年 3 月到西南大学讲学时提供的他对韩礼德和韩茹凯的采访录音转写而成。

What I'm getting at is this. If you are particularly talking about the study of language in Marxist terms, and then you have to look at it in relation to the society which it comes from, essentially. So what were the views of language that were then current in a non-Marxist society——in our kind of society. I think that the way to look at it is this. In language studies, linguistics generally, there were certain priorities. Standard languages were privileged, prioritized over dialects; written languages over spoken; classical languages over modern ones; formals languages over colloquial; dominant languages over emergent ones; literary languages over everyday languages; majority languages over minority language. Now, those were always clear. Nowadays, of course, we would add things. Look back, and say things, well, you prioritized ideational meaning over interpersonal, and so on. Now, these are not clear-cut categories.

I am certainly not saying that there was no work done under these other headings. There was lots of work in dialectology; there was work on minority languages, and so on. The view of language which was predominant was essentially that derived from all those highly-valued forms of language rather than the others. We wanted to really unpack that, examine it. And, in the context in which we were working, which was the 1950's, we spent a lot of time, for example, on languages of ex-colonial societies, which were struggling to gain their own status as national languages, like Swahili, like Yoruba, and so on. So that was one particular way, in which we, as it were, tried to put these notions into practice, as to where the mainstream linguistics had actually come from. Which is not to say that you reject all its things at all, but if you then reflect on the way that we represented grammars, for example, ⋯ and all the features of language, you see that background where the ideas come from. So, we wanted to give value to these forms of language which were "socially induced low visibility". So that, in the sense, is the background. All I would say, in my own background at that time, my own thinking at that time⋯en, I would say: Yes, I was very definitely trying to adopt what I would consider a Marxist approach, and, indeed, I still would. But, the problem is that so many people would have different interpretations of what that means⋯ This certainly doesn't commit anyone who does systemic-functional linguistics to working in left-wing politics or anything of that kind (accompanied with soft laughing). But that was part of the background at this particularenvironment. And so, in that sense, I am not at all saying Marxist means, as it were, there, even in embryo, in the words and the works of Marx himself, en, much more in the sense of the ideology, if you like. Now, yes, in a sense, I don't think one can help this that one's personal ideology is going to affect one's work in science. Even if that ideology, so to speak, is precisely to say, well, you shouldn't let it, but even that is an ideological position. I, of course, hope that linguistics will continue to throw light on language. I hope that it will, how shall I say it, maintain at least the basic principles that I have always tried to live with. Language as a basic human resource, as something that has, potentially, immense power, which is hidden, very often, partly because people are genuinely not aware of how much they are, in fact, depending on it. I used to say this to students sometimes: here is a set of tasks, imagine how much more difficult would they be if you had no language with which to engage with them.

　　Hasan: The view that we have taken of language is intensely social. And this is a very important point about systemic functional linguistics. A lot of people that kind of become critical about us: 'Oh well, they don't believe in mind'. Well, we do believe in mind because we have minds, so we have to believe in them. The thing is that minds do not grow on trees, they only grow in societies. And they do not grow if you are a Robinson Crusoe all the time. You have to be in society. So, in a sense, we are saying that there is, from the point of view of our existence today, there is a necessary evil or a necessary blessing, that is a blessing of nature that human beings are incapable of living, surviving alone. And in this lies their humanity, but everything in them is created through being part of a society, either a creation to it, or a following of it, whichever form you take.

二 韩礼德专题采访

(一) 专题采访活动方案

采访的动因：佐证韩礼德的语言观是否体现了马克思主义的语言研究思想和方法。

采访者：何远秀、杨炳钧

采访时间：2015 年 4 月 23 日至 26 日即韩礼德—韩茹凯语言学国际基金成立大会暨第 14 届全国系统功能语言学大会召开期间

采访地点：北京师范大学

采访目的和内容：本次采访主要针对韩礼德的马克思主义语言研究思想设计了六个问题（见专题采访录音转写）：第一个问题主要是想了解韩礼德对中国一些学者研究他的马克思主义语言学思想和语言哲学思想的看法；第二个问题是针对韩礼德的语言学思想和马克思主义语言学创始人巴赫金的语言学观之间的学理渊源；第三个问题通过提问 "construe" 一词的含义旨在进一步确定韩礼德的建构主义语言观；第四个问题针对韩礼德的马克思主义语言观从何而来；第五个问题针对韩礼德在中国的留学经历对他马克思主义语言观的形成有没有影响，同时消除一些学者对他在中国西北边陲 "中国工业合作社" 工作内容的一些猜测；第六个问题针对韩礼德对马克思主义语言观的看法以及系统功能语言学语言理论的建设，旨在揭示系统功能语言学的理论形成过程和未来理论形态的构建。这六个问题的设计都是针对本书讨论的一些话题，通过采访进一步从旁证实本书所讨论的观点和得出的一些基本结论。

（二）专题采访录音转写

说明：采访是我们利用会议间隙对韩礼德进行的，历时3天。韩礼德先生九十岁高龄之际回答了笔者事先准备的有关马克思主义的专题问题，以下内容依据采访录音内容整理而成，并针对每个问题的提问和回答给出了按语。

访谈者（以下简称"问"）：卫真道（J. J. Webster）在2013年采访您的时候，您明确指出，您采用的是马克思主义的语言研究思想和方法。从那以后不少学者开始关注这一领域的研究，如常晨光、廖海青（2010）；李忠华（2013）；胡安奇、曾蕾（2014）；何远秀、杨炳钧（2014），您怎么看待这个问题？

韩礼德（以下简称"韩"）：是的，我是用马克思主义的语言观和方法来研究语言的。但我从未对外宣称这一点，因为这可能会带来一些误解。人们对"马克思主义"的含义有着很多种不同的理解，而且目前有不少人认为不值得研究和讨论。还有，我想说的是人们似乎对这一研究思想和方法不太感兴趣，你和你提到的这几个人或许只是例外，但我觉得马克思主义语言观值得大家研究和学习，这也是欧洲语言研究传统之一。

按语：追溯韩礼德有关语言研究的思想史，就会发现韩礼德参与20世纪50年代初英国共产党语言学小组活动的一个重要目的，就是试图发展马克思主义语言学（Halliday，1993/2003）。按韩礼德自己的话说，他是自愿加入这个组织的，并在这个组织中表现很积极（参见Martin，2013：206）。英国共产党语言学小组的其他核心成员还有杰弗里·艾里斯（Jefferey Ellis）、丹尼斯·伯格（Dennis Berg）、特里夫·希尔（Trevor Hill）、皮特·威克斯勒（Peter Wexler）以及简·尤里（Jean Ure）。他们要建立一个关注非主流文化中的语言和语言变体的马克思主义语言学理论。主要内容包括去殖民化运动，关注方言、口语和殖民地濒危语言，创建和发展民族语言等。因此，系统功能语言学又被称为新马克思主义语言学（Neo-Marxist linguistics），这是因为韩礼德创建系统功能语言学的初衷和最终目的就是发展马克思主义语言学，把语言及语言学研究放置在社会语境中，以此来解决现实社会中的语言问题（参见Martin，2000：92；王振华、张庆彬，2013：11）。系统功能语言学的马克思主义语言学取向，还体现在把语言看作政治工具，强调语言的社会责任，把语言看作意义科学的重要组成部分（Webster，2011）。对语言本质长达六十多年的不懈探索和研究中，韩礼德一直担负着作为马克思主义语言研究践行者的使命。正如韩礼德在一次访谈中所说："我一直将马克思主义语言学视为自己追求的长远目标，即致力于在政治和社会语境中研究语言。"（参加 Martin，2013：118）

问：胡壮麟曾于 1994 年在《巴赫金与社会符号学》一文中提到巴赫金的超语言学思想受到系统功能语言学的重视，但我从您所著文献中从未见到您提及巴赫金，这是为什么？您认为巴赫金的语言学思想对您的语言研究有影响吗？如果说有影响，这些影响表现在哪些方面？

韩：有影响，但这种影响最初是间接的。在 20 世纪 50 年代，我曾接触到一些苏联语言学家的著述。具体地说，是在伦敦学习俄语期间（1945—1947）我了解了一些俄国的语言学研究思想。在 20 世纪 70 年代后期，随着人们对巴赫金研究的兴起，这种影响由间接变成了直接的影响。

按语：俄罗斯语言学传统特别关注语言与社会、语言与思维等关系，也是苏联开展的关注社会新事物、新现象的"语言建设"的产物（赵爱国，2012：8）。语言与社会、语言与人、语言与历史、语言与意识、语言与文化等关系研究历来是俄罗斯语言学关注的核心问题。自波捷布尼亚的哈尔科夫语言学派、博杜恩·德·库尔德内的喀山语言学派时期起，就开始逐步形成优良传统，甚至在马尔的"语言新学说"中语言与社会的关系问题依然是其学理根基（姜宏、赵爱国，2014）。马尔学派有关语言阶级性的观点对韩礼德影响较大，在系统功能语言学中把"语言的阶级性"定义为宽泛的言语身份构建。在这一土壤中孕育出来的俄国语言学家中，根据胡壮麟的观点应数巴赫金的语言学观（胡壮麟，1994），尤其是巴赫金的超语言学对系统功能语言学的影响最大，并在系统功能语言学中得到了进一步的补充和完善。李曙光（2008）也认为，巴赫金的超语言学与系统功能语言学是相容的。除巴赫金之外，就是梅夏尼洛夫（Meščaninov）对韩礼德的影响较大，韩礼德回忆道："我开始研究苏联当时的语言学研究现状，尤其是梅夏尼洛夫的研究成果。因为梅夏尼洛夫声称他要发展一种苏联式的马克思主义语言学。"（Halliday，2015：95）

问：许多中国学者把您在 *Construing Experience Through Meaning：A*

Language-based Approach to Cognition 一书中提及的"construe"一词理解为认知语言学意义上的"认知"，但我发现您在该书中对"construe"一词进行了界定并下了定义，明确该词的意思应该是"建构"或"构建"。西方新马克思主义的主要倾向便是古德曼所倡导的建构主义思想。我们能不能由此概括说系统功能语言学的一个主要语言哲学思想便是建构主义的语言哲学思想，而这种语言哲学思想就是建立在语言的模糊性和主观性之上？这能不能诠释您为何会花费大量笔墨论述语言的模糊性、不确定性和语言使用者的主观能动性？

韩：从建构主义的意义建构来看，这个词可以这样去理解。语言的模糊性、不确定性和语言使用者的主观能动性正是建构主义兴起的哲学理据。但我不是语言哲学家，我只是一个语言学者，建构的思想是从语言学的角度而不是哲学的角度去进行阐释的。当然，我并不否认或拒绝承认我对语言有一些语言哲学上的思考。

按语：杨炳钧曾于 2011 年就"construe"一词的理解问题请教过麦蒂森，当时麦蒂森肯定地回答过这个问题，说"construe"一词指的就是"建构"。此次提问，是想进一步核实这一观点，并明确系统功能语言学具有明显的新马克思主义语言学思想的建构主义观。

问：您在许多文献中都提及对您影响较大的语言学家，其中包括弗斯、王力、叶尔姆斯列夫和伯恩斯坦等。您最近在一篇题为"马克思主义对我的语言研究的影响"（Halliday，2015）一文中谈到，弗斯的语言研究思想实质是一种马克思主义的语言研究思想。那么王力的语言研究思想也是马克思主义的语言研究思想吗？

韩：我认为王力的语言研究思想是一种马克思主义的语言观。因为他注重语言实践，同时他也关注语言与社会的关系。

按语：在 20 世纪的四五十年代，不少学者在他们的著述中都会表明或声称自己是用马克思主义的语言观来指导语言研究和实践，但今天看来，很多学者仅仅是想表明一种政治立场，而不一定真正是用马克思主义的语言观指导自己的语言理论研究与实践。韩礼德在接受克雷斯等人的访谈时，曾谈到他的马克思主义语言观的形成有着多源性，主要有四个方面：一是来源于罗常培和王力的语言研究思想；二是弗斯的语言观；三是苏联语言学家的影响；四是布拉格学派的影响（参见 Martin，2013）。对于弗斯的语言研究思想，前面韩礼德已做过说明。对于罗常培对韩礼德学术思想的影响，韩礼德在早期文献中也有说明，他曾明确指出他的历史语言观"受到中国学者罗常培的影响"（Halliday，1985/2007：188）。针对王力对韩礼德学术思想的影响，韩礼德曾多次提及，也曾有学者就王力和韩礼德学术思想进行过研究（如杨才英、赵春利，2003）。如何评价王力的学术思想，无疑有助于探索韩礼德的马克思主义语言观。韩礼德在回答这个问题时非常谨慎。当笔者在 24 日下午提出问题时，他犹豫良久，说容他考虑后再给予回答。答复是在 25 日会间才给出的。

问：在 2013 年马丁教授对您的一次访谈中，您提到您在中国西北一个工业合作机构工作，这对您的马克思主义语言观的形成有没有影响？在那段工作期间，您具体负责什么样的工作？

韩：哦，那是一段非常美好的时光，现在回想起来很有意思。但那不是一个政府机构或一个政府组织。它是一个非政府组织，应该翻译成"工业合作社"。当时的中国工业因战乱、通货膨胀等因素几乎处于瘫痪状态，中国工业合作社主要是帮助中国抗战组织向海外募集资金。我的工作就是在中国工业合作社（Chinese Industrial Cooperative）担任英语通讯撰稿人，协助向澳大利亚、英国和新西兰等国募集资金。

按语：韩礼德在回忆这段时光时，很激动。很少有人提及这段时光，当我们问及此事，他很高兴和我们一起分享这段时光给他带来的幸福与收获。韩礼德于 1947 年来到北京大学，来到北京大学以后半工半读，在中文系学习汉语，同时在英语系教英语以维持生计，一年后获得汉语学士学位。不久，他便获得在中国工业合作社的工作。他说中国工合国际委员会（简称"工合国际"）是为促进中国工业合作社运动而建立的国际性民间组织。为了争取海外援助，筹集工合发展资金。1939 年 1 月在香港成立了促进工合国际委员会，宋庆龄任名誉主席，英国主教何明华任主席。资料显示，工合国际委员会的工作很快赢得同情中国抗战的各国正义人士和爱国华侨的热情支持，美国、英国、菲律宾还专门成立了支援工合的组织。工合组织于 1952 年停止工作，1987 年在北京重新恢复活动。"工合"一词在英文里代表着热情与奉献，难怪韩礼德在谈及这段时光时很兴奋。这段经历同时也使他看到了国民党时期因战乱和通货膨胀给中国工业发展带来的灭顶之灾。后来，当他目睹了新中国成立后共产党在稳定货币政策，遏制失控的通货膨胀和杜绝腐败方面所作出的努力后，对新中国新政府产生了好感。他特别欣赏新中国推行的土地改革，认为这是中国后来持续繁荣的基础。这些经历成为他回国以后加入共产党的动因，并积极活跃于英国共产党语言小组的活动中（Halliday，2015）。

问：在《马克思主义对我的语言研究的影响》一文中，您认为马克思主义语言观的核心体现在理论联系实际，并指出这也是为什么系统功能语言学今天发展成适用语言学的原因。能谈谈这个问题吗？

韩：好的，马克思主义语言观在我看来就是一种实践语言观，理论联系实际正是马克思主义语言观的核心内容。假如人们对这个问题感兴趣的话，我觉得应该这么说：我认为马克思主义的理念对我的语言学研究，无论是宏观还是微观方面，都对我的研究工作提供指导。宏观上，我总是认为理论应该服务实践，运用于解决研究中的实际问题和某个实践领域。我最终理解并命名成"适用语言学"用以概括这个理念。

按语：在《马克思主义对我的语言研究的影响》一文中，韩礼德对马克思主义如何影响了他的语言研究，他的马克思主义语言观主要体现在哪些方面均作了谈论。

三　《马克思主义对我语言研究的影响》（译文）

编辑请我撰写这一章，因为遗憾的是所有能从自身角度来谈论此事的人都已不在人世。于是，我也就应允了下来，尽量避免把这一章写成自传。然而，在我看来这实质上类似自传：这是对我有关语言的思考中很重要的（但并非唯一的）一个方面的缘起与发展的记述。

第二次世界大战期间，就在过完 17 岁生日后，我自愿参加了一项语言培训项目，开始深入学习汉语。语言培训在伦敦大学的亚非学院进行，课程的设计和教学的实施都是一贯的高标准和严要求。在语言培训班中我最熟悉的是约翰·德里·钦纳里（John Derry Chinnery），他后来成为了爱丁堡大学的汉学教授。与我不同的是，他当时政治意识明确，有较强的左翼倾向，但他从不把自己的想法强加于人。不过，那些年的交往，以同学身份以及以在不同部队做汉语教师的身份的交往，使我们彼此非常熟悉。我也开始与他共同探讨共产主义世界观并对马克思主义思想产生了兴趣。

退役后，从 1947 年到 1950 年这三年，我在中国渡过了美好的学习生活。在此期间，共产党的军队在内战中取得了决定性的胜利并建立的了自己的政府。1949 年 2 月，当共产党军队穿过北平街道时，我曾是群众中的一名看客。据我所知，当时普遍的观点是——嗨，我们对共产党知之不多，但共产党不会比前任政府差。事实也证明，共产党要好得多：他们稳定了货币政策，遏制了失控的通货膨胀；杜绝腐败，而且在我看来最重要的是进行了土地改革，为中国后来持续的繁荣奠定了基础，尽管这期间也有一些不幸发生。

1950 年中期当我回到英国时，全世界或者世界的大部分地区都卷入了一场毫无意义的"冷战"，一场以美国为首的反对共产主义威胁的"冷战"运动。虽然我不相信共产主义是解决祖国（指英国）问题的最好途径，但我想探究中国正在发生什么，尤其是想告诉人们我在中国的所见所闻。于是，我加入了英国共产党，在政治生活中活跃了七八年。我很幸运能和乔瑟芬·李约瑟（英国近代生物化学家和科学技术史专家）在同一所大学共事，李约瑟精通中国的科技史并和我一样在"中英友好协会"里十分活跃。同时，我也幸运地和艾瑞克·霍布斯鲍姆（Eric Hobsbawm）在同一党支部工作，霍布斯鲍姆是马克思和马克思主义方面的专家。

在中国专门学习语言研究期间，两位杰出的语言学家——罗常培和王力，把我领入语言学领域。于是，回到英国后在弗斯教授（J. R. Firth）指导下，我完成了我的博士学业。与此同时，我开始研究苏联当时的语言学研究现状，尤其是梅夏尼洛夫（Meščaninov）的研究成果。因为梅夏尼洛夫声称他要发展一种苏联式的马克思主义语言学。德里·钦纳里则对中国的文学更感兴趣，而不是语言学，但他把我介绍到英国共产党语言小组，从事马克思主义在语言学问题方面的研究。英国共产党语言小组的核心成员有杰弗里·艾里斯（Jeffrey Ellis）、简·尤尔（Jean Ure）、丹尼斯·贝格（Dennis Berg）、特雷弗·希尔（Trevor Hill）和皮特·韦克斯勒（Peter Wexler）。我满腔热情地加入了他们的研究工作，与小组成员的日常讨论极大地促进了我对语言本质和语言功能的思考。

对我们大家来讲，或许尤其是对我来讲，马克思主义语言学意味着什么呢？马克思主义语言学并不是抛弃人类先前关于语言的真知灼见，也不是与这些见识斗争，那显然是荒谬的。马克思主义语言学意味着客观地审视前人的学术思想，力图重新认识和修正"唯利是图"的思维习惯可能产生的一些歪曲认识。比如，认为书面语总是优越于口语，在语法和语义表达上代表着更高级别的发展阶段。好在大多数类似偏见已经在很大程度上得到了深刻揭示和克服，而且在我看来，弗斯的语言学理论和马克思主义原理并行不悖。记得有一次弗斯也亲口对我说到这个观点。

在我们看来，语言学的重要任务是解决社会和政治生活中的现实问题。20 世纪 50 年代是殖民地迅速瓦解的年代，各个新兴的独立国家纷纷积极地制定各自的语言政策并寻找途径发展一种或多种民族语言，使之成为大众普遍接受和掌握的语言。同时，保留原殖民地时期使用的语言（实际上主要是英语和法语），把它当作一种国际通用语与世界其他国家进行交流。这种做法极大地妨碍了他们能获取的有限资源，这种情况会因错误的决策变得更加严重，比如设立语言规划机构人为规划民族语的发展变化（例如为管理和科技服务杜撰一些新词新语）。他们并不是先去试图了解在新的语境下语言如何演化，以及某种特定的民族语言在这种情形下自身如何创造新的意义。

总的看来，我们觉得马克思主义语言学应该重视语言和语言变体的研究，尤其是那些没有受到重视甚至忽视了的语言和语言变体的研究。比如少数民族语言的研究、非书面语的研究、混合语研究（克里奥尔语）的研究、非标准语研究，或者没有文字的语言研究、口语研究（尤其是非正式口语）、商务语言研究、黑社会或下层社会语言研究，等等。语言规划应该制定出有效的语言政策和语言保护政策，特别是语言教育政策，把有限的财力和物力配置到各个具有利益冲突的团体和机构。

这些都是实际考虑的问题。我们要鉴别出哪些是与之相关的因素，而不是幻想我们所说的话会产生什么影响，重要的是思考如何把我们的思想付诸行动。我们同时要关注语言与社会之间潜在的内在关系这样一个理论问题，即语言与社会过程和社会系统之间的相互关联性的理论问题。就在我加入英国共产国际语言小组前不久，苏联语言学界发生了一场激烈的辩论，辩论双方的文章竞相刊登在《真理报》上，时间长达十个星期之久。辩论一方以梅夏尼洛夫（Meščaninov）及其同人为代表，他们声称是后马尔（N. Ya. Marr）的继承者，即马尔学派的代表。马尔否定了历史比较语言学的一些业已普遍接受的原则和观点。比如历史比较语言学认为语音变化将不可避免加大派生语言之间的分歧，而马尔却认为这种情况属于派生语言融合的互补行为。马尔还介绍了他自己的一些富有争议的语音理论。梅夏尼洛夫也提出了他自己的理论，认为语言是上层建筑的一部分，在经济基础之上演化发展，随着社会结构和生产方式的变化而变化。争论的另一方则为主流，主要以历史比较语言学家为代表。他们否定了马尔对语言历史的修订，声称他们才是真正的马克思主义语言理论的探索者。

主流学派的主导发言人之一，即传统认为的格鲁吉亚的语言学者契科巴瓦，据说是他劝说斯大林干预这场语言学讨论，也许是他贡献了干预谈论的文本。但无论如何斯大林的确加入了这场讨论，并对马尔学说进行了强烈的谴责从而结束了这场讨论。这场讨论并没有促进我们对马克思主义语言学的研究。而是与此同时，在苏联兴起了描写语言学的研究，出现了大量的描写语言学的研究成果，增强了人们对语言的认识，也许描写语言学的出发点并不是促进某种具有特权的语言科学的发展。

在这一两年之后，伦敦大学亚非学院一位研究印度语言的语言学专家西德尼·艾伦（Sidney Allen）发表一篇题为"关于比较语言学的关系问题"的文章。在文中，他反对重建先祖语言的观点并对比较语言学的基础理论假设提出挑战。关于弗斯阐述的理论原则我们曾做过详细的阐释。我个人觉得艾伦的有些关于语言本质和语言使用的见解是有道理的，尽管也许他采用了一种不敢苟同的方式。然而，艾里斯却认为艾伦的思想与马克思主义的语言观背道而驰。这些有意思的争论连同其他一些事情促使我明确了为什么弗斯的语言学理论在我看来具有马克思主义的语言学导向。我曾把这种理论运用到我的博士论文的撰写上。

马克思主义的理念能持续多久？与我的语言学研究事业有何关联？在某种程度上，这只不过是一种标签。假如人们已忘却马克思主义称谓的意义，它的确跟我的研究没有瓜葛。假如人们对马克思主义的方法感兴趣的话，我觉得应该这么说：我认为马克思主义的理念对我的语言学研究，无论是宏观还是微观方面，都对我的研究工作提供指导。宏观上，我总是认为理论应该服务实践，运用于解决研究中的实际问题和某个实践领域。我最终理解并发展命名成"适用语言学"用以概括这个理念。当然，这个理念不是马克思主义所独有，除了在理论与实践的循环关系问题上。在这个关系问题上，马克思主义认为：理论增强实践的有效性，同时实践有助于理论的不断完善。

　　我做事比较慢，思维反应也不够快，无论干什么似乎都需要些时间。在积极参与党内工作的六七年中，一半时间用在了学位论文的撰写上，一半时间主要用于现代汉语的教学设计和教授工作（在那之前，剑桥大学的汉语教学仅限于古汉语研究）。在从政和教学科研工作上，我认为自己不能同时胜任，要么成为一名教学科研人员，要么成为政客，只能选其一。我自己喜欢并擅长教学工作（毕竟我的父母都是教师）。而且我知道，作为一名党务工作者我的能力相当有限。就在面临做出选择时，我做出了自己的决定。但是，真正的转变过程相当缓慢，因为我并没有转变对一些根本问题的看法。当所有人都意识到尝试建立社会主义国家的努力无望之后，也就是在外语教学中遵循了应用语言学的路径不久，我便掌握了事物历史的发展准则。这条原则表明：人类任何时候，任何组织机构要想人为地干预一个事物自然的发展过程，第一次尝试总是会失败。当然，这并不能充分证明要放弃整个事业。半个世纪后，我仍然这样认为，而且是更急迫地这样认为。

　　作为一名语言学家，我希望自己能为改善人类的状况尽一份绵薄之力。这就是我为什么把系统功能语言学理论叫作"适用"语言学的原因。这个术语没有"应用"这个术语精确，因为"应用"它是针对具体问题的应用。因此，"适用"这个术语更委婉和间接。它和实际问题之间的关联性从短期看并不明显，但从长远来看就更显著。但是，除了适用这个特点外，该理论还有什么其他方面会被认为有马克思主义倾向呢？我认为答案在于"功能"一词的潜在意义，表现在三种不同方面：功能变体、功能语法和元功能。功能变体，根据简·尤尔的建议，我们也把它叫作语域，即语言表达会随着语境在特定的交际场合（谁与谁、在何时何地、做某事）在内容层和表达层发生变化。这个概念在弗斯有关"限制性语言"分类中阐释得非常清楚。我们曾考虑过使用这个术语，但觉得它太过强调语言的限制性。虽然大部分的语域是开放性的，但有些语域实际上是封闭的，你不能无限地扩展它的意义潜势。语域的典型特点取决于它的相对频率和统计意义，而不在于限制性。但是，一般认为语言是功能变化体系。

　　功能语法倾向于对主语、行为者、过程、受益者和主位等语言单位进行功能标记，而非进行动词、名词、副词，或名词短语等的词性分类标记，把语法结构置于"实现"的语言循环系统加以考察。如英语中的陈述句，它是由主语先于限定语的结构实现。功能语法同时也表明一个词性同时会表达多种功能（如名词短语同时可以充当主语、行为者和主位），而一个功能也可以由不同的词类表达（如受益者可以由介词或者名词短语充当），其意义则由其同现的结构决定（如"中介"的意义要由过程＋中介＋施动者这样的结构决定）。功能语法之所以称其为功能语法，其核心在于阐释。在功能语法中，对某事物的阐释必须置于功能的术语框架下。例如，英语不同于其他语言在于英语它必须带有主语，因为主语和限定语语序在英语直陈句中具有区分疑问和陈述的价值（如 That was John, Was that John），当主语和限定语二者中缺失其一的话，你不能把两件事情放在一起进行叙述。当然，还有其他一些特征，但太庞杂没法一下子解释清楚。这些特征不是孤立的一对因果关系，而是一个较宽泛的句型中所涉及的一些成分，在这个句型中还会涉及许多其他的语法特征。

最有意义的功能是我所说的"元功能"，暂且用这个词来表达来源于希腊和拉丁语的这个杂交词。元功能概述了语言演化的原则，语言随着人类在特定的时空、特定的历史环境的变化而变化，语言的演化形态反映了一定的经济社会背景。一方面，语言构建人类经验，构建包括人类本身在内的社会现实。我把语言的这个功能叫作"概念元功能"（我借用了弗洛伊德的术语）。另一方面，语言可以表征和协调人类内在的人际关系，用以维持和建立特有的社会秩序。我把这种功能叫作"人际元功能"，指人际互动关系和人际之间的关系。但是这两种功能反过来又依赖于与概念功能和人际功能共生的语境中的语篇来实现，并对意义生成的语言资源做出更多的要求。我把语言的这种功能叫作"语篇元功能"。当我们从系统功能范畴下审视词汇语法和语义在语言中的运用时，就能把握这三种元功能的起源。

几十年以来逐渐形成的语言观本质上有着马克思主义倾向（尽管不是激进的马克思主义语言观）。我从未对外声称这一点，仅仅因为这可能会因公开带来一些误解：因为人们对马克思主义的意义有着很多种不同的理解，而且目前有很多人认为不值得研究和讨论。我认为我的语言观与马克思主义意识形态相吻合的地方在于这些观点都是在与人们的对话中产生，是我教学工作的副产品。我想感谢那些对这项事业付出过的人们，尽管意识到感谢还不足以表达我的情意。追溯科学思想的起源很难，现代人在他们的头脑中过多地强调个人的重要性，但我真的很荣幸能遇到如此多志趣相投且善于思索的同仁。

后　记

近些年，韩礼德在多次场合指出，他本人是用马克思主义的语言研究思想和方法来研究语言的。国内外学者也注意到了韩礼德的马克思主义语言研究导向（如 Martin，2000；Webster，2011；王振华、张庆彬，2013；常晨光、廖海清，2010 等），但对韩礼德的马克思主义语言研究思想缺乏系统的研究。攻读博士学位期间，在我的导师杨炳钧教授的鼓励与肯定之下，我于 2012 年开始重点关注这一话题。刚接触的时候，一连串的疑问不断涌入脑海。马克思主义语言学曾一度对我国的语言研究产生过极大影响，并在我国得到了发展。然而，自 20 世纪 80 年代开始，由于西方各种语言流派不断涌进，有关马克思主义语言观的研究逐渐被边缘化。我们不禁要问：马克思主义的语言观的内涵是什么？如果说韩礼德的语言研究具有马克思主义语言观和研究思想，那么国内学界对其理论研究有没有疏漏或误读？为何韩礼德在 21 世纪才不断重申这一主张？这只是为了贴上某一个标签吗？这一标签有何意义？我带着这些疑问继续找杨炳钧教授解惑。杨老师听了我的阐述后，觉得这些问题切中要害，值得深入探讨。我深知这个课题的难度，韩礼德从事语言研究长达半个多世纪，所著述的文献相当多，仅《韩礼德文集》所收录的论文就多达一百多篇，他的独著以及与他人合著的有十多本。要梳理研究这么多的文献，所要耗费的心血和汗水可想而知。问题是，即使付出了心血与汗水，没有第一手的采访或访谈，也是缺乏说服力的。韩礼德已近九十岁高龄，又远隔重洋，更是难上加难。这是其一。其二，既然马克思主义语言学思想的研究在我国处于一种被边缘化的境地，研究韩礼德的马克思主义语言学思想有没有希望被接受呢？其三，马克思、恩格斯等的著作中论及语言的内容也十分丰富，如何概括其精髓？传统马克思主义语言观和新马克思主义语言观的区别表现在哪些方面？这些问题让我困惑了好一阵子，曾一度想放弃。在杨炳钧教授的鼓励和同门师兄弟的支持下，我抱着试一试的心态开始了这个课题的研究。

在研究的过程中，我发现了这个课题的价值，也感到自己的使命所在。我是一名九三学社社员，这一身份似乎更有利于我去做深入细致的研究。在研究的过程中，我的疑问也一个个得到了解答。答案虽说不上完满，但只要做到竭尽所能，也就问心无愧了。在研究的过程中，一个个"拦路虎"也一个个地被消灭。所幸之一是，2014年春在北京师范大学召开的全国系统功能语言学博士生论坛上，我作为小组发言人陈述了我的一些初步研究设想，会上得到了严世清教授和何伟等教授的肯定，还得到了他们的指点。所幸之二是，2014年9月在长安大学（西安）召开的全国语篇分析学术会议上，我遇到了卫真道教授。之前我和卫真道教授一直保持着邮件往来，我跟他谈到我在研究韩礼德的马克思主义语言研究思想方面所遇到的难题。其中最大的难题是，仅仅参阅别人间接的采访资料以及其他相关文献分析梳理，没有更直接的佐证，这很难论证韩礼德的马克思主义语言研究思想。他当时答复说，刚收到韩礼德亲笔撰写的一篇题为"马克思主义对我语言研究的影响"的文章，说可能对我的研究有一些启示。但鉴于还没有发表，须征得韩礼德本人的同意才可以让我先睹为快。过了不久，我就得到了这篇文稿。这篇文稿给了我很多的启示，对于分析韩礼德的马克思主义语言观的形成起到了很大的作用。所幸之三是，2015年4月在北京师范大学举办的第14届功能语言学研讨会暨系统功能语言学国际高端论坛大会上，在我的导师杨炳钧教授的引荐下，我很荣幸地征得韩礼德本人的同意，用在导师多次指导下形成的采访提纲对他进行了专题采访。有了这次专题采访，做起本课题的研究来心里更加有数，更有底气。

本课题的完成，首先要特别感谢杨炳钧教授对我的细心指教、鼓励和肯定。同时，感谢杜世洪教授、刘承宇教授、严世清教授、张克定教授和何伟教授等给予的支持和帮助。

我也衷心感谢中国社会科学出版社积极扶植学术研究，使得这类理论性较强的著作能够问世。

最后，感谢黄国文教授为本书作序；感谢他多年对我们这些后学的关心、培养与支持。

由于本人的学术功底的原因，本书涉及的问题在广度和深度上还有待进一步拓展。我期待着读者的批评和指正，愿意和大家一起共同努力，继续深化系统功能语言学和马克思主义语言观的理论研究。

需要说明的是，在读博期间的研究基础上，经过深入研究和提炼，我获得了教育部人文社会科学研究规划基金项目"韩礼德的新马克思主义语言研究取向"（编号 16XJA740002）的资助，本成果是该项目的最终研究成果。

何远秀

二〇一六年八月二日